LE GUIDE BADEN
CV
1996

DU MÊME AUTEUR

Guide Figaro CV, éditions ABC, épuisé
100 CV au féminin, éditions ABC, épuisé
Réussir vos lettres, éditions ABC, épuisé
Réussir vos entretiens, éditions ABC, épuisé

ALAIN BADEN

LE GUIDE BADEN
CV
1996

ÉDITIONS DU ROCHER
Jean-Paul Bertrand

ISBN 2 268 0208 19

Ce n'est pas parce que les choses sont difficiles que nous n'osons, c'est parce que nous n'osons qu'elles sont difficiles.

Sénèque

AVANT-PROPOS

Cet ouvrage a été conçu pour vous donner tous les atouts pour réussir au mieux votre recherche d'emploi.

Réunis en un seul volume, vous disposez de tous les éléments pour approfondir les 3 phases clefs d'un recrutement : CV, lettres, entretiens. En effet, elles font très souvent l'objet de trois ouvrages différents.

Vous bénéficiez d'informations inédites que vous ne trouverez dans aucun autre ouvrage, conçu par quelqu'un qui évolue depuis plus de dix ans dans cette spécialité.

Outre les nombreux conseils pertinents, j'ai voulu sélectionner pour vous une large palette de modèles de CV et de lettres qui ont valu à leurs auteurs une réelle efficacité.

En espérant que vous saurez tirer profit de ce livre, je vous souhaite bonne chance dans vos démarches.

Alain Baden

PREMIÈRE PARTIE
VOTRE CV

CHAPITRE I
GÉNÉRALITÉS

CURRICULUM VITAE ?
SÉSAME ET FIL D'ARIANE

Le curriculum vitae doit être à la fois un sésame et un fil d'Ariane. Sésame, pour vous permettre d'ouvrir le plus grand nombre de portes et fil d'Ariane, pour aider au bon déroulement de vos entretiens. Sur ces deux notions repose une nouvelle conception, qui remet en cause le traditionnel curriculum vitae, qu'elle compare à une « fiche de police ». Ce « CV new-look » voit ses adeptes augmenter, car il a le mérite de rendre plus efficaces les recherches d'emploi. Il s'inspire, en partie, des méthodes de Carl BOLL (ancien responsable du bureau de placement de la Harvard Business School), adaptées à la mentalité française.

Sésame, pour être convoqué au plus grand nombre d'entretiens. Oui, mais comment ? En supprimant tout remplissage et en vous attachant à développer sous forme de flashes les aspects originaux de votre « profil ». De cette manière, vous serez un candidat qui saura piquer la curiosité du destinataire et lui donner l'envie de vous rencontrer.

Une fois dans la place, à vous de jouer. Votre CV fil d'Ariane vous y aidera. Il vous permettra un bon déroulement de votre entretien et sera utile aussi bien à vous qu'à votre interlocuteur. Celui-ci ne vous connaît pas, lorsqu'il vous reçoit pour la première fois ; il aura donc comme support à cet entretien votre CV, dans lequel vous aurez mis en évidence les points forts de votre passé. Vous pourrez les développer, chaque fois que l'on vous demandera d'approfondir tel ou tel point, telle ou telle initiative, telle ou telle responsabilité.

Pour obtenir un bon résultat, il faut, bien sûr, éviter quelques travers, notamment l'autosatisfaction et l'affabulation.

Sachez qu'il y a des faits qui parlent d'eux-mêmes, sans qu'il soit nécessaire de faire appel aux superlatifs.

Voilà, en quelques mots, les grandes lignes de cette nouvelle conception du curriculum vitae. Mais, il n'est pas aussi simple qu'il y paraît de rédiger un bon CV.

*

* *

FAUT-IL INDIQUER SES PRÉTENTIONS DE SALAIRE ?

Il s'agit d'une question type qui angoisse la grande majorité de ceux qui élaborent leur CV. Dans le cadre de ces généralités sur le curriculum vitae il m'a semblé utile de reproduire la réponse que je fis à un lecteur d'une revue professionnelle dans laquelle je tenais une chronique sur ce sujet.

Sans aucun doute c'est une question qui embarrasse tout candidat à un nouvel emploi. A cette interrogation, une réponse sans équivoque : non, il ne faut pas mentionner vos prétentions même lorsqu'une offre d'emploi le précise. Je m'en explique. Trois cas de figure vont se présenter : deux en réponse à une annonce, la troisième pour une campagne spontanée.

1) Vous répondez à une annonce où figure le montant du salaire proposé.

Votre CV étant photocopié à des dizaines d'exemplaires, le chiffre de vos prétentions a peu de chances d'atteindre la cible. Pour éviter ce piège, vous avez opté pour la fourchette de salaire : cela est plus habile mais comporte aussi des désagréments. Certes, vous avez une plus grande marge de manœuvre (il faut encore savoir doser l'écart de cette fourchette), mais un employeur aura toujours tendance à retenir le chiffre le plus bas. Vous le saviez ? Bien : ainsi le chiffre le plus haut étant un coup de « bluff », on peut penser que votre démarche est habile et pourtant ce n'est pas le cas. L'employeur averti (ou le cabinet de recrutement) saura très facilement déjouer la manœuvre. S'il ne l'a pas déjouée, vous apparaîtrez comme un piètre négociateur, peu exigeant. En entrant dans une société qui vous aura ainsi jugé, vous aurez par la suite beaucoup de difficultés à obtenir satisfaction...

2) **L'annonce ne précise pas le salaire.**

Ce cas incite encore plus à la prudence. Vous évoluez en plein « brouillard ». Vos prétentions risquent d'être très audessus ou en dessous du budget qui a été fixé pour le poste. Vous avez pris connaissance de l'une des différentes études réalisées par de nombreux journaux, dont le pionnier a été l'*Expansion*, concernant les grilles de salaires par profession et par tranche selon différents critères. Ces études fournissent des indications très précieuses aux salariés mais aussi... aux employeurs. Mon expérience m'a prouvé qu'il existe pourtant des écarts très importants pour un même poste d'une société à l'autre. Il faut donc vous imprégner de la conviction que si votre candidature correspond au profil du poste à pourvoir, toute P.M.E. peut revoir en hausse le budget qu'elle s'était initialement fixé. « Salaire en fonction de l'expérience » est une formulation que l'on trouve dans quelques annonces et qui me paraît plus intelligente. Dans les grandes sociétés, il existe une grille de salaires très rigoureuse, mais cela n'exclut pas quelquefois de transgresser la règle.

3) Vous faites votre propre campagne spontanée (à partir d'annuaires ou de fichiers).

C'est l'exemple type où rien ne justifie la mention de vos prétentions. Vous avez les coudées franches : vous proposez vos services. Votre expérience peut intéresser dans l'immédiat ou à terme (le plus souvent) une entreprise et l'aspect « salaire » n'intervient qu'au second plan. Vous pouvez être ainsi « l'oiseau rare » que l'on veut s'attacher...

Enfin, s'il fallait justifier une dernière fois le bien-fondé de ma conviction, je vous dirais qu'aucune entreprise n'écarte une candidature qui l'intéresse pour une omission aussi futile.

Certains, au chapitre « prétentions », indiquent « à débattre ». Je préfère l'oubli (volontaire) pur et simple à cette nouvelle mode que je trouve empreinte de fatuité.

Pour conclure, sachez que la mention de vos prétentions dans un CV joue un rôle sélectif, alors qu'au stade des entretiens, c'est un aspect important mais secondaire pour un employeur.

*

* *

LES DIX COMMANDEMENTS DU CURRICULUM VITAE

Cette énumération des règles qui définissent l'art du bon CV a été établie en fonction d'une émission de télévision dont les responsables m'avaient précisé que le temps d'antenne serait d'environ trois minutes. Pour rendre concis mon exposé, j'ai donc élaboré cette présentation. Les lecteurs de ce guide pourront s'imprégner de l'enseignement de ces « dix commandements »...

Commandements

I – Tu obtiendras le maximum d'entretiens.

Cela peut paraître, à certains, une évidence criante d'inscrire ce premier commandement. J'ai pourtant souvent constaté que cette notion ne semble pas admise comme une priorité par le candidat à l'emploi. Tous les autres commandements vont en dépendre. Comme indication, il faut se dire qu'un bon CV doit assurer un rendement minimal de 25 % en réponses aux annonces et de 5 % en envois spontanés envoyés à titre de recherche systématique d'un emploi.

Pour réussir il faut entamer une véritable campagne commerciale. Plus vous aurez d'entretiens, plus vos chances d'être sélectionné seront grandes. Vous pourrez vous offrir la satisfaction de choisir, car il n'est pas exclu que plusieurs offres vous soient faites en même temps. Même si cette situation crée quelquefois un dilemme, il faut avouer que ce n'est pas désagréable d'être ainsi sollicité.

II – Tu te « vendras » mais tu ne te vanteras pas.

« Vendez-vous », voilà un conseil qui scandalise bon nombre de candidats. Vous ne devez pourtant pas en avoir honte. Vous avez, certes, d'excellents diplômes et états de service, mais si vous ne savez pas les mettre en valeur, vous « vendre », vous serez sur le même plan que des candidats moins brillants. Il faut savoir néanmoins se tempérer, car lorsque l'on manque d'habileté pour se vendre, on se vante. Rien n'est plus rédhibitoire qu'un CV empreint d'autosatisfaction.

III – Tu ne te diminueras pas.

Un ton larmoyant n'a jamais convaincu un employeur qui recherche des collaborateurs équilibrés sur qui il peut compter et non pas des gens à problèmes. Peu de chances de retenir l'attention d'un employeur lorsque l'on énumère ses faiblesses, ses déboires.

IV – Tu offriras tes services, tu ne mendieras pas un emploi.

Il est très important sur le plan psychologique de s'affirmer. Lorsqu'un candidat a compris qu'il offre ses services, il part confiant dans sa valeur. Son assurance séduira beaucoup d'employeurs, alors qu'en « quémandant » il ne fera que les indisposer.

V – Tu t'efforceras de comprendre les employeurs.

Les meilleurs vendeurs sont ceux qui jaugent rapidement les besoins de leur client. Leur argumentation sera mieux centrée et ils réussiront leur vente. Un candidat à un emploi doit parler le langage qu'attend l'employeur.

VI – Tu éviteras d'établir une « fiche de police ». Attache-toi à tes réalisations et aux responsabilités que l'on t'a confiées.

La fiche de police impersonnelle, c'est le CV traditionnel ; tout employeur en reçoit des milliers chaque année. Elle ne permet pas de dégager les points forts de votre valeur professionnelle. Vous devez faire ressortir vos réalisations et les responsabilités que l'on vous a confiées.

VII – Tu n'hésiteras pas à faire certaines omissions : omission n'est pas affabulation.

« Toute vérité n'est pas bonne à dire » est un dicton qui trouve une particulière consonance dans la rédaction de votre CV. Tout ce qui peut vous être préjudiciable est à bannir (échecs, âge, prétentions, salaires antérieurs...). L'omission est fortement conseillée si elle vous favorise momentanément mais l'affabulation est formellement à proscrire.

VIII – Tu t'abstiendras de commettre des maladresses qui te seraient fatales.

Il serait long de faire la liste des maladresses qui portent tant sur la présentation que sur le fond (voir plus loin CHECK-UP CV).

IX – Tu piqueras la curiosité de tes lecteurs (firmes) pour qu'ils aient envie de te rencontrer sans pour autant trop te dévoiler.

En mettant à profit les commandements précédents, vous aurez déjà réussi à vous mettre dans une situation favorable, il ne vous reste plus qu'à provoquer l'intérêt.

X – Tu te détacheras favorablement du lot.

Ce commandement en sera l'aboutissement heureux si vous cherchez à apparaître comme le meilleur...

INTERVIEW SUR LES MALADRESSES DE CV

Monsieur BADEN, comment en êtes-vous venu à vous intéresser à un sujet aussi rébarbatif ?

A.B. – Comment rébarbatif ? Il y a des perles dans les CV qui vous font passer de bons moments. Bref, pour répondre à votre question sur l'origine de cette « passion », entre guillemets, je vous dirais que durant des années, j'ai conçu des CV pour des amis et comme ma conception leur valait de pas trop mauvais résultats, ils m'ont amené leurs amis. Au travers de ces centaines de projets de CV que j'ai eus entre les mains, j'ai souvent été sidéré de relever des erreurs si grossières qu'elles ne pouvaient que porter préjudice à leurs auteurs. Ces erreurs, je les trouvais indifféremment dans le CV d'un employé que dans celui d'un cadre bardé de diplômes. S'il fallait résumer la philosophie d'un bon CV, je dirais « vendez-vous mais ne vous vantez pas ». En effet, trop de CV sont « plats », sans aucune recherche de valorisation, on pense à tort qu'il n'y a que les commerciaux qui trouvent matière à décrire des résultats. Mais c'est faux ! Une dactylo, un comptable, un chef de chantier, un directeur technique, un responsable administratif, un chercheur, un journaliste ou un débutant, peuvent aussi puiser dans leur expérience pour rendre attractif leur CV.

Y a-t-il plusieurs types de maladresses ?

A.B. – Bien sûr ! Pour ma part, je les ai classées en 3 catégories : elles peuvent être liées à la présentation générale, à la forme ou au fond.

Pourquoi cette classification ?

A.B. – Tout simplement parce qu'elle correspond aux 3 phases du dépouillement d'un CV. La présentation générale d'un CV est la partie émergée de l'iceberg, c'est-à-dire ce qui saute aux yeux sans qu'on ait à lire le contenu. La forme, c'est ce qui apparaît évidemment à la lecture. Quant au fond, c'est l'impression qui se dégage lorsque l'on prend la peine de lire votre CV jusqu'au bout.

Parlons de la présentation générale. Il s'agit, je pense, des maladresses les plus grossières ?

A.B. – Exactement ! Ces dernières incitent rarement le lecteur à poursuivre. La candidature indispose d'emblée le destinataire alors que peut-être il pourrait y relever des éléments positifs.

Citez-nous quelques exemples qui illustrent ce type de maladresses !

A.B. – En vrac, je nommerai les ratures, les formats fantaisistes, la présentation dans le sens de la largeur, le « CV fleuve » de plusieurs pages insipides, un cachet « dossier condidentiel » sur le CV, l'emploi de papier de couleur, ou quadrillé, ou pelure. Lorsqu'une photo est demandée, là encore on trouve des formats fantaisistes (genre cartes postales), voire des photos en famille !... Voilà sommairement quelques maladresses entrant dans cette première catégorie.

Vous distinguez ensuite les maladresses sur la forme. Pouvez-vous nous citer le cas qui vous heurte le plus, sans pour autant l'apparenter vraiment à une maladresse ?

A.B. – Excellente question. S'il y a un point contre lequel je m'insurge, c'est ce vieil héritage du concept CV qui veut que CV soit synonyme de « fiche d'état civil ». Vous voyez à quoi je fais allusion ? L'auteur fait lui-même les questions et les réponses et l'usage des deux-points apparaît tout au long du CV, à commencer par la mention « NOM » suivie des deux-points. Alors qu'il est si simple d'indiquer seulement en haut de la feuille votre nom, votre adresse, votre téléphone, ou d'utiliser un papier à en-tête. L'excès également de renseignements qui s'apparentent pour moi à du remplissage, par exemple un candidat qui a poursuivi des études supérieures et qui se croit obligé de nous signaler où il a fait ses classes primaires, ou enfin celui qui croit utile de nous indiquer son numéro de Sécurité sociale ou la profession et l'âge de ses parents...

Toutes ces indications superfétatoires sont pour moi des maladresses sur la forme. J'invite chaque candidat à peser chaque mot de son CV et à s'interroger si telle précision apporte un plus. Au lieu de se polariser sur sa personne, chaque candidat devrait se transposer dans la peau de l'employeur. Ainsi, il viendra à se poser quelques questions. « Qu'attend-il de moi ? Qu'est-ce que mon expérience peut lui apporter ? » C'est en ces termes que le candidat doit raisonner en rédigeant son CV.

Enfin, vous nous avez parlé des fautes sur le fond...

A.B. – Oui et c'est ici que les CV pèchent par médiocrité. Les CV qui dégagent une impression favorable sur le fond sont très rares. Quand on fait un bilan de la majorité des CV, c'est le néant que l'on en retire. Trop souvent on ne cite que les études, les grades, les échelons, les diplômes en formation continue, etc. Certes, tout cela n'est pas inintéressant mais on aimerait y trouver autre chose. Du concret ! Des réalités ! Par exemple qu'un chef de chantier a respecté les délais, qu'un gestionnaire a réussi à diminuer le coût de certains postes, qu'une dactylo a pris telle initiative dans l'organisation de son travail, qu'un débutant a eu des responsabilités durant sa scolarité en animant un club sportif ou culturel ou comme moniteur de colonie de vacances. Voilà le langage qu'attendent de trouver les recruteurs. Pour cela, il faut décrire ses réalisations dans des phrases très courtes présentées sous forme de flashes et en passant à la ligne pour chacune d'elles.

Il faut faire cette démarche avec habileté car on tombe facilement dans le contentement de soi qui, bien sûr, est à proscrire. Inutile de faire état de vos qualités, vos initiatives parleront d'elles-mêmes.

*
* *

VOTRE CHECK-UP CV

Pourquoi ce titre ? Parce que l'inventaire des maladresses qui suit avait d'abord été conçu pour permettre à chacun d'analyser son propre projet de CV. Ce chapitre figurait dans un ouvrage précédent qui portait le même titre. L'originalité de cette partie n'avait pas échappé à certains journaux.

Quatre parties constituent ce chapitre qui se rapportent à la photo, à la présentation générale, à la forme et au fond, correspondant aux différentes phases du dépouillement d'un CV.

I - LA PHOTO

C'est un élément qui peut paraître secondaire et pourtant c'est la première prise de contact qu'aura le destinataire avec vous.

Ne croyez pas, par contre, qu'un physique de play-boy ou de cover-girl vous assurera le succès. Inversement, si vous jugez votre physique ingrat, ne pensez pas que cela vous desservira. Vous ignorez, en effet, le physique qu'on attend du (de la) candidat(e) pressenti(e). Par ailleurs, tellement d'éléments subjectifs interviennent qu'il est difficile de se faire une idée préalable.

Toutefois, il n'est pas inutile de demander l'avis de votre entourage sur l'impression que donne de vous une photo.

■ *Pourquoi est-elle photocopiée ?*

Il est inutile de la faire figurer sur vos photocopies de CV, car celles-ci accentuent vos traits et donnent souvent une allure sinistre. Rien ne donnera le rendu de l'original.

■ *Elle n'a pas été réalisée par un professionnel !*

Il est préférable de s'adresser à un professionnel. Il s'agit d'un investissement que vous auriez tort de négliger. Pour un cadre c'est un petit détail qui a son importance.

■ *Pourquoi portez-vous une chemise à col ouvert ?*

En adressant votre CV, vous postulez en général un emploi qui impose une certaine tenue vestimentaire. Cette allure « décontractée » ne plaidera pas en votre faveur... à moins que vous ne cherchiez un emploi dans un village de vacances ou un complexe touristique. Même un poste pour l'outre-mer ne vous dispense pas de cravate.

■ *Pourquoi portez-vous un col roulé ?*

Certes, on abandonne de plus en plus souvent la cravate au travail pour adopter cette tenue. Toutefois n'indisposez pas le recruteur en vous distinguant de cette manière. La règle générale veut qu'une photo de CV vous présente en cravate. Ne transgressez pas ce principe.

■ *Pourquoi portez-vous un pull ras du cou avec cravate ?*

Cette allure est assez déconcertante. Pour en avoir vu plusieurs, on peut remarquer qu'en recevant une telle photo, on s'interroge pour savoir si ce n'est pas un clergyman qui présente sa candidature.

Gardez la même chemise et la même cravate si vous le souhaitez, mais nous vous prions, « mon révérend », d'abandonner ce pull ras du cou !

■ *Pourquoi portez-vous un pull ras du cou sans cravate ?*

Pourquoi cette allure propre à une certaine intimité ? En effet, ainsi on vous imagine beaucoup plus chez vous, un verre de whisky à la main, avec aux pieds des pantoufles, qu'en pleine activité. C'est l'impression de délassement qui prévaut : au diable la cravate (et le « boulot ») pour ce pull d'intérieur et ces pantoufles !

■ *Pourquoi portez-vous un nœud papillon ?*

Ceux qui ne portent pas de nœud papillon (99,99 %) verront d'un œil critique cette note de fantaisie.

Nous pensons que vous ne « séduirez » pas plus un sélectionneur adepte du nœud papillon, car les semblables en général se repoussent.

Pour cette photo, retrouvez l'espace d'un instant votre tour de main pour faire un nœud de cravate.

■ *Êtes-vous maquillée sur cette photo ?*

Évitez les maquillages outranciers !

■ *Portez-vous des boucles d'oreilles ?*

Breloques à proscrire surtout si ce sont des anneaux ou des pendentifs.

■ *Sur votre photo, avez-vous un décolleté « avantageux » ?*

Si le recruteur est une femme, votre candidature sera systématiquement écartée. Si c'est pour « appâter » les hommes, ne soyez pas surprise d'être victime de harcèlement sexuel une fois engagée.

■ *Portez-vous une tenue sportive (style polo) ?*

Pour les hommes : c'est rédhibitoire.

Pour les femmes : il est préférable de porter un chemisier (pas trop décolleté) ou un pull ras du cou, ou col cheminée, ou col roulé sous une veste de tailleur.

■ *Pourquoi fait-elle apparaître des décorations ?*

Félicitations pour ces distinctions, mais pour plusieurs raisons choisissez une veste où elles ne figurent pas. Pourquoi ? Votre sélectionneur a peut-être en vain tenté d'obtenir une décoration.

Votre sélectionneur a peut-être un a priori pour ce qu'il appelle ces « gris-gris ».

Enfin, l'étalage de décorations accuse une certaine fatuité. « Une once de vanité gâte un quintal de mérite » dit un vieux dicton populaire. C'est peut-être ce que pense de vous votre sélectionneur.

■ *Pourquoi n'a-t-elle pas le format standard d'une photo d'identité ?*

Je vous suggère d'adresser la prochaine fois... un poster de vous !

■ *Pourquoi adressez-vous une photo en pied ?*

On vous demande une photo d'identité et non pas une de votre gabarit.

■ *Le « clou » en ce qui concerne la photo, c'est celle qui restitue l'environnement familial avec conjoint et enfants.*

Pour agrandir ce cercle de famille, j'attends celui ou celle qui sélectionnera la traditionnelle photo de groupe prise sur le parvis de l'église, le jour de son mariage...

II - LA PRÉSENTATION GÉNÉRALE

Cet aspect peut vous sembler superficiel, on serait en droit de vous donner raison, car, a priori, le lecteur devrait accorder plus d'intérêt au contenu qu'au contenant. Détrompez-vous ! Au stade du dépouillement, il y a deux phases : celle du « survol », ensuite la lecture proprement dite.

Cette phase de « survol » dure quelques secondes, mais elle est éliminatoire très souvent pour quelques maladresses qui sautent aux yeux de « l'examinateur » et ce dernier ne prend même pas la peine de lire votre CV.

■ *N'envoyez pas de double.*

Faites des photocopies de l'original.

■ *Mauvaise qualité de papier.*

Utilisez pour vos photocopies un papier mat et non glacé.

■ *Trop long.*

Mettez-vous à la place de celui qui est chargé du dépouillement, il n'a pas de temps à consacrer à lire un « rapport ». Il accorde au plus 2 à 3 minutes par CV sur la centaine qu'il analyse. Trois pages sont un maximum.

■ *Trop court.*

C'est le CV d'un débutant. Deux pages seraient plus en rapport avec votre expérience professionnelle.

■ *Format fantaisie.*

Le format standard 21 x 29,7 et jamais dans le sens de la largeur.

■ *Absence de marge.*

Il est fastidieux de parcourir un texte sans marge. Par ailleurs, c'est un signe de retenue, de conservatisme, de quelqu'un de timoré (marge 4,5 cm).

■ *Marge insuffisante.*

La marge idéale : environ 4,5 cm et 7 cm pour les alinéas.

■ *Marge inégale.*

Il faut s'astreindre à une certaine rigueur dans la mise

en page. Une marge « flottante » qui ne trouve pas son équilibre dénote plusieurs défauts du postulant : instabilité, fantaisie, manque d'assurance.

■ *Espaces insuffisants entre les chapitres ou paragraphes.*

Aérez votre CV pour en faciliter la lecture !

■ *Ratures ou surcharges*

On peut vous en pardonner une, au-delà vous risquez d'indisposer votre lecteur.

■ *Pourquoi un recto-verso ?*

Pourquoi vous singulariser à votre détriment ? Les entreprises apprécient la notion d'économie mais pas l'avarice…

■ *Ne signez pas votre CV.*

On ne signe pas plus un CV qu'une carte de visite.

■ *Pourquoi l'emploi d'un cachet « dossier confidentiel » ?*

Pourquoi pas « TOP SECRET » ?

■ *Utilisez un papier à en-tête.*

Pour un cadre cette petite note est plus prisée… Choisissez des caractères sobres.

■ *Évitez de présenter un CV découpé en « tranches » avec différentes annexes.*

C'est l'idéal pour que l'une des parties se perde.

■ *Votre identité et votre adresse ne figurent pas sur votre CV !*

Certes, vous joignez une lettre de candidature où ces renseignements figurent, mais si votre lettre s'égare...

III - LA FORME

Dans ce chapitre figurent les maladresses qui n'apparaissent qu'à la lecture de votre CV.

■ *Inutile de débuter votre CV par « curriculum vitae ».*

Votre lecteur sera favorablement surpris, car de toute évidence sans avoir à faire figurer cette mention, la présentation de votre CV le fait apparaître comme tel. En effet, vous vous distinguerez ainsi de la quasi-totalité des CV dont les auteurs se croient obligés de le mentionner.

■ *Ne négligez pas l'accentuation !*

Cette remarque s'adresse aux étrangers postulant un emploi en France.

■ *Attention aux fautes d'orthographe !*

Les employeurs sont souvent intraitables sur ce point.

■ *Attention aux répétitions !*

Pour les verbes, voir la liste plus loin.

■ *Mauvaise ponctuation.*

■ *Évitez l'emploi excessif de termes anglo-saxons.*

L'abus est souvent mal perçu par les dirigeants de P.M.E.

■ *Évitez l'emploi d'un vocabulaire trop recherché.*

Ce document n'est pas une œuvre littéraire ; il doit être rédigé dans un style simple et direct.

■ *Pourquoi vous attribuez-vous tant de qualificatifs louangeurs ?*

Seuls les résultats comptent.

■ *Évitez ces poncifs de « gagneurs », de « battant », de « performant » ou « je sais me battre et je gagne »...*

Ceux qui dépouillent les CV sont de plus en plus assaillis par cette nouvelle terminologie et ils y sont devenus profondément allergiques. Ils attendent au contraire que vous apportiez la preuve de ces qualités par une énumération crédible de résultats positifs, très souvent chiffrés.

■ *Les nombres doivent figurer en chiffres et non en lettres.*

Écrivez 100 plutôt que « CENT ».

■ *Pas d'approximation, des chiffres !*

Ainsi évitez les termes ou locutions tels que : nombreux, important, une dizaine, divers, différents, variétés, à peu près, une partie, environ, etc. En effet, c'est beaucoup trop évasif ; cela pèche par manque de précision.

■ *Paragraphes trop longs.*

Allez à l'essentiel, pas de délayage ! Évitez surtout de développer plusieurs réalisations dans le même paragraphe.

■ *Paragraphes trop concis.*

C'est une qualité pour un CV d'être percutant, mais employez au moins la forme : sujet, verbe, complément.

■ *Mentionnez entre parenthèses la justification des sigles.*

A l'exclusion de quelques grandes écoles ou entreprises comme IBM, S.N.C.F...

■ *Ne mentionnez pas la raison sociale de votre employeur lorsque vous êtes en activité.*

En effet, malgré les assurances qui vous sont données, très souvent on n'hésite pas à l'interroger !...

■ *Ne mentionnez pas les causes de vos départs.*

Vous aurez tout loisir de vous en expliquer lors d'un entretien, à moins que... vous ne puissiez éviter le questionnaire type à remplir, où cette question figure toujours.

■ *Ne mentionnez pas vos rémunérations.*

Surtout lorsqu'elles ont régressé, car un employeur pourrait en tirer profit. Cette mise en garde s'applique aussi lorsque vous ignorez dans quelle fourchette de salaire se situe le poste.

■ *Ne mentionnez pas vos prétentions même si on vous le demande !*

Il s'agit de l'élément primordial de la négociation. Certains candidats ont vu leur salaire augmenté de 30 %, voire plus, grâce à une négociation habilement menée. On peut vous demander vos bulletins de salaires, mais c'est toujours l'exception. Il faut avant tout faire admettre à vos futurs employeurs ce que vous valez et non pas ce que vous gagnez.

■ *Ne mentionnez pas études primaires, voire secondaires, si vous avez obtenu des diplômes d'études supérieures.*

On se doute que vous avez suivi cette filière...

■ *Si vous avez une expérience professionnelle confirmée (plus de 5 ans), évitez de faire étalage de trop de diplômes.*

On préfère s'entourer de collaborateurs confirmés, efficaces, que de « bêtes à concours ».

■ *Pourquoi, comme la majorité des CV que les sociétés reçoivent, vous cantonnez-vous dans cette simple énumération de dates, de raisons sociales ?*

Cela n'a rien de particulièrement édifiant sur les résultats que vous pouvez porter à votre crédit.

■ *Évitez les mentions fastidieuses, surtout en les datant, des différents échelons que vous avez gravis chez le même employeur.*

C'est très tentant, notamment pour un autodidacte, d'affirmer cette ascension par des qualifications. Toutefois, votre futur employeur attend de vous plutôt une description de vos résultats.

■ *Inutile de présenter, en les datant, les différentes affectations que vous avez eues à travers les succursales d'une même société.*

Ainsi un candidat qui a eu 5 affectations au sein de la Société X a cru bon de répéter 5 fois (dans la colonne qu'il réservait pour les entreprises) le nom de cette société.

■ *Évitez, si c'est le cas, de mentionner les « cascades d'avatars » des sociétés auxquelles vous avez collaboré.*

Cela donne l'impression que lorsque vous rentrez dans une nouvelle société, il faut s'attendre à une catastrophe ! Sans être superstitieux un éventuel employeur évitera d'engager un tel collaborateur.

■ *Évitez de faire état des malheurs d'ordre privé qui vous ont affecté (maladie, accident, deuil, divorce).*

On comprend que vous voulez prouver que vous avez su faire face à l'adversité, et pourtant dans un CV cela a un côté pitoyable qui ne plaidera pas en votre faveur.

■ *Ne mentionnez pas votre numéro de Sécurité sociale.*

■ *Ne mentionnez pas l'obtention de votre permis de conduire.*

Cela se comprend à la rigueur pour quelqu'un qui est appelé à faire des déplacements professionnels.

■ *Ne mentionnez pas votre numéro de permis de conduire.*

Vous êtes-vous demandé ce que cela apporte de plus à votre candidature ?

■ *Il y a un « trou » dans la chronologie de votre CV.*

C'est un point qui va sauter aux yeux et qui vous sera préjudiciable.

■ *Pour vos références morales, précisez le numéro de téléphone où l'on peut les joindre dans la journée.*

En effet, il faut que l'on puisse les contacter pendant les heures de bureau. Ayez la correction d'en aviser ces personnes, voire de leur soumettre votre CV.

■ *Vos violons d'Ingres ne font pas apparaître le sens de l'équipe.*

Ainsi évitez d'imiter ce candidat qui citait comme violon d'Ingres : philatélie, histoire contemporaine, nature, lecture.

■ *Faut-il mentionner « Membre du Rotary » ?*

A double tranchant : donc à éviter.

IV – LE FOND

C'est la grande « misère » de la majorité des CV. Ils n'incitent pas, en effet, à rencontrer leurs auteurs. Pourtant, avoir des entretiens, n'est-ce pas le but que vous vous fixez en l'adressant ?

Votre démarche doit se présenter comme une action commerciale. Votre CV s'apparente à un prospectus publicitaire. Ce dernier est confronté à une sévère concurrence dans les boîtes aux lettres, voire à un phénomène de « ras-le-bol ». Votre CV doit s'imposer auprès de sociétés qui sont très sollicitées.

Il doit donner envie aux destinataires de connaître son auteur.

On lance une campagne publicitaire pour un produit, ou service, en ne perdant pas de vue que sa commercialisation n'existe qu'en fonction d'une clientèle, à qui il faut :

– définir le produit ou service ;

– apporter la preuve de résultats tangibles (tests, performances) ;

– faire sentir le profit (ou les ressources diverses) qu'elle peut en tirer.

Il faut donc que pour tout CV apparaissent ces 3 dominantes : définition, résultat, profit.

La définition, c'est votre profil (diplômes, états de service). Sur ce point les candidats appliquent les règles de présentation qu'on leur a inculquées.

Les résultats sont souvent absents des CV. Pourtant, c'est sur ce plan que vous allez surtout intéresser votre lecteur. On entend souvent dire, à tort, qu'il n'y a que les commerciaux qui puissent développer cet aspect dans un CV alors qu'avec un effort de réflexion, chacun, de l'employé au directeur général, peut faire état d'un bilan positif.

Le profit de l'entreprise semble certainement une incongruité puisque aucun CV n'en fait état.

Ne pensez-vous pas, dans la mesure où vous exercez dans le secteur privé, et que vous avez, grâce en partie à votre action, permis à une entreprise de réaliser des bénéfices (un profit) que cela soit un argument auquel puisse être sensible un employeur, notamment le P.D.G. d'une P.M.E.

■ *Vous êtes débutant(e) et pourtant vous pouvez mettre en valeur votre candidature.*

Ainsi toutes formes de responsabilité que vous avez eues pendant votre période scolaire ou universitaire doivent être développées.

Exemples : Club sportif, maison de jeunes, ciné-club, atelier, chef de classe, scoutisme et mouvements similaires, stages en entreprise, etc.

Activité politique : à proscrire.

Au service militaire, si vous avez été amené à commander des hommes, vos futurs employeurs y seront sensibles.

■ *Vous avez une expérience professionnelle confirmée et votre CV ne fait apparaître aucun résultat.*

Voir les modèles qui figurent plus loin.

■ *Vous faites bien mention de résultats, mais ils ne sont pas chiffrés.*

Voir les modèles qui figurent plus loin.

■ *La notion de profit est absente de votre CV.*

Voir les modèles qui figurent plus loin.

- *Vous ne faites pas état de vos objectifs professionnels.*

C'est un élément qui figure dans peu de CV et que l'on doit placer à la fin de celui-ci.

*

* *

CHAPITRE II
6 BILANS-CV DÉTAILLÉS

Les pages qui suivent vont vous faire découvrir des exemples concrets et vous comprendrez mieux, ainsi, à travers les « interrogatoires » de ces candidats comment on peut faire évoluer un CV vers une conception entièrement différente.

Ma « fameuse » conception du curriculum vitae, qu'est-ce, en fait ? C'est la question que vous devez vous poser depuis le début de ce livre, bien que les pages précédentes aient défloré un tant soit peu le sujet. Vous attendez maintenant la matérialisation : mes modèles. S'il fallait donner une description de mes CV, je dirais :

– que la présentation a le mérite d'une grande clarté, due à une mise en page qui n'a rien d'improvisé, régie par quelques règles que je me suis fixées ;

– que ma formation de publicitaire transpire lorsqu'on découvre mon chapeau d'introduction qui fait l'originalité de mon CV et où un ou deux points mis en exergue vont piquer la curiosité du destinataire ;

– que l'on n'y constate aucun détail superflu et que les renseignements d'ordre personnels sont regroupés dans un chapitre fourre-tout intitulé « DIVERS » ;

– qu'il n'a plus rien à voir avec celui qui prévaut depuis des dizaines d'années, car c'est déjà celui du présent, puisque ceux qui s'en inspirent savent quel succès il leur procure !...

1. – CV D'UN ARCHITECTE

A.B. – Expliquez-moi cette fantaisie de présenter votre CV dans le sens de la largeur ?

M. Dupont. – Ce n'est pas une fantaisie ; je recherche un poste dans un cabinet d'architecte où évidemment le goût de l'esthétisme compte beaucoup. Mon CV doit dégager cette notion. Vous avez remarqué qu'il figurait collé dans une chemise cartonnée de couleur marron qui lui sert de support.

A.B. – Certes un CV doit être soigné, mais une originalité trop excessive est à proscrire, même dans le milieu où vous évoluez.

M. Dupont. – Pourquoi ? Expliquez-moi ?

A.B. – Parce que l'art est de cacher l'art. En d'autres termes, la perfection de l'art, c'est que l'art n'apparaisse pas. Je soutiens que vous péchez ici par excès. Vous ne semblez pas convaincu ?

M. Dupont. – Pas vraiment, bien qu'à la réflexion vous ayez peut-être raison. C'est votre seule remarque ?

A.B. – Vous le pensez ?

M. Dupont. – Oh ! A votre ton, j'ai l'impression que vous avez dû relever d'autres fautes. Est-ce que je me trompe ?

A.B. – Pas vraiment ! Je note dans la photo deux excentricités criantes. Pourquoi cet arrière-plan champêtre ? Pourquoi ce nœud papillon ? Sur ce dernier point, vous me rétorquerez à nouveau que c'est l'uniforme de l'architecte. Vous savez, on

Alain DUPONT
53, rue de Chanzy
92600 - ASNIÈRES

Nationalité française
Né le 8 août 1969
Marié, sans enfant
Dégagé des obligations militaires

FORMATION :

- Baccalauréat C - Rennes
- Diplôme d'architecte DPLG - Paris 1993
- Sujet : Centre de recherche agricole en Égypte
- Langues : Anglais (lu, parlé, écrit)
  Espagnol (notions)

STAGES :

- Agence MILLIEZ, Levallois-Perret : Dessinateur
- Agence VILLIERS, Paris : Étude des jardins sur dalle
- M. F.M. HERZOG, Architecte d'Intérieur, Paris.
  2 ans à temps partiel : relevé d'immeubles à restaurer – élaboration de plans – participation aux descriptifs – surveillance de chantiers.

EXPÉRIENCE PROFESSIONNELLE :

- Réalisation personnelle : deux agences de voyages à Paris (92-93)
- Collaborateur de M. DUPRÉ – Architecte Urbaniste (d'octobre 93 à décembre 94) : études – projets – plans – descriptifs – chantiers – mise au point d'un rapport d'urbanisme.
- Collaborateur de M. F.M. HERZOG – Architecte d'Intérieur (de janvier 95 à avril 95) : études — projets – plans – descriptifs — chantiers.

DIVERS :

- Voyages : Inde, Népal, Roumanie, Égypte, Soudan
- Loisirs : ski, voile, émaux sur cuivre – aménagement de jardins.

SITUATION RECHERCHÉE :

- Occuper un poste de responsable dans le secteur de la construction où des qualités d'Art et de Technique sont requises.

a coutume de dire que les extrêmes s'attirent et inversement que les semblables se repoussent. Méditez ce proverbe slovaque qui dit ceci : « Dur contre dur fait étincelle. » Alors, un conseil, faites un effort, le temps de pose de la photo, pour mettre une cravate.

M. Dupont. – Je n'avais pas pensé à cet aspect et je veux bien admettre que cette tenue ne m'attirera pas une plus grande bienveillance et qu'elle peut au contraire me nuire. J'en prends acte (dit-il en souriant).

A.B. – Si la présentation de votre CV est soignée, je vous accorde par ailleurs un autre bon point. En effet, vous faites figurer un paragraphe « situation recherchée » qui n'apparaît pas souvent dans les CV et il a, par ailleurs, le mérite d'avoir un contenu assez ouvert, ce qui étend ainsi le champ de vos investigations. C'est bien !

M. Dupont. – C'est votre avis ? Je craignais de pécher par imprécision.

A.B. – Non, c'est parfait. En voyant votre photo, je reviens un bref instant en arrière, car je crois ne pas avoir insisté sur le côté nuisible de son décor bucolique. De grâce, utilisez les services d'un professionnel de la photo d'identité.

M. Dupont. – Je voulais faire ressortir mon goût pour la vie en plein air, l'amour des chantiers…

A.B. – A d'autres ! Poursuivons. Je ne l'aurais pas présenté sous cette forme chronologique. De plus en plus, on adopte le CV dit à l'américaine qui est beaucoup plus percutant. Ainsi, on fait débuter un CV par le dernier emploi pour finir par la formation. Pour un employeur ne recrutant pas un débutant, c'est votre expérience la plus enrichissante qui va l'intéresser. On ne la trouve que dans vos dernières années professionnelles et non à vos débuts. Il faut l'intéresser dès les premières lignes, comme la recette d'un bon bouquin policier c'est de « démarrer sur les chapeaux de roues » pour donner envie au lecteur de poursuivre sa lecture. Les ingrédients d'un bon CV sont faits de ces petites touches. Vous êtes d'accord sur ce que je vous ai dit sur le CV à l'américaine ?

M. Dupont. – Oui, tout à fait. Je connaissais cette conception, mais je pensais qu'elle n'était pas orthodoxe. Après votre brillante démonstration, je suis tout à fait acquis, M. Baden, à ce développement à rebours.

A.B. – Bien. Abordons maintenant l'aspect le plus important d'un CV. Je vais à nouveau vous faire de la peine, M. Dupont, mais j'avoue ne pas avoir dégagé grand-chose de votre expérience professionnelle. Vous faites étalage des définitions de postes, mais où sont vos réalisations ?

M. Dupont. – Quelles réalisations ?

A.B. – Eh bien, les missions que l'on vous a confiées. On vous a certainement chargé de démêler des problèmes délicats, de régler rapidement des affaires mal engagées.

M. Dupont. – Oh ! Bien sûr, très souvent.

A.B. – Cela transpire dans votre CV ?

M. Dupont. – Non, évidemment. Mais je ne vais pas dans un CV faire un roman de ces faits de tous les jours.

A.B. – Peut-être pas tous, mais il y en a certainement qui méritent d'être signalés. On va essayer de dresser maintenant un inventaire de vos actions les plus significatives ou du moins les plus positives. Commençons par votre dernier job. Vous n'y êtes pas resté très longtemps. Pourquoi ?

M. Dupont. – C'est très simple, j'avais été engagé par cet architecte pour faire face à un afflux de commandes. Il avait pu m'apprécier à l'occasion d'un stage quelques années auparavant, c'est pour cela qu'il avait retenu ma candidature. Je ne suis resté qu'un peu plus de 3 mois parce qu'après cet afflux de commandes la situation est redevenue beaucoup plus calme : il n'avait plus besoin de quelqu'un. C'est aussi simple que cela.

A.B. – Si je comprends bien, vous avez été amené à vous occuper d'affaires de même nature que celles que conduisait votre employeur.

M. Dupont. – Absolument ! J'avais les coudées franches et je devais m'occuper d'affaires aussi délicates que celles de mon employeur. Je dirais même que plus elles étaient délicates et plus il avait tendance à m'en charger.

A.B. – C'est une preuve de confiance. Bon, durant ces 3 mois, de quoi avez-vous été le plus fier ?

M. Dupont. – Certainement c'est d'avoir créé un climat de confiance avec l'entreprise de bâtiment avec qui nous travaillions habituellement. Cela s'est traduit par une sorte de compromis pour définir le coût d'achat et le coût de la main-d'œuvre. En règle générale, dans la profession c'est un peu à celui qui tirera la couverture à soi, du promoteur, c'est-à-dire notre client, à l'entrepreneur. Grâce à l'instauration de cette espèce de *modus vivendi*, nous avons pu à chaque fois tenir les délais, parce qu'au départ on s'était bien mis d'accord sur un certain nombre de points.

A.B. – C'est tout ce que vous voyez de significatif dans ce dernier emploi ?

M. Dupont. – Oui, je ne vois pas d'autres choses à vous signaler ; j'y suis resté trop peu de temps.

A.B. – Passons donc à l'emploi précédent où vous êtes resté plus longtemps mais qui est en fait le premier de votre jeune vie professionnelle. Si je calcule bien vous y avez travaillé presque 2 ans. Vous veniez, en effet, d'obtenir votre diplôme d'architecte D.P.L.G.

M. Dupont. – C'est cela. Toutefois, durant mes études, j'avais réalisé la décoration de deux agences de voyages ainsi qu'une étude de jardin sur dalle. Mais c'est en effet mon premier job avec mon diplôme d'architecte en poche.

A.B. – Pourquoi avez-vous été engagé ?

M. Dupont. – Il s'agissait de remplacer au pied levé un ancien collaborateur qui n'avait pas réussi à réaliser le rapport qu'on lui avait confié.

A.B. – Excellente mise à l'épreuve.

M. Dupont. – En effet, j'ai dû me mettre tout de suite dans le bain. Il s'agissait d'un projet d'urbanisme à adresser à deux ministères dont l'un était celui de l'Environnement et du Cadre de Vie. Il y avait une date impérative à ne pas dépasser pour leur soumettre ce projet. Il a été remis en temps et en heure. Pour cette question de délai je n'ai pas pu faire de prérapport. Il faut croire que mon projet se tenait puisque le ministère de l'Environnement nous en a commandé cent exemplaires.

A.B. – C'est extraordinaire ! Dire qu'un élément aussi positif ne figure même pas dans votre CV. C'est insensé ! Quelle lacune ! Vous comprenez pourquoi j'insistais tout à l'heure sur vos réalisations concrètes.

M. Dupont. – En effet, j'aurais dû le signaler. Qu'est-ce que je peux dire d'autre sur ce poste ? Par exemple, que j'étais responsable d'une des deux agences de ce cabinet d'architecte. On m'avait confié au bout de quelque temps l'agence de Paris où j'avais sous mes ordres une secrétaire et trois dessinateurs. J'oubliais de vous dire que lorsqu'on m'a engagé, je devais remplacer à la fois l'architecte incompétent dont je vous ai parlé tout à l'heure, mais également un chef de chantier qui avait démissionné.

A.B. – Un chef de chantier ! Mais vous aviez déjà fait des chantiers ?

M. Dupont. – Absolument pas. Mais je dois avouer un pieux mensonge. En effet, lorsque j'ai été engagé, on m'a demandé si j'avais l'expérience des chantiers et j'ai répondu avec aplomb « oui ». Ainsi, quelque temps après cette histoire de projet d'urbanisme, j'ai été à trois rendez-vous avec l'architecte responsable du cabinet, au troisième figurez-vous qu'il m'a dit : « On voit que vous avez l'habitude des chantiers. » Il me confiait quelques jours plus tard un chantier de A à Z à Paris.

A.B. – Dans votre CV, où vous faites figurer le mot « chantier », j'aurais préféré voir mentionner « responsabilité d'un chantier », la nuance est de taille. Et vous n'avez pas eu de problème ? Tout s'est bien déroulé sur ce chantier ? Pas de retard ?

M. Dupont. – Le retard existait quand on me l'a confié. Il faut dire qu'il était d'environ 5 à 6 mois car il s'agissait en fait de la rénovation d'un immeuble qu'il a fallu conforter ; donc on a eu beaucoup plus de travail que prévu. Disons que je n'ai pas amplifié le retard, ce qui est déjà une gageure, car en général, lorsqu'un chantier en prend cela va en s'aggravant...

Alain DUPONT
53, rue de Chanzy
92600 - ASNIÈRES
TEL. 36.68.02.92

nouveau CV

ARCHITECTE DEPUIS 2 ANS :

Un rapport d'urbanisme commandé à 100 exemplaires
par le Ministère de l'Environnement...

EXPÉRIENCES

Janv. 95 à Avril 95 Collaborateur de M. HERZOG (Architecte d'Intérieur)

J'avais effectué un long stage à temps partiel quelques années auparavant. Je n'avais pas dû laisser une mauvaise impression puisque je fus engagé pour faire face à un afflux de commandes. J'ai été amené à suivre des affaires de même nature que mon employeur.

Ainsi, j'ai :

- instauré, notamment, pendant ce court laps de temps une sorte de compromis avec notre entrepreneur attitré. Cette entente reposait sur la définition du coût d'achat des matériaux et sur le coût de la main-d'œuvre ; cette politique a permis à notre entrepreneur de tenir les délais.

- quitté, à regret, ce poste, car les commandes s'étaient stabilisées à leur rythme antérieur et ma présence n'était donc plus justifiée.

Oct. 93 à Déc. 94 — Collaborateur de M. DUPRÉ (Architecte Urbaniste)

Diplômé d'architecture DPLG depuis juillet, on m'a confié :

en entrant, un rapport d'urbanisme urgent qui avait pris du retard par suite de l'incompétence d'un ancien collaborateur. Ce rapport devait être remis à deux Ministères et plus particulièrement à celui de l'Environnement qui, satisfait, nous en commanda 100 exemplaires.

Alain DUPONT

EXPÉRIENCES (suite)

- après trois visites de chantiers avec mon employeur, la responsabilité complète de l'un d'eux à Paris.

- la prise en charge de l'une des deux agences, celle de Paris, comprenant trois dessinateurs et une secrétaire.

J'ai dû démissionner de ce poste car les commandes sur Paris déclinaient et en l'occurrence mon salaire de « débutant » ne pouvait être augmenté malgré... les responsabilités que l'on me confiait.

Durant mes études d'architecture – Réalisation personnelle de la décoration de deux agences de voyages à Paris (92 et 93).

- L'étude d'un jardin sur dalle (stage).

LANGUES

- Anglais (courant)

- Espagnol (notions)

FORMATION

- Diplôme d'architecte DPLG Paris (juillet 1993)
  Sujet : Centre de Recherche Agricole en Égypte

DIVERS

- 26 ans, marié, sans enfant

- Voyages : Inde, Népal, Roumanie, Égypte, Soudan

- Loisirs : ski, voile, émaux sur cuivre, aménagement de jardins

OBJECTIF

OCCUPER UN POSTE DE RESPONSABILITÉ DANS LE SECTEUR DE LA CONSTRUCTION OU DES QUALITÉS D'ART ET DE TECHNIQUE SONT REQUISES.

2. – CV D'UNE SECRÉTAIRE A RESPONSABILITÉS

Le CV que l'on m'a soumis est un spécimen difficilement critiquable. Il présente beaucoup de qualités. L'auteur appartient, en effet, depuis 4 ans, à un service du personnel comme assistante du responsable. Qui, mieux qu'elle, est à même de déjouer les pièges d'un CV ? L'entretien que je vous restitue vous montrera que ma candidate a su remarquablement bien défendre son projet. Pour ma part, j'insisterai sur ma conception qui s'attache aux faits significatifs pour écarter les détails superflus. Je ne répéterai jamais assez mon leitmotiv : écartez le délayage !

A.B. – Votre curriculum vitae est très bien présenté. Il faut bien sûr attacher de l'importance à la présentation.

C. Dupont. – Surtout pour une secrétaire !

A.B. – Naturellement. Au fait, savez-vous que c'est souvent aux secrétaires qu'échoit la charge du premier dépouillement ? C'est dire le rôle qu'elles ont au stade de la première sélection. Pour revenir à votre CV, il y a quelque chose qui m'ennuie un peu : je le trouve un peu long.

C. Dupont. – (acquise) : Oui !

A.B. – Mettez-vous toujours à la place d'une personne qui peut en recevoir une centaine. Vous n'êtes pas très âgée. Vous êtes née en 1965, cela vous fait quel âge ?

C. Dupont. – 30 ans !

A.B. – Voyez, ma réaction est significative. En indiquant 10 avril 1965, il faut que je me prête à un calcul mental où je ne sais plus si vous avez 20, 30 ou 40 ans. Indiquez simpleancien CV

CURRICULUM VITAE

NOM	DUPONT
PRÉNOM	Christine
SITUATION DE FAMILLE	Célibataire
DATE DE NAISSANCE	10 avril 1965
ADRESSE	53, rue de Chanzy 92600 - ASNIÈRES
TÉLÉPHONE	36 68 02 92

ÉTUDES ET DIPLÔMES

- Baccalauréat Philosophie (AB)
- Lower Cambridge (1985)
- Proficiency (1986)
- Chambre de commerce britannique (1987)
- BTS de Traducteur commercial (1988)
- Institut Central des Attachés de Direction (91, rue de l'Université - 75007 PARIS) (1988-89)

Deux années de secrétariat comprenant un stage de 2 mois en entreprise (Girling - Angleterre - 1988)

- Assistante de Français dans une Comprehensible School (Buckinghamshire) (1992-1993)

- Cours de Marketing Post Universitaires (College of Further Education - BUCKS) (1992-1993)

EXPÉRIENCES PROFESSIONNELLES

1989-90

Société : SEDIG (Levallois)
groupe Peugeot
plus de 200 personnes

Position : Secrétaire bilingue du Directeur Export

Poste : Correspondance commerciale dans les deux langues
Suivis commerciaux suite aux Salons Internationaux
Rapports

Position : Secrétaire de la personne responsable de la Direction
Comptable et Financière, du Personnel et des Services Généraux.

Poste : Assurer la liaison avec les responsables de ces trois services (Comptabilité : 10 personnes - Paye : 3 - Services Généraux : 5).

ADMINISTRATION

Assurer le suivi des services généraux avant l'embauche d'un cadre (assurance, sécurité, courrier, etc...)

COMPTABILITÉ

Traduction des commentaires de bilans, prévisions, inventaires destinés aux associés américains.

Rapports destinés aux U.S.A.

PERSONNEL

– Payes
Cadres supérieurs (transfert, frais, bulletins)
Augmentation générale
Déclarations annuelles

– Réunions sociales
Mensuelle : convocations, comptes rendus, diffusions.

– Embauches
Liaison avec les agences de travail temporaire
Annonces
Pré-sélection (employés)

1990-91 :

Société : IRISH EXPORT BOARD (Paris 8ème)
Organisme gouvernemental
Chargé de promouvoir les produits irlandais sur le marché français
10 employés

EXPÉRIENCES PROFESSIONNELLES (suite)

Position : Secrétaire du Directeur Général

Poste : Suivi administratif du bureau
Contacts avec le Siège Social à Dublin
Traduction
Études de marchés à l'intention d'exportateurs irlandais avant leurs rencontres avec des acheteurs/importateurs français
Organisation de voyages promotionnels en Irlande.

1992-1993 :

Société : ANALYSIS AUTOMATION LTD (Oxford - Angleterre)
Import-Export d'appareils permettant de mesurer la pollution
10 employés

Position : Secrétaire du Directeur Général

Poste : Suivi d'un petit bureau
Suivi des commandes
Contacts avec les fournisseurs américains et les clients britanniques
Liaisons avec l'usine

1993 :

Société : LABORATOIRES JOHSON (Paris 18e)
Laboratoire Pharmaceutique Franco-Américain
Plus de 200 personnes (force de vente : 130)
siège : 70

Organiser :
Deux années de séminaire de Sciences Naturelles à l'intention des délégués médicaux.

Cours d'anglais au sein de la Société pour les employés et cadres.

PROJETS

Chargée d'étudier et soumettre en langue anglaise certains projets devant être approuvés par les associés américains.

- Étude des horaires souples
- Mise sur ordinateur
- Aménagement d'un entrepôt pharmaceutique, etc...

ment 30 ans dans la partie « divers », vous éviterez ainsi au destinataire de se prêter à ce calcul fastidieux. Votre état civil peut également être simplifié en indiquant en haut à gauche de votre feuille vos nom, prénom, adresse et téléphone et dans votre paragraphe « divers » la mention « célibataire ». Cette présentation a le mérite d'être plus directe. Votre présentation est certes orthodoxe, mais je trouve que c'est une forme de remplissage. Si vous souhaitez faire tenir votre CV en 2 pages, tout en le laissant aéré, c'est peut-être à ces aspects qu'il faut s'attaquer. Ainsi, en ce qui concerne vos diplômes et études, vous ne pensez pas en avoir trop mis ?

C. Dupont. – (sûre d'elle et... dominatrice) : Je crois au contraire que c'est important de les avoir signalés. Cela fait apparaître une progression au niveau de l'anglais. La Chambre de Commerce Britannique, c'est un diplôme assez bien vu en entreprise ; je pense que cela serait négatif de ne pas en faire état. Le B.T.S. de traducteur commercial, n'en parlons pas car c'est indispensable de l'indiquer. Une école de secrétariat, je peux difficilement ne pas la faire figurer. Le poste d'assistante de français dans un collège britannique cela m'apparaîtrait une lacune fâcheuse de ne pas le signaler, car cela prouve que j'ai été capable de « tenir » plusieurs classes d'environ 30 élèves et devrait dénoter certains traits de caractère, d'autorité et de responsabilité.

A.B. – Mais ce n'est pas un diplôme ou des études. Il s'agit bien d'une activité professionnelle ?

C. Dupont. – (agacée) : Oui, si vous voulez ! On pourrait en effet l'extraire de ce paragraphe. Enfin, pour terminer, le cours de marketing post-universitaire suivi en Grande-Bretagne, me permet, même si je n'ai pas poursuivi dans cette voie, de démontrer que j'ai acquis un niveau peut-être supérieur à celui du secrétariat type ; on peut le voir comme cela.

Diable, quelle plaidoirie ! Que répondre à une démonstration aussi logique ? Toutefois, après avoir lu les deux pages d'expériences professionnelles à haute voix, l'intéressée fera spontanément ce constat :

C. Dupont. – Je reconnais, en effet, que c'est un peu long.

A.B. – Ce que je voudrais savoir maintenant, c'est ce dont vous êtes la plus fière, par exemple une initiative particulièrement heureuse ou une réussite dans telle activité...

C. Dupont. – Évidemment, c'est dans le dernier poste que cet aspect a été le plus important. Je pourrais, en effet, éliminer ou plutôt limiter la place que je consacre aux emplois précédents car les responsabilités que j'avais paraissent peu de chose par rapport à celles que j'ai actuellement.

A.B. – Tout à fait d'accord.

A ce stade de l'entretien, je me fourvoie complètement. Je crois avoir compris que ma patiente me tend la perche pour que je lui vante le CV à l'américaine, ce que je fais innocemment et elle me rétorque, toujours d'une façon aussi brillante, qu'elle préfère le CV classique. Il est intéressant d'avoir les arguments de la partie « adverse » d'autant plus qu'ayant participé à de nombreux recrutements elle nous apporte l'éclairage d'une personne avisée.

C. Dupont. – (candide) : Toute votre argumentation sur le CV à l'américaine est séduisante, mais moi je préfère une formule classique en ce sens que c'est plus facile, pour une personne qui a un CV sous les yeux, de voir la progression de carrière au travers des expériences professionnelles : on découvre ainsi d'où il est parti et où il est arrivé en dernier. Je pense que si l'on commence par le dernier poste on a l'impression de découvrir une carrière qui rétrograde. Vous voyez ce que je veux dire. De toute manière, il faudra revenir au dernier poste, ce qui implique une perte de temps. C'est tout à fait personnel, mais je trouve également que c'est plus clair. N'oublions pas que nous sommes cartésiens ! Nous nous attacherons donc plus facilement au canevas d'une chronologie logique. Il est certain que le dernier poste est celui où les souvenirs sont les plus vivaces et on assiste souvent dans le CV à l'américaine à un développement assez long de ce job avec beaucoup de détails superflus et qui n'ont pas plus de poids que ce qui a été fait auparavant. C'est un peu comme cela que je le ressens.

Voilà, c'est dit et bien dit et les partisans du CV classique se reconnaîtront dans ce plaidoyer. Je reviens à la charge en ne m'intéressant qu'à son dernier emploi.

A.B. – Parlez-moi un peu de vos fonctions qui figurent dans votre paragraphe « administration ». Avez-vous marqué de votre personnalité ce service ?

C. Dupont. – Honnêtement, je ne peux pas dire que j'ai eu l'occasion d'être très originale dans ce que j'ai fait. C'était un volet supplémentaire au travail que l'on m'avait confié. Je n'ai pas eu le temps de me pencher à fond sur ces problèmes-là. Ce que je peux simplement dire, c'est qu'au niveau des secrétaires, elles m'ont toujours rendu compte de ce qui se passait, donc, au point de vue autorité, si je peux employer ce mot-là, j'ai pu remplacer un cadre pendant 6 mois en assurant le suivi sans que les personnes du service n'aient eu à se plaindre de l'absence de ce cadre pour superviser de plus près leurs problèmes.

A.B. – Cela ne me semble pas négligeable d'insister pour signaler que vous avez suppléé à l'absence d'un cadre pendant 6 mois sans que cela puisse porter préjudice au service. Certes il ne s'agissait pas de grandes responsabilités, mais de vous occuper des affaires courantes. C'est bien cela ?

C. Dupont. – Tout à fait. Les qualités requises étaient surtout des qualités humaines, car c'était un peu le bureau des pleurs et il fallait également faire preuve de discrétion.

A. B. – Vous faites état de relations avec les agences intérimaires. Avez-vous négocié avec elles ?

C. Dupont. – Nous travaillions depuis longtemps avec la même agence. Toutefois, j'ai réussi à lui faire accepter de « débaucher » une de ses intérimaires en lui proposant un contrat à durée déterminée. C'était donc un gain pour notre entreprise et un manque à gagner pour l'agence intérimaire. Cette dernière a accepté cette contrainte car nous étions un bon client…

A.B. – Je crois également qu'il est intéressant de signaler ce point. Je vois, par ailleurs, que vous avez organisé des cours d'anglais. Vous donniez des cours ?

C. Dupont. – Non. J'étais chargée de l'organisation de séminaires et de cours d'anglais.

A.B. – Quel était votre rôle dans l'organisation des cours d'anglais ? Vous avez négocié avec des établissements donnant des cours de langues ?

C. Dupont. – Sur le plan financier non, par contre sur le planning oui. Au sein de l'entreprise, j'établissais un calendrier en m'entretenant avec chacun des intéressés de manière à ne pas désorganiser la bonne marche des services. Il n'était, en effet, pas question qu'un service soit complètement « déserté ».

A.B. – Dans le cadre de vos activités liées à l'embauche, nous avons tout à l'heure vu que vous étiez en relation avec les agences, mais vous signalez également dans votre CV « annonces ». De quelle manière cela se passait-il ?

C. Dupont. – J'étais, en effet, chargée de faire passer des annonces pour recruter du personnel d'exécution. J'étais donc en contact avec les services qui recherchaient un collaborateur. Nous examinions ensemble la définition du poste et je rédigeais ensuite l'annonce. Je passais les ordres d'insertion aux services des petites annonces de grands journaux nationaux. Enfin, j'avais pour tâche de procéder à la présélection et donc d'étudier les... curriculum vitae qui m'étaient adressés (dit-elle en souriant).

A.B. – Par ailleurs, vous nous signalez des projets qui devaient être approuvés par les Américains. Quel était votre degré d'intervention ?

C. Dupont. – Je devais les rédiger en langue anglaise et d'une manière assez percutante pour que les Américains nous donnent leur feu vert, par exemple pour l'aménagement d'horaires souples, l'extension du réseau informatique ou l'aménagement d'un entrepôt.

A.B. – Vos projets ont été acceptés ?

C. Dupont. – Oui, ils ont tous été acceptés. Ils ont donc compris ce que je voulais dire !

A.B. – Appartenant au service du personnel, et pour ce qui est de l'aménagement de l'horaire souple, est-ce que vous vous êtes cantonnée uniquement dans la rédaction anglaise ?

C. Dupont. – Absolument pas, puisque j'ai pris contact avec diverses sociétés spécialisées dans ce type de matériel de temps de travail de manière à présenter un rapport en anglais aux Américains qui soit cohérent.

A.B. – Cette affaire d'entrepôt, qu'était-ce ?

C. Dupont. – Il s'agissait d'un projet également important. Cela posait, en effet, quelques problèmes techniques, car nos produits sont soumis à des contraintes particulières. Pour ce projet, le cadre administratif que nous avions attendu 6 mois était à l'œuvre, il avait pris en main si vous voulez l'aspect quotidien de ce problème, mais au niveau de l'approbation des Américains, c'est moi qui me suis occupée de traduire en anglais les arguments pour « arracher » aux Américains l'accord pour ce projet.

A.B. – Bon, je crois que nous avons bien détaillé ce dernier poste qui est, en effet, très riche pour vous. On va voir ensemble maintenant les postes précédents et en commençant par le premier, c'est-à-dire ce travail à Levallois.

C. Dupont. – Rien de particulier ; c'était le travail d'une secrétaire bilingue. Le deuxième emploi dans l'organisme gouvernemental irlandais à Paris mérite plus d'attention. Mon rôle dans la préparation de voyages promotionnels en Irlande n'était pas secondaire. Enfin, mon job en Angleterre chez Analysis est très important dans ma carrière car j'étais la secrétaire du directeur général d'une société britannique basée à Oxford. Un directeur général n'aurait pas engagé une secrétaire ne parlant pas couramment l'anglais. Par ailleurs, je n'avais même pas à utiliser la langue française puisque ses clients n'étaient que des Anglo-Saxons (Anglais ou Américains).

A.B. – Certes, c'est une belle preuve de confiance. Mais au fait, vous avez passé sous silence votre poste d'assistante de français dans une école britannique !

C. Dupont. – C'est vrai, nous en avons un petit peu parlé au début. Je crois que vous avez raison de le faire figuré dans les activités professionnelles.

A.B. – Je crois que l'on a fait le tour de votre CV.

C. Dupont. – Oui, et cela m'intéresse de voir comment vous saurez le présenter. Nous avons des conceptions différentes et d'ailleurs, à ce sujet, je ne suis pas d'accord avec ce que vous disiez dans une précédente interview.

A.B. – Ah ! oui, à quel sujet ?

C. Dupont. – A propos des prétentions. Vous invitiez notamment chacun à ne pas mentionner ses prétentions même quand l'annonce le stipule. A la rigueur, je veux bien admettre que pour les prétentions ça peut se discuter, mais là où je ne vous suis plus, c'est lorsque vous précisez qu'il est inutile d'indiquer son salaire actuel.

A.B. – Et pourquoi donc ?

C. Dupont. – Parce que j'aurais l'impression que le candidat n'a pas lu l'annonce en entier. J'aurais un doute sur le sérieux du candidat. Je le mettrais dans une pile à part, mais pas dans les prioritaires même si son profil correspond au poste. J'agirais de la même manière si je demande une photo et qu'un candidat oublie de me la joindre...

A.B. – Pour la photo, je vous donne raison, mais pas pour le salaire ; je suis formel, si vous avez un candidat qui correspond parfaitement au poste à pourvoir vous ne l'écarterez pas pour un mobile aussi futile. Vous ne croyez pas ?

C. Dupont. – Le candidat d'exception, je ne lui en tiendrai pas rigueur mais les autres…

A.B. – Chère amie, c'est un candidat d'exception que vous retiendrez !

Christine DUPONT
53, rue de Chanzy
92600 ASNIÈRES
TEL. 36.68.02.92

BILINGUE (ANGLAIS-FRANÇAIS)

Deux années professionnelles en Angleterre
Un an à Paris dans un organisme irlandais
Depuis près de 3 ans dans une Sté franco-américaine

EXPÉRIENCES

Depuis 1993 Entreprise franco-américaine comprenant 200 personnes en France.

Assistante du Directeur des services comptables, personnels et généraux. A ce poste, j'ai :

- suppléé à l'absence d'un cadre administratif durant 6 mois en établissant de bons rapports avec les secrétaires de ce service qui me rendaient compte régulièrement de leurs activités.
- participé aux recrutements de secrétaires ou employés en étroite relation avec les services concernés, qui me chargeaient de rédiger leurs annonces, de les faire paraître dans la presse, de procéder à la présélection des candidats.
- été chargée des liaisons avec les agences intérimaires.
- collaboré à la traduction de nombreux documents (bilans, prévisions, inventaires) destinés à la maison mère aux U.S.A.
- étudié et soumis en anglais de nombreux projets pour obtenir l'accord des U.S.A. Ainsi nous avons eu, grâce peut-être à la formulation de ces rapports, l'accord pour trois projets (mise sur ordinateur, aménagement d'un entrepôt, étude d'horaires souples).
- contacté les entreprises spécialisées dans le matériel destiné à comptabiliser le temps de travail du personnel, cela dans le but de rédiger un rapport cohérent pour l'étude des horaires souples destiné aux Américains.
- organisé de nombreux séminaires pour nos collaborateurs de Paris et de province.
- planifié les cours d'anglais en sélectionnant les groupes d'une part en fonction de leur niveau et d'autre part en fixant avec chacun des services les personnes désignées de manière à ne pas désorganiser ceux-ci.

...

Christine DUPONT

EXPÉRIENCES (suite)

1992-1993 Société ANALYSIS AUTOMATION LTD (Oxford - Angleterre)

Secrétaire du Directeur Général d'une entreprise d'import-export d'appareils de mesure de pollution.

Je n'utilisais pas ma langue maternelle puisque cette entreprise travaillait exclusivement avec les U.S.A. pour l'export.

1991-1992 Assistante de français dans un collège britannique

J'avais la responsabilité de plusieurs classes d'une trentaine d'élèves.

1990-1991 IRISH EXPORT BOARD (Organisme Gouvernemental Irlandais)

J'appartenais au bureau parisien de cet organisme chargé de faire connaître les produits irlandais en France ou vice versa. Mon rôle consistait surtout à me charger, certes, des traductions, mais également de l'organisation de voyages promotionnels en Irlande.

1989-1990 Société SEDIG à Levallois

Comme secrétaire bilingue j'étais chargée de la correspondance commerciale dans les deux langues.

FORMATION

- Baccalauréat AB (philosophie)
- Lower Cambridge (1985) - Proficiency (1986)
- Chambre de Commerce Britannique (1987)
- BTS de traducteur commercial (1988)
- Cours de marketing post-universitaire (College of further education) (1992-1993)

DIVERS

- 30 ans
- célibataire

3. – DEUX CV DE DÉBUTANTS

Lors d'une conférence que je donnais sur ce sujet dans une école de commerce particulièrement dynamique, j'ai été sollicité par deux élèves pour que leur projet de CV soit analysé.

En ce qui concerne le curriculum vitae, c'est une des lacunes les plus criantes de notre enseignement. On « lâche » des élèves dans la « jungle » professionnelle sans les préparer (ou d'une manière très superficielle) à la rédaction d'un curriculum vitae, première démarche à laquelle ils vont être confrontés.

Les deux candidats ont des comportements bien différents. Sophie, à qui il a fallu arracher « les confidences » même si cela n'apparaît pas dans l'interview ci-après ; elle minimisait ses initiatives, les ramenant toujours au niveau d'une équipe. Je pense que cette modestie cache une candidate de valeur, à même de prendre en charge un problème comme elle l'a prouvé chez Siemens en Allemagne. Laurent, par contre, est beaucoup plus loquace, servi, certes, par une expérience peu banale : la création d'une Junior Entreprise, qu'il a su remarquablement animer.

Sophie

A.B. – Tu as fait un curriculum vitae classique. Il n'y a rien à redire ; on ne relève pas de maladresses criantes. Trouves-tu avoir fait un CV percutant qui te détachera du lot ?

Sophie. – Je n'ai pas l'impression qu'il se détache particulièrement du lot ; il suit en effet un format classique mais

CURRICULUM VITAE

ancien CV

Sophie DUPONT
53, rue de Chanzy
92600 ASNIÈRES
TEL. 36.68.02.92

22 ans
Célibataire

FORMATION

1990	Baccalauréat D
1994	BTS commercial international
1995	3e année I.D.A. Marketing-management

LANGUES

Trilingue :
Anglais lu, parlé, écrit
Allemand lu, parlé, écrit

STAGES - EMPLOIS TEMPORAIRES

Décembre 1991 Vente rayon joaillerie
METRO Libre-service de gros (Paris)

Juin 1993 Secrétariat MOUVEMENT EUROPÉEN (Paris)

Juillet 1993 Secrétariat THOMSON-CSF/Direction des Opérations Internationales (Paris)

Mai à Sept. 94 Assistante Export - Responsable des ventes vers l'Autriche et l'Italie
SIEMENS AG/LZF FURTH (Allemagne)

DIVERS

1982-1983 domiciliée à Bremerhaven (Allemagne)
Fréquents séjours en Allemagne et en Angleterre

1992 à 1994 Administration Cercle d'Études Européennes de l'IDA
Participation à l'organisation de congrès - débats - séminaires d'études en Allemagne.

Permis de conduire B.

c'est seulement les paragraphes où figurent des mentions particulières qui me permettront, je l'espère, d'attirer l'attention de l'employeur éventuel.

A.B. – Qu'entends-tu par mentions particulières ?

Sophie. – Je veux parler des langues, des séjours à l'étranger, des séminaires organisés également et, plus spécialement, du stage de 4 mois et demi en Allemagne.

A.B. – As-tu l'impression que ce stage en Allemagne ressort bien dans ton CV ?

Sophie. – Non, je ne pense pas l'avoir assez mis en valeur.

A.B. – Tu ne fais pas figurer un paragraphe « objectif », c'est voulu ?

Sophie. – Oui, tout à fait. Je préfère laisser mon CV assez ouvert, en revanche dans ma lettre de candidature j'insisterai plus sur tel point, pour m'adapter au profil du poste.

A.B. – C'est habile et je suis d'accord avec toi. Il y a une chose qui m'étonne, c'est que tu mentionnes des stages de secrétariat alors que dans ton paragraphe « formation » n'apparaît pas l'étude de la dactylo et peut-être de la sténo ?

Sophie. – J'ai étudié également la sténo. C'est intéressant que vous fassiez cette remarque. Je m'étais engagée en fac de médecine et au bout de la deuxième année j'ai décroché, car cela ne m'intéressait pas du tout. Je me suis inscrite au cours Pigier pendant 6 mois et en m'entraînant tous les soirs. Si je ne l'ai pas fait figurer, c'est que je ne souhaite pas m'orienter vers le secrétariat.

A.B. – C'est peut-être une erreur, car comme trilingue on te proposerait certainement des postes très bien rémunérés. Maîtrises-tu également la sténodactylo en anglais et en allemand ?

Sophie. – Si je frappe très vite en français, j'ai eu l'occasion d'utiliser les claviers de ces deux langues et avec un peu d'entraînement cela ne me poserait aucun problème d'adaptation. Quant à la sténo, c'est universel !

A.B. – Je trouve dommage de ne pas utiliser ces atouts d'autant que la gamme des postes dans le secrétariat est très vaste. Il n'y a aucune commune mesure entre la dactylo d'un pool et la secrétaire de direction d'un P.-D.G. d'une multinationale. Bref, si tu écartes le secrétariat tu te destines peut-être à un poste dans l'exportation.

Sophie. – Sans doute, c'est un secteur qui m'attire, mais les postes à l'exportation sont très différents, qu'il s'agisse de vente directe, d'achat ou de marketing international ; en fait c'est très vague.

A.B. – Donc l'exportation t'intéresse ?

Sophie. – Oui, l'exportation m'intéresse, mais je considère ne pas avoir terminé ma formation. Que le poste soit de marketing, de vente, cela m'est égal car pour l'instant je cherche à apprendre, et à connaître des emplois différents pour ensuite faire des choix. La vérité, c'est que j'hésite énormément entre la vente à l'exportation et le marketing international.

A.B. – Revenons à nouveau à ton CV. C'est quoi au juste le Mouvement Européen ?

Sophie. – C'est une association qui a pour but de promouvoir l'Europe, de réaliser les États-Unis d'Europe.

A.B. – Tu nous indiques dans ton CV que tu as participé à des congrès ; quel était ton rôle ?

Sophie. – Il s'agit là de mes activités d'administratrice du Cercle d'Études Européennes qui organisait avec le Mouvement Européen un congrès à Versailles et dans d'autres villes d'Europe.

A.B. – Comme administratrice de ce cercle tu as peut-être des choses intéressantes à dire. Y avait-il un budget à gérer ?

Sophie. – Le Cercle était plus particulièrement chargé dans le cadre du Mouvement Européen de trouver des sponsors pour pouvoir éditer les plaquettes, les press-books pour ses conventions. Les publicités nous rapportaient de l'argent et une partie était affectée au Cercle pour qu'il puisse fonctionner.

A.B. – Te souviens-tu du budget que cela représentait ?

Sophie. – L'année où la Convention se tenait à Versailles, nous avons disposé d'un budget d'environ 300 000 francs. C'était relativement important. Il s'agissait d'une manifestation où de nombreuses personnalités étaient venues, comme Raymond Barre, Helmut Kohl, le président des Cortes espagnoles et d'autres dont je ne me souviens plus des noms.

A.B. – As-tu contacté ces fameux sponsors ?

Sophie. – Oui, mais peu.

A.B. – Te souviens-tu du chiffre d'affaires publicitaires que tu as réalisé auprès de ces sponsors ?

Sophie. – Non, je ne m'en souviens pas. C'était un travail de groupe.

A.B. – C'est ta candidature qu'il faudra soutenir et non celle du groupe qui n'intéressera pas ton futur employeur. A l'occasion de cette Convention de Versailles, en quoi a consisté ton activité ?

Sophie. – J'ai participé à la rédaction des comptes rendus de l'une des deux conférences, à l'organisation des salles, à la répartition des hôtesses.

A.B. – Tu supervisais les hôtesses ?

Sophie. – En réalité, je n'avais pas le pouvoir de les superviser, mais il a fallu sur place que j'en vienne à le faire.

A.B. – Il y en avait combien ?

Sophie. – Une dizaine.

A.B. – Cela me paraît important de le signaler. D'où venaient ces hôtesses ?

Sophie. – D'une école d'hôtesse.

A.B. – Pas d'activités sportives ?

Sophie. – Si, bien sûr, mais je ne les ai pas mentionnées, car j'ai toujours fait beaucoup de sport et je n'ai pas cru bon d'en dresser la liste.

A.B. – Des sports d'équipe ?

Sophie. – Cela me paraît délicat de signaler que j'ai fait deux ans de compétition de football (dit-elle gênée).

A.B. – Au contraire, je trouve cette petite note originale.

Sophie. – Sinon, j'ai fait du basket-ball et beaucoup de gymnastique qui n'est pas un sport d'équipe.

A.B. – Venons-en maintenant à l'aspect le plus important de ton CV, ton stage de 4 mois et demi en Allemagne. A ce sujet, peux-tu m'expliquer la durée exceptionnelle de ce stage ?

Sophie. – En effet, j'étais partie comme tous pour un stage d'un mois, du 15 mai au 15 juin. J'ai trouvé que j'étais une privilégiée de pouvoir le réaliser en Allemagne et j'ai demandé de poursuivre jusqu'en septembre. Ce qui me fut accordé.

A.B. – Bravo ! Si ce n'est pas dans une optique financière que tu as « sacrifié » des vacances balnéaires même pour un stage chez Siemens en Allemagne, cela tient du sacerdoce.

A.B. – Absolument pas pour des raisons financières ! Je pensais que c'était pour moi un tremplin pour mes débuts professionnels.

A.B. – Alors là, je présume que tu parlais uniquement l'allemand ?

Sophie. – Oui, que l'allemand. Je m'occupais des ventes des filiales d'Autriche et d'Italie et pas du tout de la France et de l'Angleterre. J'étais la seule personne du service export à parler l'anglais.

A.B. – C'est impensable pour un service export !

Sophie. – C'est pourtant exact. Il faut dire que ce service était avant tout un entrepôt de livraison de Siemens plutôt qu'un véritable service export tourné vers le commercial.

A.B. – Bon ! Je comprends mieux. Un service de livraison, c'est en général un service à problèmes. A-t-il fallu que tu mettes ton grain de sel pour démêler un litige avec un client ?

Sophie. – Oui, en effet, je pense notamment à une intervention concernant un client suisse romand, qui, je le rappelle, n'entrait pas dans ma zone, puisque nous étions structurés en zones géographiques, mais comme le responsable du secteur suisse était absent il a fallu que j'utilise ma langue maternelle.

A.B. – Quel était l'objet du litige ?

Sophie. – La « tuile » classique de l'erreur de livraison. J'ai invité ce client qui était très pressé à se déplacer. Il n'a pas hésité à faire 600 km. J'ai passé toute ma journée avec ce client dans mon bureau et il a fallu que je me débrouille pour résoudre son problème en téléphonant à Berlin, à Munich, et même de remuer la maison mère.

A.B. – Finalement, le client a obtenu gain de cause ?

Sophie. – Oui, il a obtenu satisfaction.

A.B. – C'était un client important ?

Sophie. – Non, ce n'était pas un très gros client, mais c'était un client et je considère que tout client, qu'il soit important ou non, mérite d'être satisfait.

A.B. – Bonne réponse et ça sera si tu veux le mot de la fin.

Sophie. – Je voudrais à mon tour vous poser une question. A dix ans j'ai créé dans ma commune une section locale

Sophie DUPONT
53, rue de Chanzy
92600 ASNIÈRES
TEL. 36.68.02.92

nouveau CV

TRILINGUE (FRANÇAIS-ALLEMAND-ANGLAIS)

Deux années d'école primaire en Allemagne.
5 mois de stage chez SIEMENS en Allemagne.
Fréquents séjours en Grande-Bretagne.

FORMATION

Baccalauréat D 1990
Cours Pigier (sténo-dactylo) 1991
BTS Commerce International 1994
I.D.A. (École de Commerce) 1995

EXPÉRIENCES

1992-1995 Administration du Cercle d'Études Européennes à l'I.D.A. (dépendant du MOUVEMENT EUROPÉEN)
- participation à l'organisation de congrès
- organisation de débats
- collaboration à des séminaires d'études en Allemagne
- recherche de « sponsors » pour pouvoir éditer notre plaquette
- contribution active à la Convention du MOUVEMENT EUROPÉEN qui se tenait à VERSAILLES avec la présence de nombreuses personnalités (Raymond BARRE, Helmut KOHL, le Président des Cortes Espagnoles) avec la responsabilité notamment de l'encadrement des hôtesses, le compte rendu de l'une des 2 conférences.

Juillet 1993 Stage THOMSON-CSF - PARIS
Secrétariat à la direction des opérations internationales

Mai à Sept. 1994 Stage chez SIEMENS à FURTH (Allemagne)
Responsable des livraisons vers l'Autriche et l'Italie de l'un de leurs dépôts où j'ai réussi à démêler quelques problèmes épineux notamment avec un client suisse francophone, zone qui n'était pas de mon ressort...

DIVERS

- 22 ans, célibataire
- Sports : basket-ball, gymnastique... football
- Création à 10 ans d'un Club de protection animale.

du Club Chouette, association pour la protection animale, dois-je l'indiquer dans mon CV ?

A.B. – Cela pourrait être la conclusion de ton CV, dans ton paragraphe « divers ».

Laurent

Après avoir laissé Sophie s'exprimer l'on sent qu'il piaffe d'impatience de me faire part de ses expériences. Son CV que j'ai sous les yeux m'arrache un sourire bienveillant.

A.B. – Original ton CV, Laurent !

Laurent. – J'ai essayé de sortir de la routine des modèles que l'on voit partout.

A.B. – C'est un réflexe qui t'honore. Je ne dirai pas que tu as totalement réussi mais je relève un réel effort dans ce sens. Ainsi, cette énumération « estimer », « définir », « proposer », c'est un langage que l'on a rarement coutume de trouver dans le CV d'un salarié confirmé, à plus forte raison dans celui d'un débutant. Je te pardonnerai quelques maladresses vénielles comme ce paragraphe « ma jeunesse » ou quelques formulations infantiles comme celle de débuter ton CV par « voici ce que je suis en mesure de vous proposer » et de conclure par « et pour terminer ».

Peux-tu nous expliquer ce qu'est une Junior Entreprise, ton rôle et comment tu es venu à y participer ?

Laurent. – Une Junior Entreprise s'apparente à une association loi de 1901, c'est-à-dire qu'elle ne doit pas faire de bénéfices, bien qu'elle fonctionne comme une entreprise et

Laurent DUPONT
53, rue de Chanzy
92600 ASNIÈRES
TEL. 36 68 02 92

Célibataire dégagé des obligations militaires

Voici ce que je suis en mesure de vous proposer :

UNE FORMATION

Baccalauréat	1990	
1 année sciences économiques	1992	
BTS distribution		1994
3e année IDA	1995	

DES EXPÉRIENCES CONCRÈTES

J'ai participé, par l'intermédiaire de la Junior Entreprise de l'IDA, à une étude de marché pour une P.M.E. de 30 employés (la SAMFO rue du Moulin-Bachivilliers), dans laquelle j'ai pu :

- estimer son marché potentiel
- définir sa concurrence
- établir l'évolution de sa clientèle
- proposer différentes stratégies commerciales

- fin de l'étude : fin mars 1995
- fin juillet 1995, le chiffre d'affaires de l'entreprise avait déjà rejoint celui de 1994.

J'ai effectué un certain nombre de stages pratiques dont

- plusieurs dit d'exécution
- et quatre chez Ascinter Otis (40, rue Anatole-France, Levallois-Perret) en juillet 91, 92, 93 et août 94, ce qui m'a permis :
  - d'avoir des contacts avec la clientèle
  - d'effectuer de la programmation sur terminal
  - d'assister à la mise en place d'un fichier clients sur ordinateur.

UNE LANGUE ÉTRANGÈRE

Anglais lu, parlé, écrit accompagné de plusieurs séjours en Grande-Bretagne dont un à Oxford pour faire une approche du droit commercial britannique.

Et pour terminer :

MA JEUNESSE

24 ans

qu'elle a des contraintes différentes d'une association traditionnelle. Ce type d'entreprise s'inspire de l'exemple anglo-saxon, imité plus tard par nos grandes écoles de commerce, H.E.C., E.S.S.E.C. Le but c'est de permettre à des étudiants de s'initier à la vie des affaires en créant leur propre société. Comment j'y suis venu ? Par un cheminement très simple. En fin de 1re année, ne trouvant pas de stage intéressant, on en est venu avec un copain à l'idée de monter notre propre société.

A.B. – Rien que cela ?

Laurent. – Oui, rien que cela. Quelques jours plus tard un autre copain sortant du service militaire était animé de la même ambition. On a donc commencé par créer durant quelques semaines un réseau de distribution pour Frigécrème en Belgique et en Hollande. N'ayant pas de statut juridique légal, on en est arrivé à la conclusion de créer, ou plutôt de proposer à notre directeur la création d'une Junior Entreprise. Je l'ai donc lancée avec 5 ou 6 copains. Le C.N.J.E., l'organisme qui chapeaute ce type d'initiative scolaire, nous a d'abord mis en pépinière, c'est-à-dire à l'essai, puis on a commencé à chercher des contrats et donc à travailler avec d'authentiques sociétés.

A.B. – Parmi ces contrats lesquels te semblent les plus significatifs ?

Laurent. – Indiscutablement, je pense à 2 sociétés et notamment le contrat avec une P.M.E., la SAMFO, entreprise qui fabriquait des trancheurs de jambon (dit-il en souriant). Elle avait de sérieux problèmes ; elle était sur le point de déposer le bilan.

A.B. – Cela veut dire que si une entreprise a des difficultés, elle peut prendre contact avec une école de commerce et lui dire à peu près ceci : « Si vos jeunes de la Junior Entreprise sont prêts à se pencher sur le cas de ma société, je suis partant. » C'est cela ?

Laurent. – Tout à fait.

A.B. – Quel était ton rôle dans cette Junior Entreprise ?

Laurent. – J'en étais le président et j'étais responsable sur mes propres biens, ce qui impliquait qu'aucun contrat ne pouvait être engagé sans ma signature. Car il ne faut pas se voiler la face, on est contacté parfois par d'étranges sociétés. Je crois que j'ai eu assez de clairvoyance pour ne pas me fourvoyer.

A.B. – Cette entreprise de trancheurs de jambon, à quel moment a-t-elle pris contact avec vous ?

Laurent. – En janvier 1995.

A.B. – Quand lui avez-vous remis ce volumineux rapport que j'ai sous les yeux ?

Laurent. – Fin mars 1995. Au départ, nous avons donc défini ensemble avec le P.-D.G. des objectifs et une stratégie. Nous avons eu de nombreux contacts avec lui durant ces deux mois où l'on faisait le point, en lui expliquant vers où tendaient nos recherches. On lui avait d'abord signalé une concurrence, certes indirecte, mais qui nous paraissait inquiétante. Il s'agissait du développement de la vente du jambon sous vide dans les grandes surfaces. On se demandait, en effet, si le consommateur n'allait pas se détourner du petit détaillant.

A.B. – Prenons maintenant point par point les phases de vos interventions au stade de la production, de la concurrence, de la commercialisation et du service après-vente.

Laurent. – Juste un mot pour le service après-vente pour dire qu'il était des plus limités vu l'état de déconfiture de la société. Sur les autres points je vais vous répondre. Pour la production, j'avais décidé de mettre quelqu'un directement à l'usine. Je voulais une personne sérieuse et pas un « branquignol ». J'avais choisi un garçon qui n'avait pas d'excellents résultats scolaires, mais dont j'avais pu apprécier précédemment l'efficacité. Il avait, par ailleurs, le mérite d'avoir une voiture. Ensuite, pour réaliser une enquête sur la concurrence j'ai fixé mon choix sur une fille, car je pensais qu'elle pouvait être plus habile qu'un homme pour arracher des renseignements d'ordre technique, commercial et sur la distribution. Autre avantage, c'est elle qui a tapé cet énorme rapport. Ainsi pour enquêter sur la concurrence elle se faisait tout simplement passer pour la fille d'un charcutier et elle a réussi à obtenir des renseignements inestimables pour notre client. Au stade de l'anecdote, elle avait rencontré un concurrent qui avait une façon peu ordinaire de vanter les mérites de son matériel. Il présentait à son futur client la gamme la plus archaïque des trancheurs de ces concurrents en leur disant à peu près ceci : « Voilà la saloperie que l'on vous propose ailleurs. » Le plus étonnant c'est qu'une telle démonstration faisait effet sur la clientèle.

A.B. – Parle-moi des difficultés rencontrées à la production.

Laurent. – Le drame c'est que le matériel était vétuste. Sur les 3 fours il n'y en avait qu'un seul qui marchait ; en cas de défaillance de celui-ci on ne pouvait plus fournir.

A.B. – Et la gestion ?

Laurent. – Nous avons relevé une gestion des plus empiriques. En fait, nous avons constaté que cette entreprise vendait à perte. C'est le comble ! En effet, il n'y avait aucun suivi sur les pièces. Sur un trancheur, il y a 120 pièces, c'est énorme. La moindre vis, le moindre ressort, il faut définir son coût. Il a donc fallu calculer les frais, établir un bilan prévisionnel, prévoir les augmentations non pas en fonction du coût de la vie mais, par exemple, des fluctuations de l'aluminium qui entre pour une bonne part dans un trancheur, faire des plans d'approvisionnement. Pour les pièces d'aluminium coulé qui demandaient un façonnage, calculer le temps de façonnage, le nombre de pièces façonnées. En fonction de ces éléments, nous avons défini le seuil de rentabilité pour fixer ensuite le prix de vente unitaire et arrêter le pourcentage de la marge. Voilà sommairement comment nous avons traité la gestion de la production.

A.B. – Le commercial ?

Laurent. – Le drame dans cette société, c'est qu'on attendait le client ! Pour bien faire elle aurait dû avoir un réseau de vendeurs et non pas uniquement de revendeurs, mais elle n'avait pas les moyens d'une politique commerciale aussi ambitieuse. Comme les idées viennent quelquefois en dormant j'en ai eu une non pas endormi mais bien éveillé dans mon lit, que les vendeurs de jambon et ceux de trancheurs pouvaient être les mêmes. C'était une idée toute bête mais personne n'y avait pensé. Les deux produits n'étaient pas les mêmes, ils étaient seulement complémentaires. Il ne restait plus qu'à établir un contact avec un négociant de jambon pour profiter de son réseau de vendeurs et se partager une partie des frais. Dans ce type d'association tout le monde était satisfait : SAMFO et le négociant en jambon en limitant les frais de leurs vendeurs et quant à ces derniers par la perspective d'arrondir leur fin de mois.

A.B. – C'est en effet bien pensé ! Pour les collectivités, comment cela se passait ?

Laurent. – Guère mieux ! A part une ou deux cantines des PTT ou de banque, c'était à peu près tout. J'ai pu obtenir une étude très complète sur les collectivités réalisée en Suisse et qui était une mine de renseignements.

A.B. – Pour en finir avec nos trancheurs, quel a été le bilan de votre intervention à la SAMFO ?

Laurent. – Bien que la société n'ait pas entièrement suivi nos directives on a eu la satisfaction de voir que son chiffre d'affaires avait dès le mois de juillet atteint celui de l'année précédente et elle tendait vers un rythme de croissance qui lui permettait de tripler son chiffre d'affaires en 2 ans...

A.B. – C'est l'exemple de l'intervention efficace. L'autre contrat auquel tu faisais référence, tu peux aussi nous en parler ?

Laurent. – Bien sûr. Nous avions obtenu un contrat intéressant d'une société de renom et exigeante, je veux parler d'Auchan. Les Auchan de la région parisienne nous ont en effet confié la mise en place d'un réseau d'enquêteurs pour une étude auprès de leur clientèle. Rien de particulier à signaler sinon que j'avais prévu deux enquêteurs de plus, à la surprise du coordinateur d'Auchan. Je lui expliquais qu'il fallait toujours envisager quelques défaillances. En cela, je n'avais pas eu tort, car l'un d'eux nous a fait faux bond. Je l'ai excusé en prétextant qu'il avait eu un accident. Le responsable d'Auchan, navré de cet incident, me félicita pour ma « lucidité », c'était son propre terme.

A.B. – Rien d'autre à signaler concernant d'autres contrats ?

Laurent. – Je pense à l'un d'eux qui ne manquait pas d'originalité. Une entreprise de meubles nous avait chargés d'une étude et pour nous régler, elle nous paya en meubles. Oui, en meubles. On a eu droit à un bureau ministre plus imposant que celui de notre directeur, des armoires, un canapé et des fauteuils en cuir. Ne sachant qu'en faire nous les avons proposés à notre directeur. Il nous dit qu'il n'avait pas de place et de nous d... avec. On les a proposés ailleurs mais sans guère plus de succès. Ils sont certainement en train de pourrir dans un entrepôt en Hollande.

A.B. – Dans ton CV je relève que tu as fait 4 années de suite un stage chez Ascinter Otis. Si on t'a engagé chaque fois, c'est que l'on devait être satisfait de toi ?

Laurent. – Peut-être, d'autant plus que c'était toujours dans le même service, à telle enseigne que l'on m'appelait « le Vieux », la dernière année.

A.B. – De quel service s'agissait-il ?

Laurent. – Du service dépannage.

A.B. – Dans une entreprise d'ascenseurs cela ne doit pas être un service de tout repos ?

Laurent. – Non, en effet. Notamment en été où il faut procéder à environ 1 500 interventions par jour alors que la moyenne est d'environ 800 par jour. C'était dû, paraît-il, à une baisse de tension. J'ai assisté également à l'installation informatique, une des plus sophistiquées, que nous enviaient les filiales étrangères. Nous avons vu défiler des représentants des filiales allemande, israélienne, des Émirats qui venaient visiter nos installations. Comme j'étais le seul dans ce service à parler correctement l'anglais, j'étais chargé de les guider. Le service informatique Otis était tellement bien réalisé qu'IBM, société qui l'équipait, est venu faire une enquête et a découvert des possibilités d'utilisation qui lui avaient échappé.

A.B. – Au fait, tu fais allusion à ton anglais, quelles sont tes bases ?

Laurent. – J'ai fait de nombreux séjours en Angleterre, mais ce qui a été pour moi important, c'est celui que j'ai fait à Oxford où j'étais mélangé à la fois à des étudiants et à des salariés qui souhaitaient améliorer leur anglais. Il y avait aussi de véritables délégations envoyées par les firmes ; c'était le cas notamment de la société Schlumberger, importante firme d'équipements pétroliers dont les collaborateurs doivent absolument maîtriser l'anglais. J'ai eu l'occasion également de faire une approche du droit commercial britannique.

A.B. – Bien. Je voudrais maintenant savoir à quoi tu te destines ?

Laurent. – Comme Sophie, je n'ai pas, en effet, fait mention d'un paragraphe « objectif », non pas sciemment comme elle, mais tout simplement par oubli. Je souhaite, en effet, entrer dans une entreprise de transport international.

A.B. – Je ne pensais pas que c'était un secteur qui puisse attirer un débutant. Pourquoi une telle orientation ?

Laurent. – Je me suis interrogé sur les branches où il y avait des débouchés. Mes conclusions m'amenaient à la gestion du personnel et à la distribution.

A.B. – Quel rapport avec le transport international ?

Laurent. – Je pense, peut-être à tort, qu'en collaborant à une entreprise de transport international, je serai confronté avec des clients qui auront des problèmes de distribution ; c'est ma manière à moi d'apprendre par la bande les différents cas de distribution qui peuvent se poser.

A.B. – C'est une manière, certes peu orthodoxe d'entrer dans la distribution, mais qui dénote chez toi un plan de carrière bien pensé et à long terme…

Laurent DUPONT
53, rue de Chanzy
92600 ASNIÈRES
TEL. 36.68.02.92

nouveau CV

FONDATEUR ET RESPONSABLE D'UNE JUNIOR ENTREPRISE :

Prise en charge et relance
d'une PME en difficulté...

FORMATION

Baccalauréat A	1990
1re année de sciences économiques	1992
BTS distribution	1994
I.D.A. (École de Commerce)	1995

LANGUES

Anglais (lu, parlé, écrit)
Nombreux séjours en Grande-Bretagne dont un à Oxford, avec approche du droit commercial britannique.

EXPÉRIENCES

1993-1995 Création de la JUNIOR ENTREPRISE de l'I.D.A.

Prise en charge d'une PME en difficulté que nous avons relancé par

- une étude très approfondie de la concurrence
- un calcul du prix de revient des matériels en détaillant le coût pièce par pièce, le temps de façonnage, etc...
- une définition du seuil de rentabilité
- la découverte d'une structure commerciale originale
- la réalisation d'un volumineux rapport riche d'enseignement pour notre client.

Bilan : Cette PME a rattrapé en six mois le C.A. de l'année précédente.

- Diverses autres interventions...

Comme Président, j'étais seul à conclure les contrats ou à en refuser éventuellement si une société me semblait « douteuse », car j'étais responsable à titre personnel et donc sur mes propres biens, en l'occurrence sur ceux de... mes parents.

Laurent DUPONT

EXPÉRIENCES (suite)

Juil. 91-92 93-94 — Stage chez ASCINTER-OTIS (Levallois)

Quatre années de suite au service dépannage, doté d'installations informatiques les plus élaborées de toutes les filiales du groupe. Ces stages m'ont permis :

- d'avoir des contacts avec une clientèle qu'il fallait rassurer, voire calmer
- d'effectuer de la programmation sur terminal
- d'assister à la mise en place d'un fichier clients sur ordinateur
- de guider des homologues d'autres filiales étrangères visitant nos installations (mise en pratique de mon anglais).

DIVERS

24 ans, célibataire, dégagé des obligations militaires.

OBJECTIF

COLLABORER PENDANT QUELQUES ANNÉES A UNE ENTREPRISE DE TRANSPORT INTERNATIONAL POUR APPRÉHENDER DE L'EXTÉRIEUR LES CAS D'ESPÈCES DE LA DISTRIBUTION, ACTIVITÉ VERS LAQUELLE JE SOUHAITERAIS ÉVOLUER A TERME.

4. – LE CV D'UN LAISSÉ-POUR-COMPTE

La définition du « laissé-pour-compte » par le *Petit Larousse* : « Article non vendu resté en magasin et familièrement personne dont on n'a pas voulu. » Il est intéressant de rapprocher ces deux notions car elles corroborent ce que je répète inlassablement dans cette chronique : vendez-vous ! Ainsi la personne dont on n'a pas voulu, est celle qui n'a pas su se vendre.

Notre « laissé-pour-compte » nous a lancé un appel au secours auquel nous ne pouvions pas rester indifférents. Il nous signale qu'il a adressé 300 CV, 20 sont restés sans réponse et 280 ont reçu une réponse négative ! Cela paraît d'autant plus incroyable après l'entretien que nous avons eu avec lui. Les instants qui précédaient son arrivée au journal, nous en discutions entre nous (son CV sous les yeux) nous attendant à accueillir un « ringard ». Lors de la prise de contact, notre candidat nous est apparu chaleureux, détendu, dynamique, pertinent. Les deux heures d'entretien qui ont suivi nous ont fait découvrir une « personnalité ». Son infortune est inadmissible ! Il faut trouver un coupable. Ce coupable c'est son curriculum vitae. En effet, comment ne pas imputer à la facture de son CV un échec aussi cuisant. Nous savons que de nombreux candidats sont dans ce cas, victimes d'un ostracisme imputable à leur curriculum vitae. Le premier saut (la sélection sur curriculum vitae) à cette course d'obstacles, il leur est impossible de le franchir.

A.B. – Est-il possible que vos 300 CV n'aient entraîné aucune convocation ?

M. Dupont. – Tout à fait exact, sinon qu'il s'agissait de 297 envois et non de 300 ; j'ai tenu avant de vous voir à me replonger dans mon dossier pour ne pas vous donner d'informations erronées.

A.B. – Vous pensez qu'un tel échec repose sur votre curriculum vitae ?

M. Dupont. – J'en arrive à cette conclusion, surtout après avoir lu vos précédentes chroniques, et découvert vos modèles.

A.B. – Et ces chroniques ne vous inspirent pas ?

M. Dupont. – Si. Justement, j'ai refait mon CV en m'aidant de vos modèles.

Il me tend un autre projet qui, en effet, dans la présentation s'en rapproche.

A.B. – C'est intéressant de voir l'évolution entre ces deux projets. Je relève toutefois de nombreuses maladresses qui existent dans le premier. Enfin « l'emballage » est bon, il faut peut-être revoir le contenu. Si vous voulez, on ne va pas tenir compte de celui-ci et s'attacher exclusivement au premier, celui de la cause de votre échec, car de nombreux lecteurs dans votre cas pourront ainsi s'identifier.

M. Dupont. – D'accord, si mes déboires peuvent servir de leçon aux autres.

ancien CV

CURRICULUM VITAE

NOM	DUPONT
Prénom	Pierre
Date de naissance	17 décembre 1964
Lieu de naissance	VANNES (Morbihan)
Nationalité	Française

Formation scolaire

Études primaires à Arradon (Morbihan)
Études secondaires à VANNES niveau BEPC (3e)

Activités Professionnelles

1981-1986 : Intérimaire à Manpower (Belfort)
Activités diverses (Administratif Aide-Comptable)

1986 au 15 mars 1995 : ACHETEUR, niveau V – Échelon 2
chez PEUGEOT (Sochaux)
licencié pour cause économique

1) 1 an au service Achats pièces détachées.

2) A partir de juin 1987 Service Achats Frais Généraux : plus particulièrement chargé des achats d'imprimés à plat et en continu, d'emballage, mobilier de bureau et d'atelier, reprographie, machines de bureau, hygiène et sécurité, protection incendie, rubans adhésifs, etc.

Situation de famille

Marié – 3 enfants

A.B. – Passons donc rapidement en vue les critiques que l'on peut lui faire. Première constatation, c'est qu'il paraît bien léger pour quelqu'un qui a une expérience professionnelle de 15 ans ; ce qui saute aux yeux, c'est cette dominante de blanc. Lorsque je conseille d'aérer un CV, pour en faciliter la lecture, je suis particulièrement servi dans le vôtre. Ce qui accentue cette dominante de blanc c'est le trop grand nombre de marges ou décrochements : on en compte 4. Aucun intérêt de mentionner votre lieu de naissance et votre nationalité. Est-il indispensable de faire figurer la formation scolaire après 15 ans d'activité, lorsque celle-ci est d'un niveau relativement bas ? Non, je ne le pense pas. Ce qui me semble aberrant, c'est de faire état de l'école primaire, car qui peut le plus, peut le moins. Enfin, dernière remarque sur ces généralités : n'oubliez pas de faire figurer votre adresse sur votre curriculum vitae. Voyons maintenant les choses plus sérieuses. J'avoue avoir été choqué par ce long passage de 5 ans en intérim. Je vais vous demander de vous mettre un bref instant à la place d'un employeur. Quelle réflexion pourriez-vous faire ?

M. Dupont. – Je crois que vous mettez l'accent sur un aspect qui me gêne beaucoup. Si j'étais, en effet, un employeur, je m'étonnerais que pendant 5 ans je n'ai pas réussi à me stabiliser.

A.B. – J'aime vous l'entendre dire !

M. Dupont. – Toutefois, je vous ferai remarquer que je suis resté 5 ans dans la même société d'intérim ; c'est également une preuve de stabilité !

A.B. – C'est vrai. Pour nous mettre d'accord, je vous suggère que nous adoptions une cote mal taillée. Vous allez supprimer le mot intérimaire, ainsi vous apparaîtrez comme un salarié de Manpower.

M. Dupont. – C'est une excellente idée ! J'avoue que je n'y avais pas pensé, pourtant, c'est tout simple. Cette ambiguïté risque moins de me desservir.

A.B. – Mais pourquoi 5 ans d'intérim chez Manpower ?

M. Dupont. – Lorsque vous disiez tout à l'heure qu'il fallait supprimer la formation scolaire qui vous semblait peu valorisante, vous prêchiez un converti. Ce manque de formation, c'est le problème auquel je me suis heurté lorsqu'il a fallu que je travaille. J'ai commencé à travailler très jeune ; ma mère, veuve, aux revenus modestes, avait pu subvenir à l'éducation scolaire de mon frère aîné, mais moi, il a fallu, dès 16 ans, que je commence à travailler. L'intérim m'a été bénéfique pour deux raisons. La première, c'est que durant 5 ans, j'ai pu côtoyer des dizaines d'entreprises, avec des tâches très variées de l'une à l'autre, découvrir une organisation du travail très différente ; enfin bref, m'ouvrir les yeux sur des horizons très divers. Par ailleurs, grâce à l'intérim, dégagé de l'esprit maison, j'ai pu, en toute liberté, poursuivre des études et notamment acquérir une modeste formation comptable.

A.B. – Comment on saute, finalement, le pas de Manpower où l'on travaille depuis 5 ans, pour entrer chez Peugeot ?

M. Dupont. – C'est très simple, on est envoyé en mission comme intérimaire chez Peugeot. Lorsque l'on vous l'annonce c'est, certes, un nom prestigieux, mais dont on ne connaît pas grand-chose. J'avais été engagé pour remplacer une femme en congé de maternité. Lorsque j'ai appris qu'elle voulait poursuivre ce congé pour élever un peu son enfant, j'ai fait une demande pour y rester. Aussitôt dit, aussitôt fait. Mon chef, satisfait sans doute de mes services, a donné le coup de pouce indispensable pour que je sois engagé.

A.B. – C'était sans doute après 5 ans d'intérim un tournant dans votre vie ?

M. Dupont. – En effet, j'étais très heureux d'avoir pu entrer dans une entreprise aussi prestigieuse. J'avais été affecté au service approvisionnement où l'on devait gérer plus de 10 000 pièces. J'ai fait ce travail pendant 1 an jusqu'au retour de la femme dont j'occupais la place. On m'a alors proposé un poste à la comptabilité que j'ai refusé car l'ambiance qui régnait dans ce service ne m'attirait pas particulièrement. On m'a ensuite fait une seconde proposition que j'ai acceptée : intégrer le service achats frais généraux.

A.B. – Était-ce une promotion ?

M. Dupont. – Du tout. C'était même un service dévalué par rapport aux autres services achats. Nous n'étions pas considérés comme appartenant à un service noble. En fait, nous nous occupions des achats d'intendance pour la bonne marche de l'entreprise. En ce qui me concerne, au bout de 2 ans, on m'a confié la responsabilité d'une branche qui réalisait un chiffre d'affaires d'environ 30 millions de francs en 1995.

A.B. – Comment se répartissaient les familles de produits ?

M. Dupont. – Pour les fournitures de bureau cela représentait un montant de 200 millions d'anciens francs. Je vous donne ce chiffre en anciens francs car c'est plus parlant. Cette famille comprenait les stylos, le papier pour l'offset, les classeurs qui représentaient 40 millions ; ensuite, j'avais les imprimés de la maison pour 500 millions, c'est-à-dire les prospectus, les lettres à en-tête, les bordereaux de factures, de livraison, de réception, les fiches de paye, les cartes de visite ; enfin la famille emballage pour 1 milliard et demi, c'est-à-dire les caisses, les cartons, les machines, les agrafeuses, les pointes, les clous.

A.B. – Étiez-vous un négociateur dur avec vos fournisseurs ?

M. Dupont. – On disait de moi que j'étais le plus emmerdant de la maison.

A.B. – Y a-t-il des postes où vous avez réussi à faire baisser les prix de 20 à 30 % ?

M. Dupont. – Vous citez là un pourcentage excessif ! Par contre, j'ai réussi à atteindre un tel pourcentage non pas en négociant mais en faisant une découverte. Au moment du réapprovisionnement des imprimés à plat, je constate que ces travaux sont confiés à un imprimeur en continu, donc pas du tout équipé pour ce type d'imprimés. Je décide donc de prendre contact avec des imprimeurs spécialistes de l'à-plat et j'ai réussi ainsi à réaliser une sérieuse économie puisque cela nous a permis de faire baisser les coûts de 30 %.

A.B. – Cela prouve que vous ne faisiez pas les choses n'importe comment ; vous faisiez attention à toutes sortes de détails.

M. Dupont. – De toute manière, il y a une remise en cause tous les ans avec les fournisseurs à l'exception peut-être de ceux de l'emballage où il y avait un suivi de produits. Par contre, pour l'emballage, les négociations de hausse de prix étaient très dures. Je veux dire par là que le fournisseur s'amenait avec une hausse de 6 % puis repartait avec une commande après des semaines de discussion qui supportait une hausse de 3 % ou quelquefois les 6 % étaient modulés dans le temps. C'est ainsi que l'on réalisait des économies. Par contre, pour tous les autres secteurs, nous n'avions pas de scrupules à changer de fournisseurs, c'était le cas pour les produits de sécurité, une branche importante qui comprenait par exemple des lunettes spéciales pour les soudeurs, des chaussures spéciales, etc.

A.B. – Aviez-vous des primes sur objectifs ?

M. Dupont. – Absolument pas.

A.B. – Prenons l'exemple des impressions à plat où vous avez permis grâce à votre sagacité de réaliser une économie de 30 %, cela me paraîtrait normal que votre entreprise vous verse une prime.

M. Dupont. – Cela n'était pas le cas. On peut penser qu'auparavant il y avait entente entre moi et mon fournisseur.

A.B. – Je ne vous suis pas...

M. Dupont. – Certes, ce n'est heureusement pas une pratique courante, mais on peut admettre que vous avez fait gonfler les prix pour ensuite vous prévaloir d'avoir obtenu une remise importante.

A.B. – Cela ne pouvait pas être le cas de votre imprimeur puisque vous en aviez changé !

M. Dupont. – C'est vrai, en effet, de votre réflexion sur l'imprimeur, mais c'était pour répondre à votre question sur les primes et pour vous expliquer les raisons pour lesquelles la société ne jugeait pas utile d'instaurer un tel système.

A.B. – Sur l'ensemble de ces 3 milliards que vous gériez, quel chiffre ou plutôt quel pourcentage illustre vos qualités de négociateur ?

M. Dupont. – Par exemple, en 1994, on m'avait crédité d'un pourcentage de hausse de – 1 %.

A.B. – Cela ne me paraît pas tenir de l'exploit...

M. Dupont. – (sortant de ses gonds) Dans une inflation de 1,7 % et sur 3 milliards à gérer, cela ne vous semble pas beaucoup ! N'oubliez pas que je commandais 10 000 types d'articles et qui concernaient des centaines de fournisseurs. Je passais des dizaines et des dizaines de commandes par jour, je veux dire par là que lorsque je commandais par exemple un Tempo le prix avait été discuté, ou était discuté ou allait être discuté avant d'adresser un bon de commande. Lorsque je grignotais 2 centimes sur un produit de cette nature, j'avais toutes les raisons d'être satisfait.

A.B. – Dans l'emballage, qui était votre partie la plus importante, est-ce que vous voyez un point original à signaler ?

M. Dupont. – J'ai eu en effet le privilège de faire un stage d'une semaine chez le premier cartonnier de France. Je maîtrisais mal ce produit et j'ai donc demandé à ma direction la possibilité de mieux me familiariser avec lui. Je crois que peu de personnes peuvent se targuer d'avoir réalisé un tel stage de conditionnement pendant une semaine en s'initiant à toute la filière.

A.B. – Bien. Revenons à nouveau sur cette hausse limitée à – 1 % qui me semble, en effet, l'élément déterminant de votre curriculum vitae. Vous m'avez convaincu que c'était une performance, mais aviez-vous des objectifs de la direction et si oui, lesquels ?

M. Dupont. – Évidemment que nous avions des objectifs à tenir. En l'occurrence, lorsque j'ai réalisé cette hausse limitée à – 1 %, les objectifs de la direction étaient de 2 %. Croyez-moi, les objectifs qu'elle nous assigne sont rarement ceux sur lesquels elle table. Elle avait peut-être prévu 3 %.

A.B. – Bravo, mais comment arrive-t-on à un tel résultat ?

M. Dupont. – Je crois que depuis le début de cet entretien, je vous ai défini la marche à suivre. Il faut être vigilant sur tout. Ainsi, en début d'année, il fallait que l'on définisse sur des tableaux de bord ce que l'on prévoyait comme hausse. Par exemple, je disais que sur l'emballage je n'accepterais que 2 % pour toute l'année et pas 1 % de plus. Il fallait donc que je me tienne à ce tableau de bord car notre directeur le vérifiait. J'avais toutefois toute latitude pour jongler d'un poste à l'autre. Certains supportaient une hausse de 5 % et d'autres – 5 %.

A.B. – Je ne peux pas m'empêcher de faire avec vous des retours en arrière. Vous avez réalisé un stage chez ce cartonnier mais avez-vous visité d'autres usines de fournisseurs ?

M. Dupont. – Bien sûr, car cela me paraissait indispensable pour bien connaître les lignes de produits, l'évolution de leur matériel. J'ai pu ainsi visiter des fabriques de chaussures, de lunettes, de gants, de tabliers et tout ce qui est hygiène et sécurité.

A.B. – Ce type d'initiative vous était propre ou vos collègues procédaient-ils de la même manière ?

M. Dupont. – C'est une démarche qui est dans la logique de l'acheteur.

A.B. – C'est une formule polie pour dire que tous vos collègues n'avaient pas le même souci du détail ?

M. Dupont. – Ne me faites pas dire ce que je n'ai pas dit ! En fait, lorsque je travaillais 5 heures d'affilée sans lever le nez de mes papiers, j'éprouvais ensuite le besoin d'être tranquille et j'en profitais pour mettre à jour les dossiers que je m'étais constitués. Là, je me remettais ainsi en cause en me disant que j'avais passé commande de cet article mais qu'en définitive je le connaissais mal ; je notais cela sur un papier et lorsque le fournisseur venait me voir, je lui demandais comment se faisait telle ou telle chose et lui demandais si je pouvais voir dans sa fabrique comment on réalisait tel produit. Par exemple, lorsqu'on découvre l'impression en quadrichromie et les rotatives, c'est quelque chose d'assez extraordinaire pour un profane.

A.B. – Vous avez peut-être une anecdote intéressante à nous raconter pour nous détendre un peu.

M. Dupont. – Dans une gamme très étendue de produits, vous vous doutez que je m'occupais également du papier hygiénique.

A.B. – Bien sûr !

M. Dupont. – Il s'agissait d'énormes quantités. Les paquets comprenaient en principe 300 feuillets, et un jour je me suis mis à les compter et j'en ai découvert 250. C'est peut-être idiot comme investigation, mais imaginez l'importance de l'escroquerie. Je n'ai pas fait d'esclandre, mais j'ai changé de fournisseur. Il y a différentes qualités : le lotus, le lotus parfumé, le bullecord, la plus ordinaire. J'avais des plaisantins qui venaient me voir en me disant que le papier était de mauvaise qualité, car leurs doigts étaient passés au travers…

A.B. – Bon, changeons de sujet. Ce qui me sidère, c'est cette connaissance des produits. Vous n'allez pas me dire que vous connaissiez dans le détail vos 10 000 articles.

M. Dupont. – Les 10 000 certainement pas dans le détail, mais j'en ai bien analysé 5 000 en 7 ans.

A.B. – Voilà encore un point qui me semble important d'indiquer dans votre curriculum vitae. Résumez-moi les qualités du bon acheteur !

M. Dupont. – Il doit, cela coule de source, être un remarquable négociateur, connaître au mieux ses produits mais également avoir des qualités de vendeur.

A.B. – Expliquez-vous sur ce point !

M. Dupont. – Il m'arrivait de juger qu'un nouveau produit présentait un certain intérêt pour telle ou telle raison. Il fallait ensuite que j'arrive à convaincre les intéressés du bien-fondé de mon jugement. Il n'est pas toujours aisé de modifier les habitudes acquises par un service ou par tel utilisateur. Nous avons ainsi un rôle d'informateur où l'on ne prend pas parti et où l'on se cantonne dans cette fonction. Nous avons un poste-tampon entre l'extérieur, c'est-à-dire les fournisseurs, et les besoins de l'entreprise. Je vous cite un exemple qui illustrera bien ce rôle de l'acheteur. Certaines chaussures de sécurité avaient un embout en acier pour éviter toutes les conséquences d'une masse tombant sur le bout du pied. Un jour, un fournisseur vient me voir et m'apprend que son entreprise met au point une nouvelle chaussure où l'on avait incorporé une lamelle d'acier dans la semelle. Invention, a priori, qui n'avait rien de génial, sinon qu'elle empêchait de s'enfoncer des clous dans le pied... Moi, fort de ces renseignements, j'en avise l'ingénieur de sécurité en attirant son attention sur une diminution de ce type d'accident du travail. Ensuite, il me faisait part du nombre de paires de chaussures qu'il souhaitait pour une certaine catégorie d'ouvriers.

A.B. – Je note que vous avez un rôle de prescripteur non négligeable dans la mesure où vous avez contribué à diminuer un certain type d'accident du travail. Je crois que nous avons fait le tour de votre travail, de votre compétence, de vos initiatives, de vos résultats. Est-ce que vous parlez une langue étrangère ?

M. Dupont. – Oui, je parle l'anglais.

A.B. – Comment avez-vous appris l'anglais ?

M. Dupont. – D'abord à l'école, puis, ensuite, par des séjours en Angleterre. J'ai également fait des voyages à l'étranger, en Suisse, en Allemagne, au Moyen-Orient où j'utilisais l'anglais pour me faire comprendre.

A.B. – Vous ne faites pas l'impasse dans votre curriculum vitae sur le fait que vous êtes en chômage pour cause économique mais vous n'indiquez pas le nombre de salariés touchés par cette mesure.

M. Dupont. – Je crois que personne n'ignore la crise dans la construction automobile et que les licenciements ont touché des milliers de personnes !

A.B. – Dans un sens vous avez raison, mais je pense qu'il n'est pas inutile de le rappeler, cela vous « innocente » d'une certaine manière si je peux m'exprimer ainsi. Lorsqu'il y a quelques dizaines de licenciements on peut penser que l'on a visé les éléments les plus inutiles. Vous voyez ce que je veux dire ? Indiquer le nombre, cela ne peut que vous servir.

M. **Dupont.** – J'en tiendrai compte.

A.B. – Au fait, je présume que vos objectifs vous destinent à poursuivre dans la même voie et vous ne devriez pas manquer d'opportunités, car, compte tenu de la variété des produits que vous connaissez, vous pouvez proposer vos services tous azimuts.

M. Dupont. – C'est, en effet, l'intérêt du poste que j'occupais, et j'oriente mes démarches à la fois vers des entreprises industrielles ou de services. Lorsque vous dites que je ne me destine qu'à des postes d'acheteurs, je dois dire que je n'exclus pas une orientation vers la vente.

A.B. – La vente ?

M. Dupont. – Vous savez, toutes les objections de l'acheteur je les connais, je ne devrais pas manquer d'arguments pour convaincre mes clients…

A.B. – C'est en effet une vision qui n'est pas dénuée de bon sens !

Pierre DUPONT
53, rue de Chanzy
92600 ASNIERES
TÉL. 36 68 02 92

nouveau CV

ACHETEUR 7 ANS CHEZ PEUGEOT

Budget de NF 30 millions
10 000 articles
Hausse limitée à – 1 % 1994
Licencié économique 1995 (des centaines de personnes touchées)

EXPÉRIENCES

1986-1995 PEUGEOT (Sochaux)

Un an au service approvisionnement et depuis 1988 au service achats frais généraux où depuis 1989 j'étais responsable d'une branche (30 millions de C.A.)

- 10 000 articles : imprimés à plat et en continu, fournitures de bureau, emballage, mobilier de bureau et d'atelier, reprographie, machines de bureau, hygiène et sécurité, protection incendie, etc.

A ce poste j'ai :

- pu connaître dans le détail les composants de 5 000 articles sur les 10 000
- suggéré à l'ingénieur de sécurité une nouvelle chaussure à lame d'acier incorporée dans la semelle permettant d'atténuer les accidents du travail
- réduit de 30 % le coût de certains imprimés grâce à une connaissance des procédés d'impression
- obtenu l'autorisation exceptionnelle de réaliser un stage chez le premier cartonnier de France
- limité les hausses de prix à – 1 % (objectif de la direction : 2 %)

...

Pierre DUPONT

EXPÉRIENCES (suite)

1981-1986 Société MANPOWER (Belfort)
Activités administratives et comptables

LANGUES

Anglais : parlé et lu

DIVERS

31 ans, marié, 3 enfants

OBJECTIFS

ACHETEUR ÉVIDEMMENT, MAIS JE N'EXCLUS PAS, A PRIORI, UNE ORIENTATION COMMERCIALE, CAR EN 7 ANS J'AI PU APPRÉHENDER TOUTES LES… OBJECTIONS DE L'ACHETEUR.

6. - CV D'UN JOURNALISTE

Pour terminer ce chapitre sur les analyses, il m'a paru important de « m'attaquer » à un type de profession particulièrement frappée par le chômage et où mes théories peuvent être battues en brèche par cette corporation, tout simplement parce qu'elles ne sont peut-être pas applicables...

Par ailleurs, pour « corser » la difficulté, je souhaitais un journaliste peu confirmé, dont les démarches épistolaires pour changer de journal s'étaient avérées négatives.

Après quelques semaines de recherche, j'ai mis la main sur mon « oiseau rare ». La conception de ce journaliste dans cette démarche avait des aspects positifs sur le fond, mais diamétralement opposés à ma thèse sur la forme. Elle se résumait de la façon suivante : privilégier la lettre de candidature au détriment du curriculum vitae. Pourquoi ? Pour se singulariser ! Je ne peux qu'être en accord avec un candidat qui veut ainsi se détacher du lot. Autre aspect qui ne lui est pas venu à l'esprit pour étoffer sa conviction et qui pourrait justifier cette attitude, c'est, qu'à mon avis, « l'homme de lettres » qu'est le journaliste doit être jugé en partie sur sa prose et qu'en effet une lettre de candidature s'y prête mieux qu'un curriculum vitae au style télégraphique.

Malheureusement, sa lettre de candidature n'a pas échappé à certaines erreurs grossières. Une lettre de candidature doit être concise si l'on ne veut pas tomber dans le ton intimiste qui vous engage dans des voies périlleuses. Il n'a pu éviter de faire état de divergences avec son rédacteur en chef. Il y a dans cette confession un élément rédhibitoire. Dans cette lettre, on relève des indications positives comme la mention

Robert DUPONT
53, rue de Chanzy
92600 ASNIERES
Tél. 36.68.02.92

Asnières, le 8 octobre 1995

Monsieur,

Depuis un an et demi, j'appartiens comme journaliste-stagiaire à la rédaction d'un bi-mensuel axé sur les problèmes agricoles. Le titre de la revue, "Le Producteur Agricole français".

S'agissant d'une revue professionnelle à fort tirage (250 000 ex.) mais disposant d'une équipe rédactionnelle permanente restreinte (trois personnes y compris le rédacteur en chef), il est clair que la compétence de chaque journaliste est, par la force des choses, très vaste. C'est ainsi que je traite aussi bien les questions agricoles en France que de l'actualité agricole internationale.

De plus, dans la plupart des numéros, me revient la responsabilité de rédiger la critique de livres. Enfin j'ai imaginé et inauguré, il y a peu, dans la revue, une série d'interviews d'hommes politiques. Les premiers à avoir été interrogés sont MM. ROCARD, CHIRAC et d'autres sont prévus.

Des divergences avec mon rédacteur en chef, le sentiment d'être pris par la routine aussi, me poussent à "changer d'air" ; et donc de journal. Après dix huit mois passés dans "l'agriculture", je n'ai pas la prétention de posséder une connaissance approfondie de ce sujet. Simplement une vue d'ensemble, me semble-t-il, assez correcte. Peut-être mon expérience vous intéressera-t-elle...
Pour autant, j'accepterai de travailler sur des rubriques très différentes.

../...

Si cela doit favoriser les choses, je suis disposé à effectuer un stage de deux ou trois mois, avant ou au cours de l'été, ainsi qu'il est d'usage pour les élèves fraîchement diplômés d'une école de journalisme (ce que je ne suis plus).

Dans l'attente de vous lire, ou mieux de vous rencontrer, je vous prie d'agréer, Monsieur, mes salutations distinguées.

R. DUPONT

Robert DUPONT
53, rue de Chanzy
92600 ASNIERES
TÉL. 36 68 02 92
né le 12 mai 1968 à SOULAC (33)

ancien CV

Expérience professionnelle :

Correspondant-pigiste du quotidien « Sud-Ouest » en 1993

Piges pour l'hebdomadaire « Investir » en 1993

Depuis décembre 1993 journaliste au bimensuel « Le Producteur Agricole Français »

Diplômes :

D.U.T. de journalisme (option presse écrite) délivré par l'IUT de journalisme de Bordeaux (1991)

Maîtrise de droit public (Bordeaux 1991)

Diplôme de l'Ecole Supérieure de Commerce de Bordeaux (1989)

Langues :

Espagnol

Anglais

d'initiatives personnelles et de résultats significatifs (interviews exclusives de personnalités). Mais l'on note des formules infantiles, un manque d'assurance comme le fait de se « brader » en réclamant la possibilité de faire un stage, lui, un journaliste confirmé ! J'ai lu ses articles, indiscutablement, il a une bonne plume ; rien de semblable ne transpire dans cette lettre ; quant à son CV, il est inutile d'en parler.

Parlons maintenant de sa première campagne. Il envoya à 11 journaux sa lettre et son CV avec pour résultat : 1 convocation, 3 réponses négatives, 7 journaux n'ont pas pris la peine de lui répondre.

Je lui expose ma conception. Il lui trouve des mérites pour postuler à différents emplois mais certainement pas pour un... journaliste. « Un journaliste n'a pas à se vendre comme une savonnette en adressant un tel placard publicitaire. »

Totalement incrédule, il me lance quand même un défi. « Puisque vous êtes si sûr de vos méthodes, je vais adresser votre type de lettre et votre CV publicitaire aux 10 journaux qui n'ont pas donné suite à ma demande d'emploi. J'admets que malgré les vertus que vous accordez à votre type de curriculum vitae, ces mêmes journaux n'auront pas, par enchantement, un poste disponible. Aussi, je vous donne une seconde chance de tester réellement le projet que vous m'avez bâti, en procédant à un envoi auprès d'autres journaux. Cela vous paraît-il équitable ? » Diable, voilà un pari hasardeux mais après tout, me direz-vous, je n'avais rien à perdre hors l'honneur.

Le bilan, sans être totalement positif, a dépassé nos espoirs à tous deux. Ainsi, sur les 10 journaux qui n'avaient pas pris en considération sa demande d'emploi au premier envoi, 2 cette fois-ci le convoquèrent, 3 l'invitèrent à reprendre contact d'ici quelques mois, 4 regrettaient de ne pouvoir donner suite à sa demande, un seul ne lui répondit pas. A ce sujet, il est intéressant de noter que ce journal lui avait répondu la première fois. A-t-il jugé abusif de se représenter sous un autre « habillage » ? Pour un mauvais coucheur, l'expérience était largement plus positive que le premier envoi. Quant à l'autre vague, auprès de 12 journaux à qui il s'adressait pour la première fois, on relevait un résultat plus satisfaisant : 4 convocations, 3 perspectives d'avenir, 5 regrets et aucun envoi sans réponse.

Ainsi mon saint Thomas du journalisme se trouva convoqué à 6 entretiens dont 3 aboutirent à une décision finale qui ne dépendait que de lui. Quel luxe d'avoir ainsi l'embarras du choix ! J'avais fait un adepte et un propagandiste de plus...

Robert DUPONT

Asnières, le 15 Décembre 1994

Monsieur le Rédacteur en chef,

Vous animez la rédaction d'un journal dont j'apprécie l'esprit, le contenu et l'originalité des enquêtes ; j'aimerais me joindre à votre équipe.

Pour ma part, journaliste seulement depuis 2 ans, j'ai obtenu toutefois des interviews exclusives de personnalités politiques (voir CV joint).

Dans l'attente de vous rencontrer pour vous présenter mes articles, je vous prie de croire, Monsieur le Rédacteur en Chef, à l'assurance de mes sentiments distingués.

Robert DUPONT
53, rue de Chanzy
92600 ASNIERES
TÉL. 36 68 02 92

nouveau CV

JOURNALISTE DEPUIS 2 ANS :

Des interviews exclusives de Personnalités
(ROCARD, CHIRAC, etc., et prochainement BARRE)

EXPÉRIENCES

Depuis déc. 1993 — Journaliste au « Producteur Agricole Français » (250 000 ex.)

A ce poste, j'ai pu :

- suggérer et inaugurer une nouvelle rubrique d'interviews de personnalités sur leur vision de l'évolution du marché commun agricole.
- interviewer, ainsi en exclusivité, MM. ROCARD, CHIRAC, prochainement BARRE
- m'imposer auprès des syndicats agricoles de toutes obédiences
- participer à de nombreuses réunions de l'Institut Technique des Céréales et des Fourrages
- couvrir les dernières réunions agricoles de Bruxelles

1993

- Correspondant-pigiste à "Sud-Ouest" pendant mon service militaire dans la coopération effectuée en Algérie (diverses enquêtes sur l'Algérie)
- Pigiste à "Investir" (nombreux articles notamment un papier sur les vins de Bordeaux)

...

Robert DUPONT

FORMATION

- DUT de journaliste - Bordeaux (1991)
- Maîtrise de droit public - Bordeaux (1991)
- Diplôme de l'Ecole Supérieure de Commerce de Bordeaux (1989)

LANGUES

- Espagnol : courant
- Anglais : courant

DIVERS

- 28 ans, célibataire

OBJECTIF

SOUHAITE METTRE EN PRATIQUE DANS LA PRESSE GRAND PUBLIC MA CONNAISSANCE DU SECTEUR AGRICOLE, A MOINS QUE L'ON ME PROPOSE UNE RUBRIQUE DIFFERENTE A LANCER...

CHAPITRE III

DES VERBES POUR SE VENDRE

LISTE DES VERBES

Vous trouverez encore dans ce guide la liste la plus complète de verbes qui vont vous permettre d'articuler vos paragraphes. La plupart de ces verbes ont un substantif. C'est peut-être l'une des façons qui vous évitera d'utiliser le « je » que certains, à juste titre, jugent égocentrique. Ainsi, à titre d'exemple, si je reprends les premiers verbes de la liste qui suit, j'aurai pour chacun son substantif, c'est-à-dire un nom commun.

ACCEPTER .... ACCEPTATION
ACCOMPAGNER .... ACCOMPAGNEMENT
ACCROITRE .... ACCROISSEMENT
ACCUEILLIR .... ACCUEIL
ACHETER .... ACHAT
ACQUÉRIR .... ACQUISITION
ADMINISTRER .... ADMINISTRATION
etc.

ACCEPTER
ACCOMPAGNER
ACCROITRE
ACCUEILLIR
ACHETER
ACHEVER
ACQUÉRIR
ACTUALISER
ADAPTER
ADMINISTRER
AFFECTER
AGENCER
AIDER
AMÉLIORER
AMÉNAGER
AMENER A
ANALYSER
ANIMER
ANTICIPER
APPARTENIR A
APPLIQUER
APPRÉHENDER
APPRENDRE
APPROUVER
APPROVISIONNER
ARBITRER
ASSEMBLER
ASSISTER
ASSOCIER
ASSUMER

AUGMENTER
AUTOMATISER
AVANCER
AVOIR
LA RESPONSABILITÉ

BRICOLER
BUDGÉTER

CALCULER
CATALOGUER
CHANGER
CHERCHER
CHOISIR
COLLABORER
COLLECTER
COMBATTRE
COMBINER
COMMANDER
COMMERCIALISER
COMMUNIQUER
COMPARER
COMPOSER
COMPRENDRE
COMPTABILISER
CONCEVOIR
CONCLURE
CONCOURIR
CONCURRENCER
CONDUIRE
CONFIER
CONNAITRE
CONSEILLER
CONSOLIDER
CONSTRUIRE
CONSULTER
CONTACTER
CONTRACTER
CONTRAINDRE
CONTRIBUER
CONTROLER
CONVAINCRE
CONVERTIR
COOPÉRER
COORDONNER
CORRESPONDRE
COUVRIR
CRÉER
CUISINER

DANSER
DÉCENTRALISER
DÉCIDER
DÉCORER
DÉCOUVRIR
DÉFINIR
DÉLÉGUER
DÉMARRER
DÉMÊLER
DÉMETTRE
DÉMOLIR
DÉPANNER
DÉPLACER
DESSINER
DÉTACHER
DÉTAILLER
DÉTERMINER
DÉVELOPPER
DIFFUSER
DIMINUER
DIRIGER
DISCUTER
DISTRIBUER
DIVERSIFIER
DOCUMENTER
DYNAMISER

ÉCONOMISER
ÉCOUTER
ÉCRIRE
ÉDIFIER
ÉDITER
ÉDUQUER
EFFECTUER
ÉLABORER
ÉLARGIR
ÉLEVER
ÉLIMINER
EMBAUCHER
ÉMETTRE
ENCADRER
ENGENDRER
ENQUÊTER
ENSEIGNER
ENTAMER
ENTENDRE

ENTÉRINER
ENTRAINER
ENTRER
ENTRETENIR
ENTREPRENDRE
ENVISAGER
ENVOYER
ÉPROUVER
ÉQUILIBRER
ESSAYER
ÉTABLIR
ÉTENDRE
ÊTRE CHARGÉ DE
ÉTUDIER
ÉVALUER
ÉVOLUER
EXAMINER
EXÉCUTER
EXERCER
EXPÉRIMENTER
EXPLOITER
EXPORTER
EXTRAPOLER

FABRIQUER
FAÇONNER
FACTURER
FAIRE FACE A
FAIRE PARAITRE
FAIRE PARTICIPER
FAIRE VALOIR
FINANCER
FIXER
FONDER
FORMER
FOURNIR
FUSIONNER

GAGNER
GÉRER
GRIMPER
GROUPER
GUIDER
GOUVERNER

HARMONISER
HOMOLOGUER
HONORER

IMAGINER
IMPLANTER
IMPORTER
IMPOSER
IMPROVISER
INAUGURER
INCITER
INDEXER
INFORMER
INITIER
INNOVER
INSTALLER
INSTAURER
INSTRUIRE
INTÉRESSER
INTÉGRER
INTERPRÉTER
INTERVENIR
INTERVIEWER
INTRODUIRE
INVENTER
INVENTORIER
INVESTIR

JOUER

LANCER
LIBELLER
LICENCIER
LIQUIDER
LIRE
LIVRER
LOUER
LUTTER

MAITRISER
MANIPULER
MANŒUVRER
MARCHANDER
MENER A BIEN
MESURER
METTRE AU POINT
METTRE EN
CONFIANCE
METTRE EN
ŒUVRE
METTRE EN PLACE

METTRE EN ROUTE
MOBILISER
MODÉRER
MODERNISER
MONTER
MOTIVER

NÉGOCIER
NORMALISER

OBTENIR
OCCUPER
ŒUVRER
ORDONNANCER
ORDONNER
ORGANISER
ORIENTER
OUVRIR

PARLER
PARTICIPER
PENSER
PERMETTRE
PERSONNALISER
PERSUADER
PHOTOGRAPHIER
PILOTER
PLANIFIER
PRÉCISER
PRÉCONISER
PRENDRE EN CHARGE
PRÉPARER
PRÉSENTER
PRÉSIDER
PRÉVENIR
PRÉVOIR
PROCÉDER À
PRODUIRE
PROGRAMMER
PROGRESSER
PROJETER
PROMOUVOIR
PROPOSER
PROSPECTER
PUBLIER

QUITTER

RATIONALISER
RÉALISER
RECEVOIR
RECHERCHER
RECOMMANDER
RECUEILLIR
RECRUTER
RECTIFIER
RÉCUPÉRER
RÉDIGER
REDRESSER
RÉDUIRE
REFONDRE
RÉFORMER
REFUSER
RÉGLER
REGROUPER
RÉINTÉGRER
REJETÉ
REMPLACER
REMPORTER
RÉMUNÉRER
RENCONTRER
RENDRE COMPTE
RENFLOUER
RENFORCER
RENSEIGNER
RENTABILISER
RÉPARER
RÉPARTIR
REPRÉSENTER
RÉSOUDRE
RESPECTER
RESTRUCTURER
RÉUNIR
RÉUSSIR
REVALORISER
REVENDRE
RÉVISER

SANCTIONNER
SAUVER
SCRUTER
SÉLECTIONNER
SIGNER
SOLLICITER
SOUMETTRE

SOUSCRIRE
SOUTENIR
STABILISER
STOCKER
STRUCTURER
SUGGÉRER
SUIVRE
SUPERVISER
SUPPRIMER
SURVEILLER
SYNTHÉTISER
SYSTÉMATISER

TENIR
TESTER
TIRER
TITULARISER
TRADUIRE
TRAITER
TRANSFORMER
TRANSPORTER
TRAVAILLER
TRIER
TROUVER

USINER
UTILISER

VENDRE
VENTILER
VÉRIFIER
VISITER

DOUBLER
TRIPLER
QUADRUPLER
QUINTUPLER
DÉCUPLER

CHAPITRE IV
100 CV À DÉCOUVRIR

Ce chapitre correspond à deux objectifs : le contenu (le texte) et le contenant (la présentation [1]).

Pour rédiger un texte percutant, je mets à votre disposition un très large éventail d'expériences les plus variées. Lisez-les toutes, car dans chacune il peut y avoir un élément à exploiter ! Sachez « picorer » ici et là !

Je me refuse à les classer par professions comme on le voit dans certains ouvrages, car chaque expérience est unique ; dans le même ordre d'idées, je n'ai pas voulu différencier ceux des débutants : souvent il faut regarder à deux fois pour les détecter tant certains ont des expériences (petits boulots, stages) très fournies ; c'est toute l'habileté d'un débutant d'en faire étalage.

Le deuxième aspect, c'est l'accent mis sur la présentation. Je n'insisterai jamais assez pour dire l'importance que cela revêt.

Les recruteurs ne consacrent au stade du premier dépouillement d'une pile que 4 secondes à chacun. Seuls ceux dont la mise en page a accroché le regard du recruteur ont une chance d'atterrir sur la « bonne pile »...

---

1. Les mises en pages originales des 100 CV suivants sont la propriété exclusive de l'auteur. Aucune exploitation commerciale sans l'accord de l'auteur ne peut être faite, sous peine de poursuite.

Vous avez sans doute conçu un texte percutant mais si il ne donne pas envie d'être lu, il sera systématiquement écarté de la « bonne pile ». Avouez que c'est rageant.

Ne nous voilons pas la face, c'est ainsi que cela se passe. Lorsque l'on a une pile de 300 CV sur son bureau, on n'a pas le temps de les lire, on s'attarde aux apparences, ont fait donc un premier tri dont le seul critère est « l'emballage ».

Que constatons-nous ? 99,99 % se ressemblent. C'est consternant ! Partout on vous dit qu'il faut vous vendre, que le CV doit être conçu comme un message publicitaire, que votre candidature doit attirer le regard des recruteurs.

Que reçoivent les recruteurs ? Un fleuve d'uniformité. Quel sort est réservé aux 0,01 % restant ? Tout simplement, ils se retrouvent d'emblée sur la « bonne pile ».

Que dire des entreprises dactylo-service qui ne vous proposent aucune originalité ? « Restons classique » semblent être leur leitmotiv. Je note toutefois que les jeunes nés avec l'informatique et son traitement de texte sont plus ouverts à des formes plus innovantes.

Trop souvent, l'entourage (parents, collègues, profs, conseillers en tout genre) freinent leur judicieuse initiative en les contraignant à rester standard. « Surtout pas de vagues, c'est un document sérieux qui doit obéir à des règles immuables. » Foutaise ! Est-ce que beau est synonyme de suicidaire ?

Il faut rompre le cou à toutes ces rengaines. L'originalité de bon goût est toujours payante. Il faut le dire.

Bref, si vous ne voulez pas qu'il rejoigne la cohorte de ceux taxés de repoussoirs, **soignez son « emballage »**.

« L'emballage » c'est 80 % de l'impact, 20 % son contenu et non l'inverse comme on serait tenté de le croire. Cela aussi il ne faut pas craindre de vous le dire !

Dans ce livre vous en découvrirez en couleurs. Cela vous choque sans doute compte tenu de tout ce que l'on a pu vous dire. Détrompez-vous ! Ceux-ci ont le plus fort impact auprès des recruteurs.

De même, vous en avez relevé, conçus sur plusieurs colonnes qui s'inspirent de la mise en page de vos quotidiens. Êtes-vous rebutés par la mise en page de vos journaux ? Non. Eh bien, c'est la même chose pour un recruteur.

Je ne sais pas si j'ai réussi à vous convaincre, mais sachez que cela fait 15 ans que je me consacre à cette spécialité !

Dominique DUPONT
3 Place Madeleine
69170 TARARE
Tel : 35.65.08.69

RESPONSABLE D'ANTENNE auprès DE L'OFFICE DES MIGRATIONS INTERNATIONALES

France-Inter : Intervenant dans le cadre de l'émission "le téléphone sonne"

ANGLAIS, VIETNAMIEN, TAMIL, ESPAGNOL

EXPERIENCES

Depuis 1988

OFFICE DES MIGRATIONS INTERNATIONALES
RESPONSABLE D'ANTENNE DE LYON

Après 1 an de stage au centre Régional de Paris

◆ Accueil des visiteurs de toutes nationalités, écouter et analyser leurs problèmes

◆ Information (dans les 4 langues référencées ci-dessus) sur les démarches à effectuer

◆ Assistance "Départ en congés des travailleurs étrangers" à l'aéroport

◆ Collaboration avec les représentants du personnel du Service Fret passagers en vue de faciliter leur départ en congé

◆ Aide dans les démarches administratives du travailleur étranger, à propos des problèmes que posent pour lui son séjour en France : maladie, chômage, sécurité sociale, allocations familiales...

◆ Traduction des pièces d'état civil et actes, à tous les documents et de mettre en place son interprétariat ainsi que celui du Tamil et du Vietnamien

◆ Augmentation du nombre de traductions et de celui des intérprétariats de 20% par mois

◆ Participation à l'émission de France-Inter : "le téléphone sonne"

◆ Initiation et formation de deux élèves de l'E.N.A., venus faire leur stage, aux tâches administratives en les faisant participer aux activités de l'antenne

◆ Rédaction des rapports et élaboration des statistiques sur les activités de l'antenne et les mouvements des visiteurs

◆ Participation à la réunion qui rassemble le personnel de tous les organismes accueillant les étrangers, présidée par le Directeur du Cabinet du Ministre du Travail, destinée à l'étude des problèmes que rencontrent le personnel d'accueil dans leurs tâches quotidiennes

FORMATION

ETUDES
Maîtrise de Sociologie Lyon 2 (1988)

DIVERS

30 ans, marié, 2 enfants
Sports et loisirs : Funboard, saut à l'élastique, parachutisme

OBJECTIF

Occuper un poste de responsabilité dans le secteur administratif ou dans la fonction territoriale

Dominique DUPONT
29 rue Thiers
88100 SAINT DIÉ
Tel : 36.68.02.88

DIRECTEUR COMMERCIAL BILINGUE

EXPERIENCES

De juin 1991 à ce jour
LAINIÈRES DES VOSGES, fabicant de couvertures et plaids
DIRECTEUR COMMERCIAL

Missions confiées :
- Faire progresser le CA d'environ 20% par an
- Recibler l'image de marque "haut de gamme" d'une marque française traditionnelle
- Elaborer une collection "plus mode" et dans des matériaux nobles (cachemire, poil de chameau, mérinos, mohair, et laines de France)
- Se réimplanter dans tous les circuits de distribution "top niveau" (Grands magasins et détail spécialisé)

Missions complémentaires :
- Recruter et animer un réseau de 10 représentants multicartes,
- Diriger l'administration des ventes,
- Visiter les grands clients (centrales, V.P.C., plus gros détaillants)
- Liaison avec les services ordonnancement et production.

La stratégie commerciale pour réussir ces missions était à déterminer par mes soins, sachant que le but visé était la vente de la Lainière, avant la fin de l'année 1992, dans les conditions les plus rentables.

De mai 1989 à mai 1991
MOQUETTES DE FRANCE , revêtements de sols
DIRECTEUR DES VENTES

Missions confiées :
- Développer le CA réalisé auprès des grossistes de moquettes,
- Participer à la définition d'un concept nouveau et à la création d'une valise luxe destinée aux tapissiers décorateurs.

De mai 1986 à mai 1989
SANISOL, tapis de bain
RESPONSABLE ADMINISTRATIF DES VENTES

- Assistance Direction Commerciale,
- Gestion d'un réseau de 13 exclusifs
- Management d'un service commercial de 9 personnes,
- Relation avec les autres services (comptable, usine, export)
- Informatisation de la gestion commerciale (mise en place)
- Suivi de quelques centrales d'achat (bricolage)

D'avril 1982 à mai 1986
LECLERC IMMOBILIER, Promoteur immobilier
SECRÉTAIRE COMMERCIALE

FORMATION

ETUDES
- BTS Secrétariat de Direction Bilingue (1982)
- Licence de Droit privé (en cours du soir (1985)

FORMATION PERMANENTE
- Nombreux stages de ventes.
Dernier en date : Animation d'un réseau de vente par objectifs en 1993

LANGUES
Allemand courant

DIVERS

31 ans, mariée, 1enfant,
Sports et loisirs : Cross country, chorale.

EXPÉRIMENTÉE

ASSISTANTE

Dominique DUPONT
22 place Michelet
43000 LE PUY EN VELAY
✆ 35.65.08.43

Formation Professionnelle

EXPERIENCES

Depuis 1987
BANQUE POPULAIRE DE LA CORRÈZE ET DE L'AUVERGNE
SECRÉTAIRE ASSISTANTE DU DÉPARTEMENT FORMATION PROFESSIONNELLE

Je devais assister le responsable du département
- Organiser les stages (monter les dossiers, constituer des groupes)
- Suivre les dossiers de chaque agent (convention, facturation, présence)
- Gérer mes dossiers sur le traitement de texte Word 5.5
- Gérer le suivi de la facturation des formations sur le tableur Multiplan 4
- Contacter et négocier avec les organismes formateurs
- Rédiger et frapper le courrier propre au département
- Gérer le système bureautique du département (création de sous répertoires pour une meilleure organisation et exploitation de la bureautique)

***Bilan :** Notre département a vu le nombre de formations passé de 60 en 1992 à 150 en 1994. La masse salariale est de 3,95 en 1994 alors qu'en 1992 elle n'était qu'à 1,20.*

1985-1987
I.R.N.I.S. Caisse de Retraite
SECRÉTAIRE DACTYLO POLYVALENTE

- Secrétariat dans différents service
- Frappe des courriers et des rapports
- Suivi de la facturation
- Tenue d'un standard/télex

***BILAN :** Cela m'a permis d'acquérir une expérience diversifiée*

FORMATION

ETUDES

- Niveau B.A.C. (1982)
- Secrétariat

FORMATION PERMANENTE

- C.F.3.T. (Formation professionnelle 3 jours)
- Initiation à la micro-informatique
- Acquisitions de notions de base des commandes DOS, Attestation de stage
- GRETA Assistant Responsable de Formation, Attestation de stage

CONNAISSANCES INFORMATIQUES

MS DOS
WORD 55, MULTIPLAN 4, EXCEL
PC/AT

ACTIVITES ANNEXES

ACTIVITÉ SOCIALE PROFESSIONNELLE

- Trésorière adjointe au Comité d'entreprise
- Commission des activités sociales
- Gestion et attribution des prêts
- Préparation de la fête de fin d'année
- Liste des jouets de Noël

DIVERS

30 ans, mariée, 1 enfant,

OBJECTIF

OCCUPER UN POSTE D'ASSISTANTE DE FORMATION AUPRÈS D'UN DHR OU D'UN RESPONSABLE DU SERVICE FORMATION

INGÉNIEUR AGRONOME

TECHNICO-COMMERCIAL DANS L'AGRO-ALIMENTAIRE

DOMINIQUE DUPONT
2 RUE NOYON
80000 AMIENS
TEL : 36.68.02.80

EXPERIENCES

DEPUIS 1992 **VILMORIN SEMENCES**

RESPONSABLE DE LA CLIENTELE PROFESSIONNELLE (NORD)

VENTE DES SEMENCES POTAGÈRES ET FLORALES AUPRÈS D'HORTICULTEURS, ESPACES VERTS, MARAÎCHERS, COOPÉRATIVES ET CONSERVEURS.
PROSPECTION, CONSEIL ET SUIVI DE CES PROFESSIONNELS : AUGMENTATION DE 35% DE LA CLIENTÈLE INITIALE.
FIDÉLISATION CLIENTÈLE PAR APPORT DE SERVICES ET PRÉSENCE SUR LE TERRAIN.
RECOUVREMENT DES CRÉANCES. AUGMENTATION DU CA DE 20%

1990-1992 **SOCIÉTÉ OGBOMOSHO À KADUNA (NIGÉRIA)**

CHEF DE CULTURE

EN COORDINATION AVEC UNE CONSERVERIE, PRISE EN CHARGE D'UNE CULTURE DE CÉLERI DU SEMIS À LA LIVRAISON À L'USINE, COMMERCIALISÉE SOUS LA MARQUE "DAUCY".
PLANIFICATION, GESTION DES COÛTS ET DU PERSONNEL, ASSISTANCE LOGISTIQUE ET TECHNIQUE AUX AGRICULTEURS, RECHERCHE ET DÉVELOPPEMENT DE FAÇONS CULTURALES ADAPTÉES AU MILIEU AFRICAIN.
CONTRÔLE DE LA PRODUCTION DE HARICOTS VERTS EN BOÎTE, EN FIN DE FIN DE CONTRAT.

FORMATION

ETUDES

1988 : M.S.T. DE BIOLOGIE APPLIQUÉE AUX INDUSTRIES ALIMENTAIRES (UNIVERSITÉ DE BREST)
1989 : INGÉNIEUR AGRONOME (ENSAR - RENNES)

LANGUES

ANGLAIS : COURANT, ACTIVITÉ PROFESSIONNELLE DANS UN PAYS ANGLOPHONE,
ESPAGNOL : SCOLAIRE.

DIVERS

28 ANS, VIE MARITALE, 1 ENFANT,
SPORTS ET LOISIRS : TENNIS, PLONGÉE, GUITARE ET VOYAGES EN OCÉANIE, EUROPE, AFRIQUE ET OCÉAN INDIEN.

Dominique
DUPONT
167 Cours du Général de Gaulle
33170 GRADIGNAN
☎ : 36.68.02.33

RESPONSABLE EXPORT

Une jeune femme qui s'impose dans un atelier de maintenance nucléaire espagnol

EXPÉRIENCES

Depuis 1994
ROBINETTERIE BORDELAISE
Instruments de Mesure et régulation
RESPONSABLE DES RELATIONS AVEC L'ÉTRANGER
Vendre le matériel auprès des centrales nucléaires espagnoles
Démonstration de ce matériel dans une centrale espagnole
Pour mener à bien cette mission, j'ai appris l'espagnol technique
Négociation en anglais d'un contrat avec une centrale chinoise
BILAN : En Espagne : commande de 7,5MF de matériel
Au Brésil : commande 1,8MF

1993
AXA Assurances - STAGIAIRE
Etude de marketing sur les clients
Outil utilisé : la segmentation comportementale
Critères de segmentation : les produits et les comportements des assurés
A partir de cette étude : organisation et animation d'entretiens de groupes par segment
Moyen utilisé pour contacter les clients aux entretiens : télémarketing
BILAN : cette étude avait pour but de permettre à AXA de répondre aux attentes de ses clients.

FORMATION

ETUDES
Diplômé de l'ESCAE de Bordeaux 1994

LANGUES
Anglais : lu, parlé, écrit
Espagnol : lu, parlé, écrit (notamment technique)
Portugais : notions

CONNAISSANCES INFORMATIQUES
WORD 5, MULTIPLAN, EXCEL.

DIVERS

23 ans, divorcée, 1 enfant
Sports et loisirs : Patins à glace (figures), Spectacles de corrida.

OBJECTIF

RESPONSABLE ANTENNE COMMERCIALE ESPAGNOLE
D'UNE FIRME INDUSTRIELLE OU DE SERVICE

Dominique DUPONT
8 Bd du Général Graziani
20200 BASTIA
Tel : 36.68.02.20

EXPÉRIENCES

De juin à septembre 1994
GROUPE BEST-WESTERN
Stage de fin d'études auprès du directeur de développement. J'ai pu ainsi être en prise directe avec la stratégie d'expansion du groupe qui est leader mondial dans le domaine de l'hôtellerie. Durant ce stage : réalisation d études marketing et de faisabilité ; rédaction de notes de synthèse. Participation directe aux négociations commerciales, administratives et financières avec partenaires commerciaux, préfectures...

De février à avril 1992
CRÉDIT LYONNAIS Paris
Stage de gestion à la direction des grandes entreprises étrangères (direction générale de Paris). Ce stage m'a permis de développer mes capacités d'analyse et de rigueur, et de connaître les systèmes de financements et les relations de grands groupes multinationaux avec leurs banquiers.

De mai à août 1991
UNIVERSITÉ DE BERKELEY aux U.S.A.
Cours suivis : Principles of Management ; Business Communication. Mission export Armagnac LE GASCON : réalisation d'une mission sur le marché des vins et spiritueux en vue d'une implantation sur le marché Nord-Américain.

Septembre 1991
SOCIÉTÉ DES PÉTROLES BP
Mission de promotion des nouveaux carburants sans plomb (forte augmentation des ventes pendant cette période). Réalisation et passage de questionnaires afin de mieux connaître la clientèle et ses motivations d achats.

De novembre à décembre 1990
DARTY
Stage de formation vente durant 7 semaines (magasins spécialisés dans la distribution de produits Hi-Fi, vidéo, électroménagers)

De juin à juillet 1990
MOET-HENNESSY Groupe LUMH à Londres
Stage dans le département ventes-marketing à l'export,assistant chef de zone.

FORMATION

ETUDES
1993-1995 Centre d'Etudes Supérieures du Commerce International. 3ème cycle d'Affaires Internationales à Paris.

1989-1993 NSEEC à Bordeaux : Institut des Hautes Etudes Economiques et Commerciales. Diplôme obtenu en juin 1993

LANGUES
Anglais : lu, écrit, parlé.
Espagnol : lu, écrit, parlé.

DIVERS

25 ans, vie maritale
Sports et loisirs : Equitation (concours hippique), tir à l'arc (compétition), passionnée par la préhistoire, nombreux voyages touristiques en Amérique Latine.

COUPON REPONSE

M. ______________________________

Société ______________________________

adresse ______________________________

____

Tel. ______________________________

souhaite avoir un premier entretien en vue d'étudier ensemble l'intérêt de votre candidature

MARKETING AGRO-ALIMENTAIRE

Dominique DUPONT
3 place Gambetta
29120 PONT L'ABBÉ
☎ : 36.68.02.29

EXPERIENCES

1994-1995
Ets GOAR à Brest
Abattoir exportateur, importateur de viande de bœuf, de veau et de mouton
Télévente de la gamme steaks hachés aux supermarchés et hypermarchés et prospection des restaurants de la ville de Brest
Bilan : 12,5% des visites concrétisées par une commande.

SICAGRI à Saint Pol de Léon
Participation aux achats sur le marché au cadran et à la vente sur la Grande Bretagne, l'Allemagne, les Pays de l'Est, l'Espagne, des légumes bretons.

1992-1994
"LE TELEGRAMME" à Brest
ATTACHÉE COMMERCIALE DE PUBLICITÉ
J'étais responsable du dossier immobilier, chargée de :
- Concevoir une mise en page attrayante,
- Développer le CA,
- Fidéliser la clientèle par une promotion.

Bilan : Progression du CA de 15%, prise de parts de marché aux concurrents.

Réalisation d'un hors-série intitulé "habiter Brest et sa région" diffusé à 100000 exemplaires. Rédaction des articles en collaboration avec les professionnels.
Bilan : La prospection et la vente ont engendré un CA de 130000F

Pour la Société Comareg Bretagne Ouest - Le Télégramme à Brest, mon rôle était d'éviter le départ des clients vers la concurrence.
Bilan : Récupération de 80% du CA
Pour la Société Comareg Bretagne Ouest - Le Télégramme à Morlaix, je devais réaliser la maquette du journal 2 fois par mois et développer le portefeuille de petits clients par une opération "coup de poing"
Bilan : 10 nouveaux clients en 2 semaines avec une moyenne de 5 parutions chacun pour un budget total de 30000F

1991

"LE LIVRE DE PARIS" Filiale du Groupe HACHETTE

VRP EXCLUSIVE

Vente d'ouvrages religieux aux particuliers.

1990-1991

PROMODES DIRINON Centrale d'achats de produits frais

EMPLOYÉE DE BUREAU

Remplacement en vente par téléphone, saisie des commandes par informatique et gestion des comptes clients.

1990

INTERMARCHÉ à Saint Renan

RESPONSABLE DU RAYON PRODUITS DE LA MER

FORMATION

ETUDES

Certificat professionnel d'informatique, formation à l'Institut Scheiddeger (1990)
BTS TRADICOPA : Transformation, Distribution et Commercialisation des produits agro-alimentaires, option produits laitiers au Lycée Agricole de Rouffach (1990)
Formation anglais et commerce international au centre international d'études des langues, Le Relecq Kerhuon

LANGUES

- Anglais : lu, parlé, écrit
- Espagnol : notions
- Allemand : notions.

DIVERS

27 ans, célibataire.
Sports et loisirs : Tennis (classée), vélo, passion du cinéma.

Dominique DUPONT
106 rue de Rennes
75006 PARIS
Tel : 35.65.08.75

SECRETAIRE COMMERCIALE ET TECHNIQUE

Pratique de Word 5.5, Visio 4, Ms-Excel, et Lotus 123
Désignée à la formation de dactylos pour certaines applications de logiciels
Assistante du Chef de Projet (2 ans en Indonésie)

OBJECTIF

OCCUPER UN POSTE DE SECRÉTAIRE COMMERCIALE, ADMINISTRATIVE OU TECHNIQUE ET ÉVOLUER A MOYEN TERME VERS DES RESPONSABILITÉS DANS CETTE FONCTION

EXPERIENCES

Depuis 1993
SOCOTEC
DETACHEE EN INDONÉSIE
en mission d'assistance auprès de TOTAL Indonésie
SECRÉTAIRE du Chef de projet pour la construction d'un ensemble résidentiel j'ai :
Réalisé les dossiers d'appels d'offres et contrats
Participé à l'analyse des offres
Mis au point des applications de logiciels dans un souci d'unité de nos documents
Été désigné à la formation de dactylos pour certaines applications de logiciels

BILAN : Au départ destinée à cette unique affaire, j'ai très vite été impliquée dans tous les autres projets du service (Crèche-Jardin d'enfants, Station-service Total etc...)

1982/1986
NÉGOCIANT EN MATÉRIEL AGRICOLES
SECRÉTAIRE DU SERVICE APPRÈS VENTE
La création de ce poste me donnait la mission de :
Mettre en place l'organisation administrative du service sur informatique,
Gérer les interventions sur sites et réparations en atelier en termes de délai, planning et frais des intervenants
Passer les commandes de matériel et contrôler les factures fournisseurs,
Assumer les tâches administratives courantes (courriers, devis, etc...)
Contrôler les frais des intervenants et gérer le parc de véhicules du service.

BILAN : Un poste-tampon entre le Service Commercial et la clientèle, où l'on apprend à défendre l'image de l'entreprise

1990/1991
CONSTRUCTEUR D'ELECTRONIQUE MARINE
SECRÉTAIRE COMMERCIALE
de l'Agence régionale
Organiser le secrétariat de l'Agence, constituer des fichiers de prospects,
Effectuer une téléprospection pour obtenir des rendrez-vous (70% des appels ont donné lieu à des RdV fermes)
Etablir les plannings du chef d'agence et de deux commerciaux

BILAN : Une expérience très enrichissante par sa polyvalence. Notre agence, qui n'avait jusqu'alors aucune représentation régionale, a pénétré le marché local à hauteur de 10% en une année.

1988/1989
SECRÉTAIRE D'UN COMPLEXE SPORTIF AVEC DES TACHES TRES VARIÉES :
Secrétariat courant, gestion des adhérents,
Organisation de manifestations extra-activités du club (soirées dansantes, mercredi-enfants, etc.)

BILAN : Un poste au contact direct avec le client : très agréable...

FORMATION

ETUDES
Baccalauréat Série B **(1986)**
Sciences économiques
Certificat de traitement de texte **(1989)**
BTS Commerce international

FORMATION PERMANENTE
Conservatoire National des Arts et Métiers (CNAM depuis novembre **1994)**
Génie informatique

LANGUES
Anglais : lu, écrit, parlé (6 mois au pair à Gibraltar)
Espagnol : lu, écrit, parlé (langue maternelle)

CONNAISSANCES INFORMATIQUES
Basic (notions)
Windows - Ms-Excel, Lotus 123, Multiplan, Visio 4, Word 5.5, Works. PC-PS (IBM)

ACTIVITES ANNEXES

PUBLICATIONS
Elaboration d'un support de cours (10 pages) pour la formation de dactylos

PEDÉDAGOGIE
Désignée pour prendre en charge la formation de dactylos à certaines applications de traitement de textes et tableurs (1h par semaine)

DIVERS

26 ans, célibataire
Animatrice de centres de vacances et séjours sportifs (titulaire du BAFA)
Sports et loisirs : Voile, membre d'un club informatique

Dominique Dupont

18 Boulevard Joliot Curie
33000 Bordeaux
Tel : 36.68.02.33

BREVET DE TECHNICIEN DE LABORATOIRE

EXPERIENCES	de 1994 à 1995	Mise en place dans le cadre de la maîtrise d'un groupe de recherche en biologie. Sujets abordés : - sporulation bactérienne - biologie et culture du maïs Ces études nous ont conduit à réaliser les tâches suivantes : - recherches bibliographiques - enquêtes et analyses sur le terrain - synthèse des informations BILAN : réalisation d'un rapport riche d'enseignements pour le laboratoire de biologie végétale de l'Université.
	1993	Stage laboratoire de microscopie électronique à Bordeaux. Au cours de cette période, j'ai pu : - suivre une initiation aux techniques de la microscopie électronique - étudier et interpréter des clichés photographiques - réaliser un mémoire sur un sujet de biologie cellulaire - résoudre un problème de pathologie amenant à proposer une thérapeutique appropriée.
	1992 1993 1995	Stage laboratoire d'analyses médicales et alimentaires à Biarritz J'étais chargé : - de l'accueil des clients - des préparations microscopiques - des dosages biochimiques et immunologiques
FORMATION		**ETUDES** DEUG Sciences Bordeaux I Maîtrise de biologie Bordeaux I **LANGUES** Anglais : lu, parlé, écrit (séjours linguistiques au Pays de Galles)
DIVERS		23 ans, célibataire. Sports et loisirs : karaté, danse rythmique.

Dominique
DUPONT

18 rue Jean Jaurès
59214 QUIVY
☎ : 36.68.02.59

CONTROLEUR DE GESTION

EXPÉRIENCES

1993-1995
SEGI (Ingéniérie Documentaire)
CONTROLEUR DE GESTION

❐ Responsable des clôtures mensuelles
❐ Mise en place d'une procédure pour une obtention plus rapide des résultats
❐ Reporting mensuel au groupe des résultats de la société et de ses filiales à partie des soldes intermédiaires de gestion,
❐ Responsable de l'administration du système de comptabilité gestion,
❐ Création et suivi d'un tableau de bord, d'états de gestion, permettant de suivre la productivité, les écarts budget, la sous-traitance,
❐ Orchestration de la procédure budgétaire,
❐ Validation des différents budgets et calcul des standards,
❐ Mise en place d'une comptabilité d'engagement.

BILAN : Obtention du compte de résultat analytique le 4ème jour ouvré du mois suivant au plus tard et transmission du tableau de bord 2 jours plus tard.
La comptabilité d'engagement a permis d'anticiper les charges de sous-traitance (16% du chiffre d'affaire) sur 1,5 mois en moyenne.

1988-1992
CARREFOUR Direction régionale
(77 Villiers en Bière) Grande distribution
ASSISTANT INFORMATIQUE

Responsable de la formation micro-informatique,
Responsable de la rédaction de manuels d'utilisation pour les logiciels développés en interne,
Négociation de prix pour la maintenance ou pour l'achat de micro, d'imprimantes,
Participation sous l'aspect organisationnel au démarrage du scanner dans un hypermarché.

BILAN : Baisse de 70% du coût de la maintenance du parc micro et imprimantes.
Formation de tous les chefs de rayon de la région Ile de France sur les outils informatiques développés à CARREFOUR : utilisation optimum des outils difficiles à évaluer.

1987-1988
ASSISTANT DE L'ACHETEUR
du rayon crémerie, secteur stratégique puisqu'il génère le cash-flow le plus

important dans un hyper.

BILAN : Mise en place d'opération régionales et nationales, négociations de prix.

FORMATION

ETUDES
- Maîtrise de Gestion (1986)

FORMATION PERMANENTE
- CECOD (décembre 1994)
Contrôleur de gestion, techniques de base du contrôle de gestion
- CARREFOUR (1991)
Animation d'un groupe

LANGUES
- Anglais : lu, écrit, parlé
- Allemand : lu, écrit.

CONNAISSANCES INFORMATIQUES
dbase 3, PC

ACTIVITES ANNEXES

PEDAGOGIE
Formation de chefs de secteur, de chefs de rayons et de secrétaires pour les outils informatiques.

DIVERS

- 30 ans, marié, 1 enfant
- Sports et loisirs : Yoga,.piano, ski, footing

OBJECTIF

CONTROLEUR DE GESTION DANS UNE SOCIÉTÉ DONT LE SECTEUR D'ACTIVITÉ EST BEAUCOUP PLUS DYNAMIQUE QUE CELUI DE LA DOCUMENTATION TECHNIQUE, ET DE PRÉFÉRENCE UNE PME.

Dominique DUPONT
5 rue du Commerce
59600 MAUBEUGE
Tel : 35.68.02.59

TRADUCTRICE TRILINGUE

NÉERLANDAIS ANGLAIS FRANCAIS

Pratique Word Perfect, Lotus 1, 2, 3

OBJECTIF

METTRE A PROFIT MES CONNAISSANCES LINGUISTIQUES POUR ÉVOLUER DANS UN ENVIRONNEMENT INTERNATIONAL

EXPÉRIENCES

Juillet à Novembre 1994
UNIVERSITÉ AMÉRICAINE
5 mois de stage dans une Université aux Etats Unis (TUCSON University)
Inscription aux cours universitaires (philosophie, mythologie, film et littérature)
ASSISTANTE DU Dr MITCHELL Chef du département économique et l'université

Mars à Juillet 1992
Concessionnaire RENAULT (Pays-Bas)
5 mois de travail temporaire comme employé administrative (saisie informatique)

FORMATION

ÉTUDES
Traductrice diplômée d'Etat (Ecole de traduction aux Pays-Bas **(1994)**
Spécialisation en économie
Woorbereidend Wetenschappelijk Onderwijs **1991** (correspondant au Baccalauréat)
Langues, économie

LANGUES
Néerlandais : langue maternelle
Anglais : courant
Français : courant
Allemand : notions

CONNAISSANCES INFORMATIQUES
WORDS PERFECT, LOTUS 1, 2, 3

DIVERS

21 ans, célibataire
Sports et loisirs : Tennis, littérature, cinéma, voyages (Afrique du Sud, Ladakh)

3 ANS DE GESTION DU PERSONNEL ET DE SECRÉTARIAT GÉNÉRAL
Instauration d'une grille de salaires qui a permis de réduire d'environ un tiers les conflits sociaux dans une entreprise et de 35% les démissions dans une autre.

Dominique DUPONT
53 rue de Chanzy
92600 ASNIÈRES
Tel : 36.68.02.92

EXPERIENCES

Depuis 1994
SOCIETE ELYSEES CONCORDE (Paris)
Prestation de services
RESPONSABLE DE LA DIRECTION ADMINISTRATIVE
de cette société au CA de 18 MF et de 69 personnes

La formation continue et l'instauration d'une grille de salaires ont permis de diminuer de 35% la mobilité des salariés.

1988-1994
SOCIÉTÉ TERROT (Bois-Colombes)
Constructions électriques
RESPONSABLE DU SECRÉTARIAT GÉNÉRAL
de cette société au CA de 215 MF et de 650 personnes

Gestion prévisionnelle du personnel, recrutement, élaboration des plans de carrière.
Conseil auprès des unités décentralisées.
Politique des salaires qui a permis de diminuer d'environ un tiers les conflits du travail.
Rapport avec les syndicats et les représentants du personnel, formation continue, médecine du travail.
Planification, préparation, organisation et rédaction (comptes-rendus, procès-verbaux) des Conseils et Assemblées.
Relations extérieures avec les ministères, les syndicats professionnels, les actionnaires, la C.O.B.
Suivi des divers contrats, notamment les assurances (la négociation avec une nouvelle compagnie a entraîné une réduction des primes de 22%)
Edification du nouveau siège social (le délai de 2 ans et le budget initial de 49 MF ont été respectés).

1981-1988
SOCIÉTÉ GÉNÉRALE DES BOISSONS (Corbeil-Essonne)
Vins et spiritueux
RESPONSABLE DU SECRÉTARIAT GÉNÉRAL
de cette société au CA de 90 MF et de 420 personnes.

Dans les grandes lignes, activités similaires au poste précédent en soulignant toutefois :
Participation à la création d'un service informatique (choix de matériel, recrutement, programmation, mise en route).
Mise en place d'une petite équipe administrative au service approvisionnement livraisons pour le France et l'étranger qui a réalisé une économie de 27% sur ce poste.

1969-1981
PREMIERS EMPLOIS
Dans les services administratifs de 3 sociétés...

FORMATION

ETUDES
Licencié en Droit

DIVERS

50 ans, marié, 1 enfant,
Sports et loisir : Arts martiaux, trekking (Islande, Népal, Sahara

FORMATEUR

Dominique DUPONT
3 rue Luzel
29000 QUIMPER
Tél. : 36.68.02.29

EXPERIENCES

1995
I.F.A.C. Chambre de Commerce et d'Instrusrie de Brest
COODINATEUR - FORMATEUR VACATAIRE
d'un module de découverte de métiers pour jeunes adultes.

1994
ASSOCIATION LOCALE de Brest
FORMATEUR
Remplacement de congés maternité. J'ai animé des actions de formation auprès de jeunes (plan P.A.QU.E.) et d'adultes en difficulté d'insertion socio-professionnelle.

1993-1994
FORMATION DE FORMATEUR
En pédagogie informatique éducative. Cet apprentissage qui s'est déroulé pendant plusieurs mois, comprenait trois périodes interactives :
1. Apprentissages techniques de l'informatique dans le domaine d'applications pédagogiques.
2. Approfondissement du concept de médiation et découverte des méthodes pédagogiques suivantes :
- Atelier de raisonnement logique
- Programme d'enrichissement instrumental
- Gestion mentale
- Méthode Ramain
- Histoire de vie
- Méthode Gatteno
3. Applications pratiques : animations informatiques et "stages en responsabilité" dans différents organismes de formation.

1990-1993
RESPONSABLE COMMERCIALE
Dans une entreprise de salaisons, conserverie fine, mes fonctions étaient de prospecter, de négocier et d'assurer la distribution des produits sur les

nouveaux marchés, auprès de petits commerces et de grandes surfaces. Bilan : Portefeuille en 3 ans + 240%

1984-1990
Les expériences de la vente, de l'organisation et de la gestion m'avaient permis d'acquérir un fonds de commerce dans le domaine de la restauration. J'avais employé 2 personnes et pratiqué "l'écoute active" pour proposer un meilleur service auprès d'une clientèle de différents horizons, en développant un lieu de "rencontre sociale".

1981-1984
AUTODIDACTE et attiré par les relations humaines, je me suis installé comme commerçantnon-sédentaire. J'achetais et négociais directement auprès des fabricants afin de mieux revendre mes différents produits.

FORMATION

ETUDES
Autodidacte

FORMATION PERMANENTE
1981 Secouriste du travail et membre d'un C.H.S., stage audio-visuel.
1984 Organisation et gestion de l'entreprise
1990 Techniques de vente et de négociation - Marketing direct - Publicité - Marketing Action commerciale
1993 Dynamisation et communication par le théâtre - Expression orale
1994 Formation d'animateur de formation : informatique et pédagogie
1994 Formation de formateur pour le développement de la personnalité, agréée par "l'Institut Ortho" à Strasbourg
1995 Formation d'animateur de stage : expression et improvisation orale (Institut de Formation Professionnelle et Humaine de Brive)
1995 Stage de P.N.I. (Programmation Neuro-Linguistique).

DIVERS

32 ans, marié, 2 enfants,
Sports et loisirs : Taï Chi Chuan, bricolage, jardinage.

OBJECTIF

DÉVELOPPER MON "CHOIX DE VIE" DANS LA FONCTION DE FORMATEUR

AU SEIN D'UNE DIRECTION DES AFFAIRES SOCIALES

8 mois à temps partiel

VICE-PRÉSIDENTE

du bureau des élèves de l'ESLSCA

Dominique DUPONT

6 rue Lasalle
57000 METZ
∅ : 36.68.02.57

EXPÉRIENCES

1994-1995 **S.V.R. SA (Paris, 3400 salariés)**

Emploi à temps partiel à la Direction des Affaires Sociales (8 mois)

Elaboration d'un plaquette d'information destinée aux chefs d'établissements et à l'ensemble des salariés, relative au système de prévoyance en vigueur chez S.V.R.

Etude juridique et financière pour la mise en place d'un système de prévoyance commun à toutes les catégories de salariés (VRP, Métallurgie, Bâtiment)

1994 **Société PALODIS (Bagnolet)**
Stage de 2 mois au service du personnel

Responsable du suivi et de l'organisation des élections des membres du Comité d'Entreprise et des Délégués du Personnel.
Etude sur l'absentéisme.

1993 **Société COPY 2000 (Le Mans)**
Stage d'exécution de 2 mois
ÉTUDES

FORMATION

1991-1995 ESLSCA (Ecole Supérieure Libre des Sciences Commerciales Appliquées) à Paris.
Option gestion du personnel.
1991 DEUG Sciences économiques

LANGUES
Anglais : lu, écrit, parlé couramment. Séjour de 3 mois aux U.S.A.
Allemand : lu, écrit, parlé.

ACTIVITÉS ANNEXES

ACTIVITÉ SOCIALE PROFESSIONNELLE

1994-1995 Vice-Présidente du Bureau des Elèves de l'ESLSCA

- Membre du Comité Pédagogique de l'Ecole Détermination avec la Direction et de corps professoral des grandes orientations pédagogiques.

- Réalisateur d'un vidéo-club de présentation de l'ESLSCA diffusé dans toutes les classes préparatoires de France.

- Organisateur du Club de la Presse des Grandes Ecoles (Participation de Madame Simone Weil, Messieurs Vincent Bolloré et Jacques Calvet).

1993-1994 - Fondation d'une association pour la promotion de l'école en entreprise.

1991-1992 - Membre de la Junior Entreprise de l'ESLSCA, participation à plusieurs études de motivations.

- Monitrice de Centre Informatique de l'école.

DIVERS

25 ans, célibataire.
Sports et loisirs : Animatrice de plusieurs centres de loisirs et de vacances (titulaire du BAFA).

Dominique DUPONT
18 rue Henri Regnault
59100 ROUBAIX
Tel : 36.68.02.59

RESPONSABLE LOGISTIQUE
Spécialiste en Organisation

EXPERIENCES

Depuis 1994
JET SERVICE (Fret Express)
RESPONSABLE D'AGENCE

Ouverture d'une agence ayant comme fonction centre de transit et centre de profit.
Mise en place des moyens et des structures nécessaires et suffisants pour atteindre dans des conditions optimales et compte tenu de certaines contraintes des objectifs déterminés.
Recrutement, encadrement, formation et gestion d'une vingtaine de personnes.
Organisation de la logistique.
Contrôle du tracing (suivi des colis) et gestion du SAV.
Réalisation des objectifs fixés et analyse des écarts.
Prise en charge et développement d'une clientèle existante.

1991-1994
CONCEPT URBAIN (Mobilier Urbain et Signalisation)
RESPONSABLE D'ENTREPRISE

Recherche de capitaux et détermination des montages financiers.
Elaboration du statut et recherche d'emplacement.
Analyse de la concurrence, du marché et détection des besoins.
Définition des sources d'approvisionnement et négociation des conditions de livraison et délais de paiement.
Création et développement d'une clientèle par des actions de marketing direct, téléphonique et par prospection.
Conception de gammes de produits et création des prix de vente.

1989-1991
GEL 2000 (Surgelés)
RESPONSABLE DE POINT DE VENTE
Gestion complète et autonome d'une surface de 500m2.
Développement du CA en assurant la promotion des produits et du magasin.
Inventaires annuels.
Gestion et encadrement de 8 personnes.
Gestion du compte de résultat.

1985-1989
MULTIGRAPHIE (Bureautique)
CHEF D'ENTREPOT

Fonction de chef d'exploitation et responsable logistique.
Gestion des approvisionnements et des stocks en déterminant les réserves de sécurité, les quantités économiques d'approvisionnement, les taux de rotation.
Planification à court terme en arbitrant entre les délais commerciaux de production et les coûts;
Règlement des litiges et suivi de la facturation.
Encadrement d'une quinzaine de personnes.
Evolution des taux de service en concevant des améliorations dans tous les domaines.

FORMATION

ETUDES
1981 : BAC G2
1983 BTS Action Commerciale

FORMATION PERMANENTE
1992 : Gestion des produits informatisée, GRETA Dunkerque, Analyse de la valeur - gestion financière - Méthode ordonnancement - G.P.A.O. - Méthode Kanbam - Communication
1984 : Programmeur de gestion, CEGOS
1985 : Gestion des entreprises CCI Lille

LANGUES
Anglais : aisance orale

CONNAISSANCES INFORMATIQUES
Cobol, Mulptiplan, Escalibur, Tesc, Télétex Sagem

DIVERS

34 ans, marié, 1 enfant
Sports et loisirs : Ski nautique, tennis, choriste.

OBJECTIF

Promouvoir des produits et des services
Organisation de la logistique
Réduction des stockages
Participation à la mise en place d'une G.PAO

NOMBREUX STAGES D'ENTREPRISE EFFECTUÉS EN FRANCE ET À L'ÉTRANGER

Dominique DUPONT
6 Quais Albert de Pichon
33250 PAUILLAC
Tel : 36.68.02.33

FORMATION

ETUDES

1995 : DEA de sciences de gestion (3ème cycle) à l'IAE de Bordeaux I
1994 : DESCAF de l'Ecole Supérieure de Commerce et d'Administration des Entreprises de Bordeaux (SUP DE CO BORDEAUX)
1991 : B.T.S. de Gestion Comptabilité

LANGUES

Anglais : lu, écrit, parlé
Espagnol : lu, écrit

CONNAISSANCES INFORMATIQUES

Utilisation quotidienne d'un micro-ordinateur Hewlett Packard pendant 4 ans (traitement de texte et tableur lotus, symphony). Nombreux travaux effectués sur IBM PC.

STAGES

1995 : Rédaction d'un mémoire sur la gestion et l'endettement des grandes entreprises françaises et étrangères.
1994 : Stage de 3 mois à la centrale d'Etudes Financières à Pau, études de défiscalisation, placements financiers dans l'immobilier. Rédaction d'un mémoire.
1993 : Stage chez Bull Indonésie : analyses des grands projets informatiques du gouvernement indonésien, démarchage des entreprises.
1992 : Stage de vente d'un mois au service marketing de l'hôtel Intercontinental de Jakarta dans le but de promouvoir l'hôtel auprès des grandes entreprises et institutions indonésiennes.
1990 : Stage ouvrier de 3 semaines à Auchan à Bordeaux
1989 : Stage d'un mois au Centre de Documentation Universitaire Scientifique et Tehnique (CEDUST) de Jakarta en Indonésie : élaboration et distribution d'un questionnaire destiné aux anciens boursiers indonésiens.
1987-1988 : 2 Stages d'un mois de comptabilité à la banque nationale de Paris à Bordeaux.

DIVERS

23 ans, célibataire.
Sports et loisirs : Golf, ski nautique, tournois de scrabble.
Voyages : Maroc, Vietnam, Cores du Sud, Indonésie, Singapour, Formose, Malaisie, Thailande, Hong Kong, Espagne, Italie, Haïti, République Dominicaine, Comores.

Dominique DUPONT

115, rue Gabrielle d'Estrées
91830 LE COUDRAY MONICEAUX
Tél. : 36.68.02.91

RESPONSABLE D'UN CENTRE DE PROFIT

OBJECTIF

Obtenir un poste à responsabilités au sein d'un service marketing, commercial ou du personnel.

EXPERIENCES

1991-1994
BIS Société Nationale de Travail Temporaire
RESPONSABLE COMMERCIALE, ADMINISTRATIVE ET FINANCIÈRE à l'agence d'Evry
J'étais chargée de :
Contribuer au développement rentable de l'agence,
Créer un réseau commercial de qualité,
Recruter, déléguer, motiver et gérer le personnel,
Revaloriser l'image de l'Intérim.
A ce poste j'ai :
Réussi à doubler le CA dès la première année et à diminuer très rapidement les frais financiers et de structures,
Entrepris une prospection commerciale ciblée parmi les entreprises locales de qualité et établi de ce fait, un important réseau relationnel,
Acquis un savoir-faire tant en matière de négociation commerciale tripartite qu'en gestion de personnel.
BILAN : Une image positive de l'agence d'Evry tant par le respect de la législation du travail que par le recours à la formation professionnelle. Un CA qui passe de 2,5MF à 5,6MF en l'espace d'un an. L'agence dégage un résultat net positif et reflète une image d'efficacité et de qualité.

1988-1991
HERTZ (ANTILLES)
RESPONSABLE DES AGENCE GUADELOUPE ET MARTINIQUE
J'avais pour tâche :
D'animer les bureaux de vente de chaque ville
De diriger le personnel en place
De commercialiser HERTZ dans les entreprises locales
De tenir une comptabilité de base
De gérer le parc véhicules
BILAN : Le parc véhicules a triplé en l'espace de 2 ans (le tiers en location longue durée).

1985-1988
HERTZ
ASSISTANTE D'AGENCE
J'ai pu acquérir du fait de la polyvalence des tâches confiées (accueil des clients, gestion du parc véhicules, des contrats de location, etc...) une plus grande rapidité d'exécution.
BILAN : Très enrichissant grâce à cette polyvalence.

FORMATION

ETUDES
Diplôme de fin d'études de 3ème cycle supérieur de l'ESCAE de Reims en 1992

LANGUES
Anglais : Courant (TOEFL 620)
Allemand : Lu, écrit, parlé

ACTIVITÉS ANNEXES

PUBLICATIONS
Dans le cadre de ma formation de 3ème cycle supérieur de l'ESCAE, rédaction d'un mémoire sur l'implantation d'un laboratoire de culture in-vitro au Burkina-Fasso et de ses éventuels débouchés commerciaux en Europe (avec enquête sur le terrain, en totale autonomie pendant 5 mois).

DIVERS

34 ans, divorcée, 1 enfant.
Sports et Loisirs : Squash, nombreux voyages lointains : Patagonie, Marquises.

Dominique DUPONT
9 rue Stenphal
30100 ALES
Tel : 36.68.02.30

SECRÉTARIAT ACCUEIL

De réelles compétences relationnelles à mettre à profit dans votre structure

EXPERIENCES

▼

1993-1994
ASSOCIATION "EN AVANT" À NIMES
SECRÉTAIRE

Responsable du secrétariat de différentes actions dans l'association.

J'occupe un poste où les aspects relationnels sont importants : auprès de notre public et de nos partenaires, tant à l'accueil qu'au standard.

J'assure également la :
- Saisie et mise en page de courrier, de compte-rendu, de bilan,
- Création de base de données,
- Réalisation de mailing,
- Gestion administrative des différents modules : Stages d'insertion professionnelle - Atelier de recherche d'emploi pour les bénéficiaires du RMI - Convention de conversion pour les licenciements économiques - Création d'entreprise.

1988-1989
Ecole Saint-Michel (Saint-Gilles)
AGENT MATERNELLE

Je m'occupais des enfants de maternelle à la garderie du matin et du soir, à la cantine. Je secondais l'institutrice dans les activités manuelles.

1987-1988
Cabinet médical (Nimes)
FEMME DE MÉNAGE

En plus de l'entretien du Cabinet, j'effectuais le classement des dossiers des patients et je prenais les rendez-vous par téléphone.

1986-1987
Chez des particuliers
EMPLOYÉE DE MAISON

J'accomplissais les diverses tâches de l'entretien d'un domicile. J'avais la responsabilité de la garde des trois enfants (devoirs, activités).

1982-1985
Diverses entreprise de nettoyage (Nimes)
AGENT DE SURFACE

J'ai occupé différentes missions intérimaires.

FORMATION

▼

ETUDES
Baccalauréat G2

FORMATION PERMANENTE
Formation bureautique GRETA (1995)
Action Insertion Formation CFA (1994). Ce stage

m'a permis de consolider mon projet professionnel.

CONNAISSANCES INFORMATIQUES
Logiciels utilisés : Word 2 pour Windows 3.1 et Excel. Cette formation a parfait mes connaissances en informatique.

ACTIVITÉS ANNEXES

▼

ACTIVITÉ SOCIALE PROFESSIONNELLE

• Participation au Comité de rédaction et à la mise en page (PAO) du journal de mon quartier.

• Aide au Centre Social d'animation sur le quartier.

• Formation "Vie Associative", organisée par les Centres Sociaux, la Caisse d'allocations familiales et la mairie de Nimes (1995).

• Bénévole au Secours Catholique.

• Secrétaire à l'Association des Parents d'élèves.

DIVERS

▼

29 ans, mariée, 2 enfants.
Sports et loisirs : Natation et cuisine antillaise.
Permis B, véhicule personnel.

Dominique DUPONT

24 rue Rossini 06000 NICE Tel : 36.68.02.06

CONNAISSANCES IMPORT/EXPORT ÉTENDUES
Très bonne expérience des transports internationaux
Habituée aux contacts de haut niveau
Trilingue Anglais - Allemand - Français

EXPERIENCES

Depuis 1993
LE MOBILIER CONTEMPORAIN
Décoration d'Intérieur
RESPONSABLE DU SERVICE ADMINISTRATION DES VENTES EXPORT

J'ai pour mission principales :
- Le développement et la gestion du fichier client,
- La gestion des commandes clients, comprenant les négociations, le calcul des prix en fonction des incoterms, le choix des modes de règlement suivant les risques pays et clients, la couverture des risques, le choix des transitaires et le contrôle des expéditions, le déclenchement des procédures d'inspection, la facturation et le recouvrement.
- L'organisation de salons à l'étranger (Espagne, Italie, Japon)

BILAN : Les litiges transporteurs et clients ont diminué de 47%

1991/1992
MONDIAL CUIR
Décoration d'Intérieur
ASSISTANTE DU DIRECTEUR DES ACHATS

J'avais pour mission de :
- Négocier les achats avec les fournisseurs étrangers,
- Gérer les importations : choix des transitaires et des modes de transport, contrôle des délais de livraison,
- Suivre les remises et crédits documentaires,
- Réaliser les tableaux de bord sur informatique,
- Participer aux salons professionnels,
- Aider le service Marketing dans la conception de catalogues, de dépliants...

BILAN : Les frais d'importations en provenance d'Europe, des Etats Unis et d'Extrême Orient ont chuté en moyenne de 18%, grâce à un meilleur choix des modes de transport et à la maîtrise des délais.

1989/1990
POMPES GUINARD
Equipement Industriel
GESTIONNAIRE DE CONTRATS EXPORT
- Suivi des contrats sous un angle financier et juridique,
- Contacts avec les clients étrangers et les organismes bancaires pour les remises et crédits documentaires, les cautions et garanties et les crédits acheteurs,
- Règlement et trésorerie.

BILAN : En devises : établi et maintenu à jour le tableau des en-cours.

FORMATION

ETUDES
BTS Commerce International
(1988)
Financement, Transport, Douane, Assurances, Contrat, Marketing

LANGUES
Anglais : courant
Allemand : courant
Connaissances fréquemment utilisées dans le cadre de mon activité professionnelle par de nombreux contacts avec les fournisseurs et clients étrangers.

CONNAISSANCES INFORMATIQUES
Lotus, Symphony, Multiplan, PC

DIVERS

25 ans, mariée, 2 enfants,
Sports et loisirs : Alpinisme, vulcanologie.

OBJECTIF

POSTE A RESPONSABILITÉ DANS LE SERVICE EXPORT OU IMPORT D'UNE SOCIÉTÉ DYNAMIQUE PRÉSENTE SUR LES MARCHÉS ÉTRANGERS.

6 ANS AU CANADA

Dominique DUPONT
8 rue Dupaty 17000 LA ROCHELLE
☎ : 36.68.02.17

■ Relations avec les consommateurs...
■ Anglais - Espagnol - Allemand

EXPERIENCES

1994-1995
CANADIAN LADY CANADELLE INC
Première entreprise canadienne de soutiens-gorge (40% du marché)
ASSISTANTE DU DIRECTEUR DU MARKETING
RESPONSABLE DES RELATIONS AVEC LES CONSOMMATEURS

- Gestion seule du service des relations avec les consommateurs,
- Contacts directs par téléphone et par correspondance avec les clients qui se documentaient sur nos produits ou s'en plaignaient
- Examen des retours de marchandises et remplacement le cas échéant
- Rapport au service du contrôle de la qualité, sur les défauts les plus fréquents et au service du marketing sur les suggestions les plus courantes.

TRADUCTRICE

- L'ensemble des documents du service marketing
- Textes publicitaires à destination des magasins (affiches), journaux (communiqués de presse), représentants (portfolios), catalogues (description des modèles), promotions (toute la documentation sur la prothèse mammaire), divers documents administratifs, concours et lancements de nouveaux styles, correspondance, etc.
- Guide pour les visites publiques de l'usine en fournissant des renseignements techniques.

RÉDACTRICE

- Comptes-rendus des réunions hebdomadaires de la direction du service marketing.

COORDINATRICE DES PROMOTIONS

- Superviser les personnes facturant les envois en nombre

- Renseigner les gagnants de concours
- Informer les femmes victimes de mammectomie et les institutions médicales d'une nouvelle prothèse mammaire avec la délicatesse requise.
- Chargée des feuilles de temps et des fiches de paye des 20 employés du service

1992-1994
INTERNATIONAL SURVEYS LTD
Organisme de sondages d'opinions et d'études de marché
TRADUCTRICE
- Questionnaire d'études de marché
- Notices d'information aux interviewers
- Comptes-rendus d'études de groupes
- Textes administratifs, documents légaux, correspondance, etc.

FORMATION

ETUDES
Université Mc Gill à Montréal (1992)

LANGUES
Anglais-français : parfaitement bilingue
Espagnol et Allemand : courant.

DIVERS

28 ans, Française, célibataire
Sports et loisirs : Aérobic, tir à l'arc, randonnées en forêt.

OBJECTIF

MON EXPÉRIENCE DANS LE CONSUMERISME M'INCITE A POURSUIVRE DANS CETTE VOIE...

CHEF DE SERVICE ADMINISTRATIF
14 ANS D'EXPÉRIENCE DANS L'ASSURANCE

Dominique DUPONT **27 rue Galin 33000 BORDEAUX Tél. : 36.68.02.33**

EXPERIENCES

Depuis 1993
COMPAGNIE D'ASSURANCE
SECTEUR PRIVÉ

• RESPONSABLE DU SERVICE ADMINISTRATIF SINISTRES
• CHARGÉE DES RELATIONS AVEC LE SERVICE INFORMATIQUE
• RESPONSABLE MICRO-INFORMATIQUE

A ce poste j'ai :

• Simplifié les procédures administratives et adapté les tâches à l'outil informatique
• Réorganisé la section archives et réduit les délais d'obtention des dossiers,
• Introduit l'utilisation du traitement de textes,
• Développé des applications micro-informatiques pour les services sinistres ; procédé à la formation des utilisateurs,
• Participé à l'élaboration d'un système de gestion informatisée des sinistres sur un site central.

1982/1993
AGF
INSPECTEUR DES SINISTRES
après une formation de 2 ans

• Gestion des sinistres corporels et matériels,
• Suivi des procédures judiciaires,
• Règlements transactionnels,
• Enquêtes diverses,
• Formation des Agents à la gestion des sinistres et support technique,
• Recrutement des auxiliaires (avocats, médecins, experts)

1981/1982
GAN
RÉDACTEUR AU SERVICE SINISTRES CORPORELS

Débuts professionnels dans l'assurance qui m'ont permis de me former à la gestion des sinistres. J'ai quitté cette société pour entrer comme inspecteur stagiaire aux AGF.

1978/1981
Pendant mes études, emplois à temps partiel chez un avocat :

• Secrétariat
• Comptabilité du Cabinet
• Initiation au suivi des affaires judiciaires
• Démarches diverses au Palais de Justice

FORMATION

ETUDES

• **1981** : Maîtrise en Droit des Affaires, Faculté de Droit Paris I
• **1982** : 1ère année de Doctorat

FORMATION PERMANENTE

• 1989 : Stage d'initiation à la micro-informatique organisé par l'Association Française des Informaticiens
• 1992: Stage de formation au logiciel Lotus

CONNAISSANCES INFORMATIQUES

En micro-informatique, connaissance des environnements IBM, APPLE et pratique des logiciels suivants :

• Oracle, Dbase (base de données)
• Lotus, Excel (tableurs)
• Word, Visio (traitement de textes)

Programmation en Basic

LANGUES

• Bonne connaissance de l'Anglais
• Notions d'Allemand

DIVERS

36 ans, marié, 3 enfants,

Sports et loisirs : Randonnée pédestre, micro-informatique, musique, photo.

OBJECTIF OCCUPER UN POSTE DE RESPONSABILITÉ DANS UN SECTEUR JURIDIQUE OU ADMINISTRATIF

TRILINGUE

Français/Allemand/Anglais
2 ans d'école primaire en RFA
5 mois de stage chez Siemens en RFA
Fréquents séjours en Grande-Bretagne

Dominique DUPONT
83 rue Leblanc
75015 PARIS
Tel : 36.68.02.75

EXPERIENCES

1993-1995
Administration du Cercle d'Etudes Européennes à l'I.D.A. (Dépendant du Mouvement Européen)

Participation à l'organisation de congrès
Organisation de débats
Collaboration à des séminaires d'études en Allemagne
Recherche de "sponsors" pour pouvoir éditer notre plaquette
Contribution active à la Convention du Mouvement Européen qui se tenait à Versailles avec la présence de nombreuses personnalités (Jacques Delors, Helmut Kohl, le Président des Cortes Espagnols) avec la responsabilité notamment de l'encadrement des hôtesses, le compte-rendu de l'une des 2 conférences.

Juillet 1993
THOMSON - CSF à Paris
SECRÉTARIAT À LA DIRECTION
Stage dans le département "Opérations internationales".

Mai à Septembre 1994
SIEMENS à Furth en Allemagne
RESPONSABLE DES LIVRAISONS vers l'Autriche et l'Italie de l'un de leur dépôts où j'ai réussi à démêler quelques problèmes épineux notamment avec un client suisse francophone, zone qui n'était pas de mon ressort...

FORMATION

ETUDES
Baccalauréat D (1990)
Cours Pigier sténo-dactylo (1991)
BTS Commerce International (1994)
I.D.A. Ecole de Commerce (1995)

DIVERS

22 ans, célibataire
Sports et loisirs : Basket-ball, gymnastique, football.
Fondatrice à 10 ans d'un club de protection animale.

AMÉNAGEUR

GÉOGRAPHE

Dominique DUPONT
18 rue Jean Saulnier
93200 SAINT-DENIS
☎ 36.68.02.93

5 ANS D'EXPÉRIENCE
CHARGÉ D'ÉTUDES ET D'OPÉRATION

EXPERIENCES

1990-1995
HABITAT 95
Dans le cadre de cette association j'ai assuré des fonctions variés :
De 1990 à 1993 : en tant que **CHARGÉ D'ÉTUDES ET D'OPÉRATION**
J'ai mis en place et animé plusieurs OPAH en secteur urbain et en secteur rural
Négociation de marchés avec des collectivités locales
Recensement immobilier, information, projets de réhabilitation, mise en valeur de l'espace.
De 1992 à 1993 : J'ai réalisé un bilan-diagnostic sur le parc de logements insalubres dans le département
Recensement exhaustif auprès du cadastre
Etude financée par le Conseil Général
A partir de 1993 : La responsabilité du service de relogement m'a été confié
BILAN : Familiarisation avec : négociation immobilière, recherche foncière, montages financiers et techniques, relations avec les différents partenaires.
La réussite de ces missions a favorisé la structuration de mon service et la reconnaissance de notre savoir-faire.

1988-1989
DDE DE SEINE SAINT DENIS
Stage portant sur une étude de patrimoine HLM
Enquête effectuée dans un site Développement Social des Quartiers pour l'INSEE
DDE DES HAUTS DE SEINE
Stage portant sur les problèmes de vacance au sein du parc HLM
BILAN : Familiarisation avec le travail de terrain et les acteurs de l'aménagement

FORMATION

ETUDES
Maîtrise de Géographie (1988)
DESS : Urbanisme - Aménagement - Environnement (1990)

CONNAISSANCES INFORMATIQUES
SMART II, MULTIPLAN, WORD 5

DIVERS

28 ans, divorcé, 2 enfants

OBJECTIF

OCCUPER UN POSTE DE RESPONSABILITÉ DANS LE DOMAINE DE L'AMÉNAGEMENT

DOMINIQUE
DUPONT
18 QUAI COLIGNY
50100 CHERBOURG
TEL : 36.68.02.50

D.U.T. GÉNIE MÉCANIQUE
PILOTE D'UNE LIGNE DE FABRICATION AUTOMATISÉEE

EXPERIENCES

DEPUIS 1991 **EQUIPELEC (710 SALARIÉS), EQUIPEMENTS ÉLECTRIQUES MOTEUR PILOTE D'UNE LIGNE AUTOMATIQUE DE FABRICATION (INVESTISSEMENT INITIAL DE 30MF)**

▲ RÉCEPTION CHEZ LES FABRICANTS DES DIFFÉRENTS ÉLÉMENTS DE LA LIGNE
▲ PARTICIPATION À LA MISE AU POINT ET AU LANCEMENT EN PRODUCTION
▲ GESTION TECHNIQUE DE LA LIGNE
- APPLICATION DES PRINCIPES DE LA QUALITÉ TOTALE
- FIABILISATION DES MOYENS DE PRODUCTION : AMÉLIORATION DES PERFORMANCES DE L'OUTILLAGE APRÈS ANALYSE DES INCIDENTS ET MODIFICATIONS, MISE EN ŒUVRE DE LA MAINTENANCE, GESTION DES OUTILLAGES ET DES PIÈCES DÉTACHÉES, CONSULTATIONS ET COMMANDES AUPRÈS DE SOCIÉTÉS EXTÉRIEURES
▲ OPTIMISATION DE LA PRODUCTIVITÉ
- ORGANISATION DU TRAVAIL
- INTERVENTION PERSONNELLE DANS LES INTERVENTIONS CORRECTIVES
▲ FORMATION ET ENTRAÎNEMENT DES CONDUCTEURS ET DES OPÉRATEURS
▲ INTERLOCUTEUR AUPRÈS DES SERVICES SATELLITES À LA FABRICATION
BILAN : EN 2 ANS NOUS AVONS DÉPASSÉ DE 25% L'OBJECTIF DE PRODUCTION INITIAL.
3.500.000 SOUS-ENSEMBLES ONT ÉTÉ FABRIQUÉS SANS AUCUN RETOUR DE LA CLIENTÈLE

FORMATION

ETUDES
▲ D.U.T."GÉNIE MÉCANIQUE." À CAEN (1991)
▲ BAC E
▲ CERTIFICAT ."A." D'ENSEIGNEMENT D'ÉTUDE THÉORIQUE M.T.M. 1

FORMATION PERMANENTE
▲ STAGE : ANIMATEUR DE GROUPE QUALITÉ, ETUDE DU TRAVAIL, MAINTENANCE SUR AUTOMATE PROGRAMMABLE, CONTRÔLE STATISTIQUE, ECONOMIE D'ENTREPRISE. (TOTAL 270H)

LANGUES
▲ ANGLAIS : BONNES NOTIONS.

DIVERS

24 ANS, MARIÉ, 1 ENFANT
SPORTS ET LOISIRS : PLANCHE À VOILE, NATATION, TENNIS, MEMBRE D'UN CLUB PHOTO

Dominique DUPONT

29, Bd Edgar-Quinet
75014 PARIS
Tél. : 56.68.02.75

CHEF DE SECTEUR VENTES

Au sein de la 1re Cie Aérienne privée française Longs Courriers
Encadrement d'une équipe de 4 personnes
Formation de 7 attachés commerciaux

OBJECTIF

OCCUPER UN POSTE À RESPONSABILITÉ AU SEIN DU SERVICE COMMERCIAL PROMOTION DES VENTES D'UNE COMPAGNIE AÉRIENNE OU D'UN PRESTATAIRE DE SERVICES

EXPERIENCES

Depuis 1991
AOM
CHEF DE SECTEUR VENTES au sein de la délégation Régionale Paris-Ile-de-France.
Je suis chargée de former de nouveaux attachés commerciaux, d'évaluer leur activité et de coordonner leurs actions sur le terrain en fonction des priorités commerciales.
Je participe en concertation avec mon équipe de commerciaux à l'élaboration du Plan d'Action Commercial ainsi qu'à la définition des objectifs.
Je suis chargée de gérer un secteur propre composé de 200 agences de voyages et d'un fichier de 1500 clients pour un CA de 40MF réparti sur 12 départements.
BILAN : Nous enregistrons une hausse de 10% du CA chaque année. J'ai participé au lancement de plusieurs lignes : Cayenne, Tokyo, Papeete.

Janvier à Mai 1991
ATTACHÉE COMMERCIALE détachée à la Délégation Régionale de Nice
Cette mission de 3 mois consistait à gérer la Délégation Régionale des Ventes et à assurer le suivi commercial des clients sur les régions de Paca et l'Italie.
J'ai mis au point avec mon équipe une méthode de création et de suivi des fichiers agences de voyages.
J'ai contribué à l'élaboration du Plan d'Action Commercial pour **1991** ainsi qu'à la définition des objectifs en CA.
J'ai assuré l'intérim avec le nouveau Délégué Régional.

1988/1991
ATTACHÉE COMMERCIALE au sein de la Délégation Régionale des Ventes des Antilles.
Je gérais un secteur composé de 17 agences de voyages et de 87 clients et sociétés.
je visitais à 75% les sociétés dont 1/3 de prospection. Mon rôle consistait à vendre des contrats d'abonnement afin d'attirer et de fidéliser les clients. Je gérais un portefeuille de 20 sociétés abonnées.
Je faisais également la promotion auprès des agences de voyages.
BILAN : Lauréat du Meilleur Attaché Commercial (1990)

FORMATION

ETUDES
- Diplôme ISG (Institut Supérieur de gestion) en **1988,**
- Diplôme I.S.P.P. en **1987**

LANGUES
Anglais : Ecrit, lu, parlé. Certificat Européen des Affaires
Allemand : écrit, lu.
Espagnol : notions.

CONNAISSANCES INFORMATIQUES
Alpha 3, Digital Equipement, VAX

ACTIVITES ANNEXES

PUBLICATIONS
Elaboration d'un Guide pour faciliter l'intégration des nouveaux commerciaux au sein de la Délégation Régionale des Ventes Paris Ile-de-France.

PEDAGOGIE
Formation de nouveaux attachés commerciaux aux techniques de ventes et négociation, aux méthodes de gestion des fichiers sociétés et agences de voyages et aux techniques de prospection téléphonique.

DIVERS

28 ans, mariée, 1 enfant,
Sports et Loisirs : tennis Classement 15/4, compétition régionale par équipe.

Dominique DUPONT

28 rue Matabiau
31000 TOULOUSE
Tel : 36.68.02.61

ASSISTANTE DE GESTION

Participation à la création d'un magasin de grande distribution de bricolage

EXPERIENCES

Depuis Novembre 1991
BRICOMARCHÉ
RESPONSABLE ADMINISTRATIF

• Mise en place du service comptable et informatique (4 personnes)
• gestion administrative (commandes, facturations, recouvrements, traitements des litiges clients et fournisseurs)
• Mise en place de tableaux de bord sur PC et Macintosh
• Contacts et négociations avec les prestataires de services (maintenance téléphonique, sprinkler, location de véhicules ...)
• Etablissement des comptes d'exploitation (suivi des frais généraux)
• participation à l'élaboration des budgets et à l'analyse des résultats
• Interlocutrice privilégiée des chefs de secteurs commerciaux pour la formation aux procédures de l'entreprise.

FORMATION

ETUDES
• Diplôme d'Assistante de Gestion PME-PMI (1990),
• Cycle Supérieur de Gestion de l'Ecole Commerciale de la CCI (Toulouse)
• baccalauréat de Sciences Economiques et Sociales - série B - (1988)

LANGUES
• Anglais : lu, écrit, parlé
• Allemand : Bonnes notions scolaires (plusieurs séjours en Allemagne)
• Portugais : notions

DIVERS

• 25 ans, mariée, 2 enfants,
• Animatrice de centres de vacances et responsable de l'approvisionnement
Sports et loisirs : ski, natation, flûte traversière (diplômée de fin d'étude - Conservatoire Municipal)

OBJECTIF

RESPONSABLE DE GESTION, JE SOUHAITE ASSISTER LE DIRIGEANT D'UNE PME OU LE DIRECTEUR D'UN SERVICE.

Dominique
DUPONT
8 avenue Joffre
94160 SAINT MANDÉ
Tel : 36.68.02.94

DOCTEUR EN BIOCHIMIE

4 années de recherche dans une unité INSERM

EXPÉRIENCES

Depuis 1991
Je mène un travail de recherche à **l'Unité INSERM 99**

Le sujet dont j'ai la responsabilité est l'étude, au niveau moléculaire, des régulations d'une enzyme impliquée dans l'élimination d'agents toxiques dans le foie et le rein. Cette enzyme, la gamma-glutamyltranspeptidase (GGT) présente un intérêt clinique car son augmentation d'activité dans le sang est un marqueur de certains troubles du foie, tel les cholestases.

Au cours de ces 4 années, j'ai :
Pu me former à la conduite d'un sujet de recherche et devenir autonome dans le choix des méthodes pour le mener à bien.

Appris à maîtriser la plupart des techniques de biologie moléculaire : Southern et Northern blots, séquences, clonage d'ADNc et de gène, sous-clonage de régions promotrices et transfection dans des lignées cellulaires...
J'ai aussi été formé à la technique du "Foot-printing" in-vivo au cours d'un atelier INSERM.

Présenté mes résultats à l'occasion de congrès internationaux.

Les résultats que j'ai obtenus ont fait l'objet de publications et de communications. Ainsi :

Clonage et numération du gène de la GGT chez le rat.

Caractérisation de 2 ARNm codant pour la GGT et mise en évidence d'une régulation de leur expression au cours du développement dans le rein et le foie. L'étude d'hépatomes, au cours de cancérisation expérimentale chez le rat, a montré qu'une troisième forme d'ARNm est sur exprimée.

De plus, j'ai pris l'initiative d'appliquer à l'analyse des régions promotrices du gène de la GGT la méthode d'amplification in-vitro (PCR).
Les résultats obtenus ont permis de caractériser le deuxième exemple connu de gène à trois promoteurs, puis de les publier alors que deux équipes étrangères étaient sur le point de nous supplanter.

J'ai également encadré deux médecins japonais venus apprendre les techniques de biologie moléculaire.

FORMATION

ETUDES

DEUG B (Paris VI) 1987
Licence de Biochimie (Paris VI) 1990
Maîtrise de Biochimie (Paris VI) 1991
Diplôme d'Etudes Approfondies (Paris XI) 1992
Obtention d'une bourse du Ministère de la Recherche et de la Technologie
Thèse de Doctorat (Paris XI) soutenance en juin 1995

LANGUES

Anglais : lu, parlé, écrit
Espagnol : lu, parlé

ACTIVITÉS ANNEXES

Membre de l'association BIOSEVE
qui s'occupe de promouvoir les contacts entre l'industrie et l'université.

DIVERS

27 ans, mariée, sans enfant
Sports et loisirs : Squash, bowling, curling, harpiste.

OBJECTIF

RECHERCHE ET DÉVELOPPEMENT

Dominique
DUPONT
16, rue d'Assas
75006 PARIS
☎ 36.68.02.75

DIRECTEUR INDUSTRIEL

EXPERIENCES

1990/1995
VAN GOLOWEN do Brasil L.T.D.A. fabrication et commerce de machines textiles pour le marché brésilien
DIRECTEUR INDUSTRIEL
Après analyse de la viabilité économique, identification des nécessités dans le processus d'importation et de nationalisation des composants.
Recherche et choix des fournisseurs nationaux.
Elaboration de manuels de méthodes pour le montage, la mise au point et la manutention des machines brésiliennes.
Formation technique du personnel brésilien
Mise ne place d'un contrôle de qualité, de stock, des achats, des coûts, de la composition des machines, via programmes (Basic/PC) avec impressions automatiques des demandes de prix et bons de commande.

1988/1990
VAN GOLOWEN S.A.
Fabrication et commerce international de machines textiles
PRISE EN CHARGE ET RELANCE DE CETTE P.M.E. à Liège
Contremaître et bureau des méthodes pour usinage CNC les 6 premiers mois
Prise en charge et relance d'une filiale :
- P.M.E. : sous-traitance ; mécanique de précision
- Engagement et supervision du personnel qualifié (30 personnes)
- Analyses et transactions pour achats de machines outils
- Développement et implantation de programmes (Basic/PC) pour systématisation et optimisation de la planification, contrôle des coûts, calcul des temps, élaboration des offres, fiches de production, bordereaux, bons de commande.

1985/1988
BNG à Bruxelles PME sous-traitance ; mécanique de précision
Encadrement du personnel (50 personnes) ; négociations syndicales
Méthodes, calcul des temps d'usinage, élaboration et suivi des offres et de la clientèle
Etudes de faisabilité, achats, planification des travaux
Supervision de l'usinage, conception des outillages, contrôle des coûts
Programmation des machines C.N.C., contrôle de qualité, gestion des stocks.

FORMATION

ETUDES
Ingénieur Industriel, Institut Gramme à Liège (1983)

FORMATION PERMANENTE
Formation de 9 mois en robotique, Institut Gramme (1989)
Formation de 9 mois en micro-informatique, CRIF à Bruxelles (1987)

LANGUES
Français : Courant
Portugais : Courant
Anglais : bonnes notions.

DIVERS

32 ans, célibataire,
Sports et loisirs : Pratique alpinisme, plongée sous-marine, jeu de go.

OBJECTIF

POSTE À RESPONSABILITÉ ET DE CONFIANCE DANS LE DOMAINE TECHNICO-ADMINISTRATIF AU SEIN D'UNE ENTREPRISE MULTINATIONALE, EN OUTRE-MER OU EN EUROPE.

A PLUS LONG TERME, PRENDRE EN CHARGE LA DIRECTION D'UNE FILIALE, D'UNE SOCIÉTÉ MULTINATIONALE.

COUPON REPONSE

M. ______________________________

Société ______________________________

adresse ______________________________

____

Tel. ______________________________

souhaite avoir un premier entretien en vue d'étudier ensemble l'intérêt de votre candidature

Dominique DUPONT
18 route de Fréjorgues
34970 LATTES
Tel : 35.65.08.34

Infirmière

Expériences

Depuis 1992
Française des cartons Papeterie
Infirmière d'entreprise
Soins aux blessés (1994 : 108 accidents du travail dont 3 arrêts longue maladie)
Planification des visites médicales (25 par semaine)
Pratique des examens complémentaires (environ 8 par mois)

1985 à 1992
Clinique de l'Hérault
Infirmière de Bloc Opératoire
Aide Opératoire d'un Chirurgien Vasculaire et Viscéral 3 jours par semaine
Aide Opératoire et Panseuse d autres Spécialistes (Urologues, Thoraciques, ORL, Orthopédistes, Endoscopistes)
Bilan : participation à 750 interventions chirurgicales. Un poste qui vous apprend le sens de la rigueur, du self control et de l esprit d équipe

Juillet 1985
Infirmière en Milieu Carcéral
Remplacement de vacances de l infirmière en place
Bilan : Expérience intéressante pour une jeune diplômée.

Formation

ETUDES
Infirmière Diplômée d Etat **(juin 1985)**
Baccalauréat F8 **(1982)**
Secrétariat médical
FORMATION PERMANENTE
CHU de Montpellier, Infirmière en Médecine du Travail **(1993)**
CONNAISSANCES INFORMATIQUES
Medikey, Mac Draw, Mac Write, Excel 3, Macintosh

Activités annexes

PÉDAGOGIE
Formation de Secouristes du Travail

Divers

30 ans, divorcée,
Sports et loisirs : Plongée sous marine, restauration d'amphores

Objectif

Poste d infirmière de Médecine du Travail (couverture de plusieurs unités de production par exemple).
Disponibilité géographique France et Etranger.

MAITRISE (M.S.T.) TRILINGUE

Affaires Internationales
(Anglais/ Allemand/Français)

Dominique DUPONT

53 rue de Chanzy 92600 ASNIERES
Tel : 36.68.02.92

ETUDE COMMERCIALE DU MARCHÉ DES SATELLITES

A donné lieu à la publication d'un ouvrage de 200 pages
avec illustrations en couleurs

EXPÉRIENCES

1995 **Société Européenne de Propulsion**
(liée au programme Ariane) = 3000 personnes
Stage de deux mois pour le mémoire de maîtrise "La télédétection Spatiale"
L'étude avait été confiée en vue de la création d'une série dont le mémoire a accéléré la mise en place. Celui-ci a donné lieu à la réalisation d'un document imprimé avec illustrations en couleurs de photos prises par satellite.
Dans le cadre de ce mémoire :
- Etude des 2 principaux contrats commerciaux (avec le Brésil et le Bengladesh). je suis tenue au secret quant au montant des ces importantes transactions.
- Accès aux contrats juridiques.
- Vulgarisation de la partie technique en collaboration avec les ingénieurs.
- Initiation aux démarches douanières au service Export.

Durant mes études :

1993 **Chaîne du vêtement (prêt à porter)**
Vendeuse avec fixe + %

1989 à 1993 **Carrefour**
Vendeuse au rayon confection

1988 **CCF**
Service guichet (2 mois)

FORMATION

ETUDES
Maîtrise MST 1995

LANGUES
Anglais, Allemand et Français

DIVERS

Sports et loisirs : Natation (participation à des compétitions), monitrice de voile plusieurs années (enfants et adultes). Voyages touristiques et linguistiques G.B., Allemagne, Russie.
23 ans, célibataire.

JOURNALISTE depuis 1985

Dominique DUPONT 6 rue de Siam 29200 BREST ✆ : 36.68.02.29

EXPERIENCES

Depuis 1987
EN FAMILLE,
50000 exemplaires,
journal de 5 diocèses bretons
JOURNALISTE

A ce poste, j'ai pu :

• Suggérer et imposer, parfois difficilement mais avec fermeté, un autre genre d'articles, une autre conception de ce qu'une presse dépendant du secteur confessionnel doit dire pour susciter l'intérêt de ses lecteurs.

• Interviewer ou recueillir des propos de personnalités régionales ou nationales, par exemple Françoise Dolto, Irène Frain, le professeur Schwarzenberg, Florence Artaud, les ex-ministres Bourges, Bonnet, Le Pensec, Yamgnane, etc.

• réaliser des reportages, enquêtes ou interview sur le R.M.I., l'ouverture des magasins le dimanche, les problèmes scolaires (enseignement en alternance, exemple d'une Merry-school, relations entreprise-écoles, etc), des problèmes d'éthique, de retraite, de mère au foyer, sur les sectes en Bretagne, la drogue, l'influence de la télévision sur la nourriture des enfants, etc.

• Mettre en œuvre des pages d'informations pratiques, ayant trait à la vie de tous les jours, notamment dans le domaine juridique avec la recherche de jurisprudence dans le domaine de la consommation, le droit sur des problèmes pouvant aller de l'éthique à la greffe d'organe où à l'utilisation d'hormones pour les animaux. Informations pratiques et juridiques dans le domaine du logement : comment éviter les pièges lors de l'achat d'un terrain où d'une maison par exemple.

• Rencontrer et relater des actions menées par des associations de toutes sortes (association sur la recherche généalogique, S.O.S. amitié, dons d'organes, Secours Catholiques, etc.)

• Participer à de nombreuses réunions et débats du secteur confessionnel.

• Etant la seule personne sur laquelle repose la partie rédactionnelle propre, avec l'appui d'un comité de rédaction, j'ai pu : m'imposer auprès des différents mouvements composant le Conseil Régional Diocésin, mettre en place une rubrique "3ème âge" sur Minitel avec le serveur BRESTEL et réaliser un service de documentation.

1991/1992
JOURNAL "LE MARIN"
PIGISTE

Articles d'ordre général sur la profession de marin pêcheur.

1993
CONSEIL RÉGIONAL DIOCÉSAIN
DIRECTION DES PROBLÈMES ADMINISTRATIFS

Dans ce cadre, j'ai surtout un rôle de coordination et de relations avec différentes directions diocésaines. Egalement, réalisation d'un bulletin à usage plus restreint s'adressant essentiellement aux responsables des associations paroissiales.

1985/1987
DIRECTION DES SERVICES SOCIAUX DU FINISTÈRE
ASSISTANT

FORMATION

ETUDES

• Baccalauréat section A

• Maîtrise d'administration économique et sociale Université de Brest (1985)

• BTS traitement de l'information

DIVERS

33 ans, marié, 1 enfant

Sports et loisirs : Responsable départemental d'un mouvement de scoutisme.

OBJECTIF POSTE DE JOURNALISTE OU CORRESPONDANT DANS UN GRAND QUOTIDIEN RÉGIONAL

GESTIONNAIRE DE CENTRES DE LOISIRS

Dominique DUPONT
12 avenue Vaquerie
06210 MANDELIEU
Tel : 36.68.02.06

EXPERIENCES

1989-1995
VACANCES EN LIBERTÉ
RESPONSABLE DE GESTION
• 15 centres, 6 villages de vacances, 2 gîtes, 7 centres enfants
• CA 63000KF
• Effectif : 43 permanents et 420 saisonniers
• Journées vacances : 370000 dont 160000 en villages
• Nombre de lits : 4200 dont 1300 en villages
• Etude informatique pour la mise en place de systèmes micro permettant l'information complète de la réservation jusqu'à la centralisation comptable entraînant les économies suivantes : 30% sur le budget investissement (500KF) et de 40% au niveau des coûts administratifs (800KF) le tout partiellement réinvesti pour renforcer l'équipe commerciale.
• Amélioration des informations en rapidité et en précision
• Mise en concurrence pour les contrats d'assurance : économie de 28% sur le budget
• Mise en place d'un système de motivation des directeurs d'où une amélioration du résultat net de gestion : + 300KF par centre enfants et + 400KF par village.

1987-1989
MER ET SOLEIL À CALVI
DIRECTEUR D'UN VILLAGE
• 380 lits en pension complète
• Effectif : 37 saisonniers et 2 permanents (réduction des effectifs)
• Augmentation en francs constants du CA de 10% en améliorant essentiellement le remplissage hors saison (création de stages, contrats avec les C.E., Caisses de Retraites et Groupe sportifs)
• Réduction des charges de 9% en mettant en place un système très motivant pour le personnel
• Amélioration du résultat net de gestion de plus de 980KF en 2 ans.

1984-1987
V.V.F. Village vacances Familles
RESPONSABLE DE GESTION DE 4 VILLAGES
• Mise en place de documents de gestion utilisables par 3 centres et compatibles avec le système comptable imposé, nous permettant de suivre la gestion de chacun mensuellement avec une marge d'erreur maxi de 3% au plus tard 3 semaines après la fin de mois.

CHARGÉ D'ÉTUDES
• 6 projets villages et réalisation de 3 villages en pension complète
• Suivi des dossiers investissements et financements
• Respect du planning : 9 mois impérativement.

FORMATION

ETUDES
DUT de génie Civil + CCI de Nice en gestion PME

LANGUES
Anglais : bonnes notions scolaires.

DIVERS

32 ans, divorcé, 2 enfants
Sports et loisirs : Planche à voile, violon.

OBJECTIF

RESPONSABLE D'UN OU PLUSIEURS CENTRES DE PROFITS

Dominique DUPONT
28 avenue Baudin
87000 LIMOGES
Tel : 36.68.02.87

DIRECTRICE DE CAFÉTÉRIA

Ouverture d'un Établissement en 1992
Formation de 30 employés
Réalisation du meilleur résultat de la société pendant 2 années de suite en tant que responsable adjoint

EXPERIENCES

Depuis 1992
Entrée dans cette société de restauration en mai 1992, on m'a confié en juillet 1994 la Direction d'un Etablissement et l'ouverture de celui-ci.

6 mois Responsable Stagiaire : maîtrise de tous les postes de la cafétéria.

1 an Responsable Adjoint aux postes :

Frais Généraux : respect des différents budgets (vaisselles, tenues vestimentaires, fournitures diverses, publicité, entretien du matériel)
Frais de personnel : planning des horaires, des congés payés, relevés d'heures hebdomadaires pour l'établissement des bulletins de salaires, législation du travail, respect des règles d'hygiène et de sécurité.
Cahier d'entrée et sortie du personnel.
Gestion cuisine : obtention des marges prévues, planning des commandes et des livraisons, achats, stocks, inventaire de la marchandise, application des procédures de travail,; référencement des fournisseurs.

Bilan : *A ce poste j'ai pu maîtriser tous les éléments constituant les différents secteurs.*

6 mois Sous-Directeur :

Coordination des différents services,
Acquisition des différentes techniques de gestion, analyse et montage d'un compte d'exploitation,
Tenue des pièces administratives,
Faire respecter les règles d'hygiène, de sécurité et de la législation du travail et des prix.

Depuis 1994
DIRECTRICE DE CAFÉTÉRIA

Ouverture d'un établissement, réalisation du meilleur CA de la société lors de son lancement
Concessionnaire de l'image de la société (action publicitaire, participation à des différentes manifestations culturelles, sportives et humanitaires)
Obtention du CA
Obtention du résultat
Gestion du social
Motivation, organisation, formation du personnel et de l'encadrement responsable.

FORMATION

ETUDES
1988 : Brevet des Collèges
1990 : CAP de Comptabilité

FORMATION PERMANENTE
Stage d'un mois à la Chambre de Commerce et de l'Industrie de Limoges "Secrétaire Documentaliste"

LANGUES
Espagnol : courant. Possédant l'examen espagnol équivalent au BAC en France
Anglais : quelques notions

DIVERS

24 ans, célibataire.
Sports et loisirs : Tennis, ski, lecture, musique, vidéo.

OBJECTIF

Pouvoir transmettre mon dynamisme,
ma motivation à un autre secteur d'activités.

Dominique DUPONT
10, rue de Lota
75116 PARIS
Tél. : 36.68.02.75

ATTACHÉ DE DIRECTION EUROPÉEN

du contrôle interne des taxes et comptabilités légales des entités européennes d'une des 1000 premières entreprises mondiales
75000 salariés : $6,5 milliards de CA

EXPERIENCES		
	de 1990 à 1995	TEXAS INSTRUMENTS - DIRECTION EUROPÉENNE - BRUXELLES ATTACHÉ DE DIRECTION EUROPÉEN Chargée à ce poste de : • L'implantation d'un département européen de contrôle interne, pour les 8 usines et les 30 bureaux de vente basés en Europe, comprenant la supervision et la formation de quatre managers lors de leurs travaux d'audit dans les filiales. • La responsabilité de l'analyse des comptes consolidés des différentes entités au niveau européen et en charge du reporting de ces consolidations aux U.S.A. J'exerce cette fonction en collaboration directe avec le Directeur Financier Européen. • L'interface dans les relations entre les auditeurs externes (Commissaires aux comptes) et internes et les différentes directions financières des filiales européennes en vue de la mise en place de leurs recommandations. Départ : raison familiale.
	de 1988 à 1990	TEXAS INSTRUMENTS - U.S.A. CHEF DE MISSION D'AUDIT INTERNE INTERNATIONAL • Assurant cette fonction dans tous les secteurs de la société (systèmes informatiques et automatiseurs industriels - Connectique, produits de grandes diffusion - Systèmes de défense) tant aux U.S.A. qu'en Europe, Asie-Pacifique, Japon. • Ces missions d'audit ont pour but la vérification de la régularité et de la sincérité des comptes, du budget et des différents comptes prévisionnels opérationnels ainsi que la bonne application des procédures de contrôle interne existantes. Mais aussi la conception et la mise en place de nouvelles procédures d'organisation afin de rendre plus opérationnel et productif certaines organisations et postes de travail. BILAN : M'a permis de me familiariser avec les lois très spécifiques en matière de comptabilité analytique (Cost Accounting Standards ; Federal Acquisition Regulations)
	de 1986 à 1988	TEXAS INSTRUMENTS - FRANCE (Vélizy) 1000 personnes, plus de 1,9 milliards de francs de CA ADJOINT DU DIRECTEUR FINANCIER d'un service comptable de 50 personnes. Mon rôle était : • Le reporting aux U.S.A. et à la Direction Européenne à Bruxelles des estimations et des analyses des résultats mensuels ainsi que l'élaboration et du suivi des budgets. • L'établissement de la liasse fiscale française et de l'analyse des écarts dus aux différents concepts tant comptables que fiscaux entre la Loi française et les principes anglo-saxons. dans le cadre de cette mission, j'assurais le lien direct avec les Commisssaires aux Comptes et les Auditeurs internes américains. • La révision des procédures d'organisations existantes et des systèmes d'information en vue d'améliorer les productivité des

		structures en place. Cela m'a permis de participer, avec le service informatique, à l'élaboration de cahiers des charges et à la mise en place de nouveaux systèmes, par exemple : nouveau système pour la gestion des investissements, automatisation de la liasse fiscale.
	de 1979 à 1986	En parallèle : ASSISTANT PUIS CHEF DE MISSION dans un Cabinet d'expertise comptable et de Commissariat aux comptes. PROFESSEUR DE COMPTABILITÉ, DROIT, ÉCONOMIE dans les classes de premières et de terminales d'un Lycée technique (Membre du Jury au Baccalauréat).
FORMATION		ETUDES • DECS (1986) • Diplôme de Gestion Comptable (1989) FORMATION PERMANENTE Nombreux séminaires sur : • La qualité (y compris la participation à des cercles de qualité) en vue d'améliorer le service aux clients. • La gestion du temps et du personnel • Les règles fiscales, sociales et juridiques en vigueur aux U.S.A. et en Europe. LANGUES • Anglais : courant • Flamand : notions. CONNAISSANCES INFORMATIQUES Utilisation intensive et maîtrise de logiciels tels : Lotus 1, 2, 3, Symphony, DBase III plus, mais aussi utilisation du courrier électronique VM/CMS et de systèmes comptables tels M.S.A., CARMS, F.I.S.
DIVERS		40 ans, marié, 3 enfants. Sports et loisirs : Vol à voile, trekking, club d'investissement.

Dominique DUPONT

17 rue du Colisée 75008 PARIS Tel : 36.68.02.75

7 ANS JURISTE

DANS UN CABINET DE PROPRIÉTÉ INDUSTRIELLE

EXPERIENCES

Depuis 1988
CABINET WEILL
JURISTE

■ Responsable des dossiers Marques pour la clientèle qui m'est dévolue et contacts directs avec la clientèle (domaines variés : vitivinicole, pharmaceutique, industriel, habillement, bijouterie, informatique...)

■ Négociations (français-anglais) et rédaction de contrats (brevets, marques, modèles, propriété littéraire et artistique, transferts de technologie).

■ Dépôts de marques dans le monde entier (recherche de la validité, de la disponibilité de la marque, défense de la marque auprès des administrations étrangères).

■ Défense de la marque (surveillance des marques). Poursuite des marques contre-faisantes. Défense de la marque contre les attaques des tiers : par règlement amiable, par règlement judiciaire (choix de l'avocat, saisies contrefaçons, préparation et rédaction des assignations, des conclusions en collaboration avec l'avocat).

■ Négociation et rédaction de contrats visant à l'exploitation de la marque (concession de licence, questions de distribution, franchise).

■ Participation à la définition de la "stratégie marques" des entreprises clientes. Définition de la plate forme de travail pour la création d'une marque. Rédaction du cahier des charges. Choix lors des séances de créativité.

FORMATION

ETUDES

■ Diplôme d'Etudes Internationales Marques Dessins et Modèles Industriels du Centre d'Etudes Internationales de la Propriété Industrielle (CEIPI) de Strasbourg **(1993)**

■ Maîtrise de droit Privé général de Paris II (mention assez bien et bien) **(1985)**

LANGUES

Anglais : courant
Espagnol : 4 années scolaires.

DIVERS

32 ans, divorcé, 1 enfant.
Sports et loisirs :
tennis, ski, piano, concerts, voyages.

20 ANS DE PUBLICITÉ

Agence, Annonceur

Dominique DUPONT
4 rue Clément Ader
94420 LE PLESSIS ROBINSON
Tel : 36.68.02.94

EXPERIENCES

Depuis 1983
HEWLETT-PACKARD
ANNONCEUR

Responsabilité particulière : création de ce service.
Conception et réalisation :
- des campagnes de publicité TV, presse,
- des campagnes de promotion pour la "distribution" et la "force de vente"
- des campagnes et matériels PLV
- de l'édition audio-visuelle (présentation de la société, nouveaux produits)
- d'un journal d'entreprise destiné à la clientèle

Organisation :
- de salons, foires, expositions
- de cocktails clients ou de réunions de journalistes

Création d'une imprimerie intégrée
Relations permanentes avec agences de publicités ou de relations publiques.
Bilan : Notoriété x 3, économie de 30 à 40% des coûts en édition et création d'une nouvelle image de marque (plus dynamique, plus jeune).

1975-1983
DUPUY COMPTON à Paris
DIRECTRICE DES MÉDIAS (12 personnes)
- Plans de campagnes, sélection média par modèle informatique, relations TV, radio, presse, cinéma et affichage
- Participation à la conception des campagnes et présentations des plans média aux clients.

vers la concurrence.

DIVERS

46 ans, mariée, 3 enfants.

17 ANS SECTEUR TEXTILE

Dominique DUPONT
6 rue Michelet 01100 OYONNAX
Tel : 36.68.02.01

Fonctions très variées :
Pédagogique, production, presse, commerciale, expertise...

EXPERIENCES

Pédagogique

Pendant 3 ans et conjointement j'ai professé :

A l'École Supérieure des Industries du Vêtement, école dont les études étaient sanctionnées par un BTS ou un diplôme d'ingénieur.

Au Centre d'Études Techniques des Industries de l'Habillement (organisation du travail, relations humaines, formation d'agents, d'étude de travail et d'agents de méthode). Dans le cadre de ces cours, j'ai préconisé et mise en place dès 1978 un enseignement audiovisuel, initiative qui m'a valu, entre autres, de recevoir... la médaille de reconnaissance de l'Éducation Nationale.

Production

Durant 6 ans, j'ai fait de la gestion et de l'organisation d'usine et de formation de cadres "sur le tas". Pendant cette période, j'ai notamment été détaché auprès du Ministre de la Défense Nationale Algérienne pour "remettre sur pied" une unité de fabrication de vêtements militaires regroupant 739 salariés en 1984.

Cette fonction m'a amené à :
- élaborer un cahier des charges pour l'intendance
- définir les normes de qualité
- établir un prix de revient
- revaloriser les salaires de 40% en réduisant toutefois les coûts de production de 20%
- augmenter la production de 30 unités/jour à 890 unités/jour en l'espace d'un an, pour un atelier, sans achat de matériel ni embauche de personnel.

L'ensemble de cette réalisation m'avait été confié par le Colonel Nekli, ancien Ministre de la Marine Marchande, qui avait souhaité me garder auprès de lui comme conseillère.

Presse

Rédacteur en chef d'une revue textile éditée par l'un des premiers groupes de presse.

Compte tenu de mes résultats et de la rapidité avec laquelle j'avais maîtrisé les problèmes techniques de la presse, le P.D.G. m'a confié un bulletin dont j'ai fait un magazine destiné aux chefs d'entreprise et aux cadres de direction. Ainsi durant 3 ans, j'ai :
- réalisé de nombreuses enquêtes tant en Europe qu'en Afrique ou aux U.S.A.
- rédigé un guide encyclopédique
- publié un ouvrage d'organisation scientifique du travail qui fait autorité et sert "d'outil" de référence à des lycées techniques, ainsi qu'aux bureaux d'études.

Commercial

Directrice commerciale, j'ai été conduite à :
- créer un fichier France et Etranger (400 firmes)
- animer en France 15 collaborateurs commerciaux dont 3 chefs de produits et 2 chefs d'agence
- concevoir et "budgéter" les campagnes publicitaires
- organiser la participation à des expositions internationales
- ouvrir des agences à l'étranger (Belgique, G.B., R.F.A., Portugal, Tunisie, Maroc, Italie)

Expertise

Depuis 2 ans, j'appartiens à l'O.N.U., où j'exerce les fonction d'expert textile auprès du gouvernement de la Côte d'Ivoire.

DIVERS

42 ans, mariée, 1 enfant,

EN 1987 J'AI CRÉÉ ET STRUCTURÉ LE DÉPARTEMENT PERMANENT "FORMATION", ORGANISATION-GESTION ET RELATIONS HUMAINES D'UNE ENTREPRISE DE L'ÉCONOMIE SOCIALE. 23 RÉGIONS FONCTIONNENT À CE JOUR.

Dominique DUPONT
38 Boulevard Santos Dumont
18000 BOURGES
☎ : 36.68.02.18

EXPERIENCES

Depuis 1989 **ENTREPRISE D'ÉCONOMIE SOCIALE**
RESPONSABLE DE LA FORMATION

A ce poste, directement en relation avec un élu national chargé de ce domaine, j'ai :
— assumé la transition entre plusieurs élus successifs,
— élaboré et réalisé des sessions de formation ou des séminaires,
— négocié des conventions et protocoles d'accord avec nos partenaires,
— normalisé le circuit de formation, organisé la modulation des filières,
— piloté des groupes de résolution de problèmes, animé des réunions,
— coordonné la refonte et complété la collection documentaire, créé un bulletin d'information, réalisé le suivi de l'édition.

1987/1989 **ASSURANCES CONCORDE**

— Gérer le portefeuille et développer une clientèle en produit d'Epargne-Prévoyance
— Programmer le recrutement et la formation de vendeurs.

1986/1987 **SADOC SARL**

— Création et gérance d'une société de services aux entreprises en matière de gestion-organisation-communication

1980/1986 **VITAL Revue**

— J'ai pris en charge et animé une rubrique mensuelle pour écrire et remettre en forme des articles et sélectionner les manuscrits en coordination avec le rédacteur en chef.

1978/1980 ACB CHANTIER NAVAL

— Dans le cadre de mes attributions de dessinatrice d'étude, j'ai participé au suivi technique des appels d'offres en construction navale et à la réalisation du plan de communication externe de l'entreprise.

FORMATION

ETUDES

— BTS Assistant Ingénieur (1980)
Ecole nationale Supérieure des techniques Avancés (1983)
— BAC G1 (1983)

FORMATION PERMANENTE

— Depuis 1990 : CIGOS, techniques d'animation des ressources humaines, communication, projet d'entreprise,...
— De 1982 à 1989 cours au Conservatoire des Arts et Métiers :
Techniques financière et comptable des entreprises,
Diplôme du premier cycle Technique (DPCT Mécanique industrielle)
Mathématiques générales A et B.

ACTIVITÉS ANNEXES

PUBLICATION

Edition d'ouvrages spécialisés. Animation et administration des Associations. Responsabilité des éducateurs. Mécanique, vélo vert, VTT, l'école sans mur (pédagogie appliquée)

ACTIVITÉS SOCIALES PROFESSIONNELLES

Implication dans plusieurs associations nationales ou régionales, notamment GARF (Groupement des Animateurs responsables de Formation), CJDES (Centre des Jeunes Dirigeants de l'Economie Sociale), FONDA (Fondation pour la vie associative)

DIVERS

36 ans, mariée, 2 enfants,
Sports et loisirs : Activités sportives de plein air pratiquées en groupe ou en famille (vélo, ski de fond, cheval...)

OBJECTIF

CONCEVOIR ET ANIMER DES PROGRAMMES DE FORMATION, DES ACTIONS DE CONSEIL ; À TERME, AVOIR LA RESPONSABILITÉ COMPLETE DE LA GESTION DES RESSOURCES HUMAINES

Dominique DUPONT

➾ 8 rue de l'Hermitte
59140 DUNKERQUE
✆ 35.65.08.59

DOUBLE DIPLOME EUROPÉEN

OBJECTIF

➪ ADJOINT AU RESPONSABLE D'UN CENTRE DE PROFIT DE LA GRANDE DISTRIBUTION : MAGASIN SPÉCIALISÉ (HI-FI, MEUBLES, VETEMENTS) OU GÉNÉRALISTES (HYPERMARCHÉ)

➪ PARTICIPER AU LANCEMENT D'UNE ENSEIGNE FRANÇAISE EN ALLEMAGNE...

EXPERIENCES

Novembre 94 à Juin 95
BENETTON
(Cologne - Allemagne)
Parallèlement à mes études à l'université catholique de Cologne, j'étais vendeuse !
Une expérience de la vente enrichissante...
Conseiller et servir les clients (en moyenne 35 ventes/jour)

BILAN :
Cette expérience a développé mon sens du commerce

Janvier à Avril 1994
LEGRAND & ASSOCIÉS
Cabinet d'expertise comptable et de commissariat aux comptes
Travaux comptables qui sont attribués à tout collaborateur nouvellement embauché dans le cabinet,
➪ Établir ou contrôler une comptabilité,
➪ Employer des logiciels pour une saisie informatique de documents comptables,
➪ Effectuer des visites en entreprises pour y réaliser des travaux de commissariat aux comptes.

BILAN : Ce stage m'a permis de connaître plus précisément le tissu industriel de la région Nord-Pas de Calais et de constater la diversité des tâches qui incombent à un expert comptable.

PREMIERS EMPLOIS
Stage d'employée dans un magasin d'articles de pêche à WIEHL (Allemagne).
Vente animation NINTENDO dans une grande surface.
Revue de presse dans une radio locale.
Stage ouvrier Aux Fonderies Franco-Belges : gratteuse de noyaux en sable qui allaient servir à la fabrication de pièces en fonte...

FORMATION

ÉTUDES
➪ DESCAF (Diplôme d'Etudes Supérieurs Commerciales, Administratives et Financières (1994)
➪ ESCAE Lille (Commerce international)
➪ Diplôme de la Faculté Catholique de Cologne (Allemagne) en gestion d'entreprise , option finance/fiscalité (1994)

LANGUES
➪ Allemand : courant (études et jobs en Allemagne)
➪ Anglais : Score au TOEFL 1993 : 618 points
➪ Japonais : notions

CONNAISSANCES INFORMATIQUES
Words 3.2, Works 3.0, Tableur Multiplan, Système Expert V.P. Expert, D Base 3.

DIVERS

22 ans, célibataire
Sports et loisirs : Char à voiles, ski nautique, mélomane (notamment Opéras de Wagner).

Dominique
DUPONT
18 avenue du Grand Morin
77150 LÉSIGNY
Tel : 35.68.02.77

DÉCORATRICE CONSEIL

OBJECTIF

JE RECHERCHE UN POSTE A RESPONSABILITÉ DANS LA DÉCORATION INTÉRIEURE

EXPERIENCES

Depuis septembre 1992
Meubles HABITAT
DÉCORATRICE - RESPONSABLE BOUTIQUE
Rangement et Décoration générale du magasin (450m2)
Décoration des ambiances et décorations plus ponctuelles sur podium des articles de la Boutique : mise en valeur des produits commerciaux.
Toute la décoration est effectuée dans le respect du concept HABITAT.
Secteur Boutique : Commande de tous les produits Boutique (articles de décoration-utilitaire), Réception des marchandises (contrôle retour marchandises, Service après-vente), Etiquettage et mise en rayon, Contrôle et suivi de la Boutique : chiffre d'affaires, marges, stocks, inventaire
BILAN :
C'est un nouveau magasin bien entretenu,
Participation et déplacements pour décorer d'autres magasins HABITAT en France
Félicitations de nombreux clients pour l'accueil et le cadre très agréable,
Objectifs de la Boutique dépassés pour 1994 (CA + 3,5%)

1991
AGENCE LOCATION IMMOBILIÈRE
CHARGÉE DES LIBÉRATIONS DES LOCATIONS
Contrôle des appartements après le départ de la clientèle,
Projets d'amélioration des agencements intérieurs des appartements.

1990
SNCP
DOCUMENTALISTE
Rangement et classement de la bibliothèque
Réception du personnel SNCP à la recherche de documents
Mise au point d'un nouveau système de classement en vue d'une mise sur fichier informatique. Agencement de la bibliothèque.

FORMATION

ETUDES

Décoration - Communication Commerciale (1994) Techniques de l'étalage

Baccalauréat techniques Administratives (1986) Secrétariat - Réception

LANGUES

Anglais : lu, écrit, parlé, une année passée en Grande-Bretagne

Espagnol , Russe et Allemand : notions

ACTIVITÉS ANNEXES

PÉDAGOGIE

Au cours de mon travail actuel, j'ai formé une nouvelle responsable Boutique et je réceptionne et forme régulièrement des stagiaires qui viennent nous aider dans notre tâche.

DIVERS

30 ans, mariée, 3 enfants.

Sports et loisirs : Golf, tir à l'arc, photographie et collection d'anciens objets de cuisine.

Dominique DUPONT
1 rue Charles Peguy
42420 LORETTE
Tel : 77.73.12.81

PROFESSIONNEL MAINTENANCE

Professionnel de maintenance sur :
- automatisme et robotique
- équipements industriels

Responsable d'équipe de techniciens
Formateur

EXPERIENCES

Depuis 1983
C.G.A. - H.B.S.
RESPONSABLE D'UNE ANTENNE DE MAINTENANCE
- Gestion administrative du personnel : 10 techniciens en 3 x 8 h
- M.A.O. gestion informatique
  - des stocks de pièces de rechange,
  - des statistiques de performance, disponibilité et arrêts des machines
  - de la planification des périodes d'entretien
- Proposition de contrôle des modifications pour améliorer le fonctionnement
- Représentant de la Société auprès du client pour le respect du contrat
- Définition des procédures de réglages et diagnostics
- Installation de machines et interventions sur appels

1976/1983
Société RECOGNITION EQUIPMENT FRANCE 5 mois à Dallas (USA)
Stage de formation sur lecteur-trieur de documents. La Société américaine étant le précurseur mondial pour son procédé de lecture.
INSPECTEUR DE MAINTENANCE sur les lecteurs-trieurs qui équipent la poste française (43000 lettres triées à l'heure par machine).

1972/1976
CARRIER S.A. 18 mois en URSS (Moscou et Ijevsk), 1 an en Angleterre (Birmingham)
Intallation de chaînes de robots de peinture pour l'industrie automobile, suivi de l'assistance et de la formation des clients.
D'autres chantiers en France et à l'étranger.
Conception et modification en bureau d'étude (logique électronique et à relais)

1972
COMPAGNIE DE SIGNAUX ET D'ENTREPRISES ELECTRIQUES (C.S.E.E.)
Régulation de débit de pipelines par télétransmission de données entre les différentes stations de pompage. Maintenance itinérante.

1971
SOCIETE D'ELECTRONIQUE INDUSTRIELLE ET NUCLEAIRE
Mise au point et dépannage d'analyseur de spectres de sources radioactives.

FORMATION

ETUDES
- BTS électronique
- Stages sociétés
- Diplôme BAC + 3 de l'Université Lyon 1 : "Agent de Développement en Productique"

Contenu : UNIX, C, base de données, réseaux, image, GPAO, CAO, MOCN, robotique

LANGUES
Anglais : bonnes notions (5 mois de stage aux USA + 1 an en G.B.)
Allemand : notions

ACTIVITÉS ANNEXES

PUBLICATION
• Rédaction des textes et création des schémas réunis en volumes

PÉDAGOGIE
• Dispense des sessions de cours de 15 jours à 1 mois pour des modules de 8 à 10 personnes dans les villes de Lyon, Marseille, Paris, Lille, Valence

DIVERS

45 ans, marié, 1 enfant

SOLIDE EXPERIENCE DANS LE TEXTILE 4 ANS DIRECTEUR D'ENTREPRISE

Dominique DUPONT
8 avenue Cuvier
59000 LILLE
☎ : 36.68.02.59

Recherche, Développement, Production, Vente, Administration, Gestion

EXPERIENCES

1990/1995
Société POLYTEXT,
Linge de maison, tissu éponge et habillement CA 75 MF, 300 personnes
DIRECTEUR GÉNÉRAL

Responsable de cette entreprise alors dans une situation précaire, en dehors de mes fonctions de direction, j'ai porté mon attention au cours du premier exercice sur les réalisations suivantes :
- Elaboration et mise en œuvre d'un rapport mensuel d'exploitation,
- Contrôle rigoureux des frais généraux entraînant une diminution de 10%,
- Mise en place d'un service ordonnancement - lancement,
- Amélioration de la productivité de l'ordre de 9%,
- Modification et standardisation des productions pour une meilleure adéquation des coûts au produit recherché entraînant une amélioration de l'ordre de 8%,
- Assainissement des stocks à tous niveaux, les ramenant de 15MF à 9MF,
- Blocage des salaires, suppression de certains avantages, élimination d'emplois temporaires non justifiés et contrôle permanent des heures supplémentaires,
- Mise en place d'une nouvelle politique commerciale entraînant une réorganisation et l'ouverture de boutiques franchisées.

BILAN : J'ai pu, à travers ces actions, ramener un déficit prévisionnel de 5,6MF à 3MF

1987/1990
VANGIL, transformation et distribution de textile d'habillement
CA 70MF, 40 personnes
DIRECTEUR COMMERCIAL

A ce poste j'ai pu :
- Animer une équipe de 5 cadres commerciaux et de 25 représentants dont 20 à l'étranger,
- Définir une nouvelle politique commerciale entraînant l'abandon d'une tranche de marché, clients, produits non profitables,
- Renforcer l'équipe de création et donner une orientation aux collections plus adaptées à la demande,
- Maîtriser et diminuer les frais de distribution de 10% tout en améliorant la marge commerciale de près de 20%,
- Etudier et ouvrir de nouveaux marchés tels Etats-Unis, Canada, Japon, Amérique du Sud,
- Développer un esprit de partenariat auprès de la clientèle

1981/1987

LEXON, fabrication et distribution de tissu velours

VICE PRÉSIDENT

Chargé de la recherche et du développement pour l'Amérique du Nord, Produit, Qualité, Production, Personnel et Distribution

Dans une action en parfaite harmonie avec le Président, j'ai dû m'investir et participer au redressement, au développement et à la gestion de cette Société et j'ai été amené à :

- Ramener l'effectif de 150 à 115 personnes tout en maintenant le même volume,
- Négocier et signer à deux reprises le contrat collectif de travail,
- Concevoir, créer et lancer le département velours ameublement et habillement masculin représentant après 2 ans, 30% du volume,
- Démocratiser et faire connaître aux consommateurs un produit alors considéré de "luxe",
- Déterminer les objectifs commerciaux, établir les budgets prévisionnels.

1977/1981

MAYER, entreprise familiale, 40 personnes, fabrication et distribution d'articles de soieries

ADJOINT AU PRÉSIDENT DIRECTEUR GÉNÉRAL

Cette première expérience m'a amené à assurer une fonction de Directeur de cette petite entreprise familiale, ce qui m'a permis de :

- Conseiller et orienter la création des collections saisonnières,
- Elargir la distribution sur les marchés d'exportation (85% du CA),
- Ouvrir et développer le marché intérieur entraînant une croissance annuelle de 15 à 20% sur 5 ans,
- Assister et conseiller le Directeur général dans la gestion financière et administrative, ainsi que la politique du produit et sa commercialisation.

FORMATION

ETUDES

Ingénieur textile (ENSAIT 1977)

LANGUES

Anglais : (américain) lu, écrit, parlé.

DIVERS

40 ans, célibataire, 1 enfant.

OBJECTIF

DIRECTION D'UNE P.M.E. OU D'UN CENTRE DE PROFIT AU SEIN D'UNE GRANDE SOCIÉTÉ, SANS RESTRICTION DE RÉGION

Dominique DUPONT
8 rue de l'épine
48000 MENDE
Tel : 36.68.02.48

MAITRISE DE DROIT SOCIAL
+ option droit commercial

ÉTUDES DE MARCHÉS ET MOTIVATIONS
auprès d'industriels pour le compte d'autres industriels

EXPERIENCES
▼

1995
SOCIÉTÉ BROWN À MENDE
STAGE DE FIN D'ÉTUDE

Objet de la société : études de marchés pour les entreprises, d'une part, rencontrant des difficultés et d'autre part, pour celles désirant accroître leurs activités ou lancer un produit.
A l'occasion de ce stage, j'ai pu :
- établir avec nos clients des questionnaires,
- choisir, contacter et inviter à des débats des personnes pour répondre à un questionnaire
- animer le débat sous la direction du responsable des relations extérieures de notre société cliente
- mettre en confiance ces personnes qui ignoraient totalement l'objet réel du débat, voire le nom de notre cabinet... et qui très souvent venaient de toute la France
- obtenir enfin des opinions diverses et spontanées à nos questions qui pouvaient paraître insolites.

***Bilan :** Ce travail m'a permis d'apprendre le fonctionnement de sociétés très différentes les une des autres et d'appréhender par exemple les causes réelles des difficultés de commercialisation d'un produit...*

1993-1994
Conjointement à mes études

Stage bi-hebdomadaire chez un avocat. Je devais noter les frais nouveaux d'un dossier ou d'une affaire nouvelle pour en rendre compte avant de fixer un rendez-vous aux clients.

Février à Août 1994
Magasin de luminaires
EMPLOYÉ À LA VENTE

Comptabilité avec le propriétaire avant le passage du comptable..

FORMATION
▼

ETUDES
Maîtrise de droit social avec option droit commercial (1995)

LANGUES
Anglais : scolaire + séjours en Grande Bretagne

DIVERS
▼

24 ans, célibataire.
Sports et loisirs : Tennis, natation et scrabble.

Dominique DUPONT
44 av. Secrétan
75019 PARIS
Tel : 36.68.02.75

FONDATEUR RESPONSABLE D'UNE JUNIOR ENTREPRISE

Prise en charge et relance d'une PME en difficulté...

EXPERIENCES

1993-1994

CRÉATION DE LA JUNIOR ENTREPRISE DE L'I.D.A.

Prise en charge d'une PME en difficulté que nous avons relancée par :

- une étude très approfondie de la concurrence
- un calcul de prix de revient des matériels en détaillant le coût pièce par pièce, le temps de façonnage, etc...
- une définition du seuil de rentabilité
- la découverte d'une structure commerciale originale
- la réalisation d'un volumineux rapport riche d'enseignement pour notre client.

***Bilan** : Cette PME a rattrapé en 6 mois le CA de l'année précédente.*

Diverses autres interventions... comme Président, j'étais seul à conclure les contrats ou à en refuser éventuellement si une société me semblait "douteuse" car j'étais responsable à titre personnel et donc sur mes propres biens, en l'occurrence sur ceux de mes parents.

1990-1993

Stage chez ASCINTER-OTIS (Levallois)

Quatre années de suite au service dépannage, doté d'installations informatiques les plus élaborées et toutes les filiales du groupe.

Ces stages m'ont permis :

- d'avoir des contacts avec une clientèle qu'il fallait rassurer, voire calmer,
- d'effectuer de la programmation sur terminal,
- d'assister à la mise en place d'un fichier client sur ordinateur,
- de guider des homologues d'autres filiales étrangères, visitant nos installations (mise en pratique de mon anglais).

FORMATION

ETUDES

- Première année de sciences économiques (1992)
- BTS distribution (1994)
- IDA (école de commerce (1995)

LANGUES

Anglais : lu, écrit, parlé. Nombreux séjours en Grande-Bretagne dont un à Oxford, avec approche de droit commercial britannique.

DIVERS

24 ans, célibataire.

Sports et loisirs : Basket-ball, voile, voyages.

OBJECTIF

Collaborer pendant quelques années à une entreprise de transport international pour appréhender de l'extérieur les cas d'espèces de la distribution, activité vers laquelle je souhaiterais évoluer à terme.

Dominique
DUPONT
87 Bd Albert Ier
76400 FECAMP
Tel : 36.68.02.76

EXPERIENCES

Depuis 1994
CONTINENT (Centrale d'achat, service textile)
Préparation de la collection "Rentrée des classes" Elaboration de comparatifs de prix (43 fournisseurs), participation à la sélection des gammes (25 familles) et création du catalogue "références collection 93" 750 articles.

1994
DARTY
ENQUETRICE Détachée par le siège au sein d'un magasin. Mise en évidence des critères de choix des consommateurs en matière de Service Après Vente Hors Garantie : analyse des attentes clients à partir des résultats de 130 questionnaires (enquêtes par téléphone) et ébauche d'une proposition pour le plan de communication.

1993
LACOSTE à Londres
Vente traditionnelle et enregistrement quotidien des ventes du magasin sur micro-ordinateur.

1992-1993
FINDUS
Mesure de la satisfaction de la clientèle et de la qualité des services : Elaboration et passation de 2 questionnaires (500 enquêtes au total) puis analyse des résultats et mise en avant de propositions.

1990
SERIGRAPHIE ROUENNAISE
Analyse géographique et par secteurs d'activité de la clientèle et recherche de diversification de la clientèle par la V.P.C. : Etude du coût du mailing (imprimeur, photographe, poste) ciblage d'adresses (800) et prospection téléphonique puis suivi des résultats de l'opération.

1989-1990
CIO Crédit Industriel de l'Ouest
Opératrice de saisie sur ordinateur et fonctions diverses dans chaque service au cours des 2 ans.

JOBS
BAHLSEN Biscuit apéritif
Animation en supermarché.

CONTINENT Rouen
Participation à l'organisation d'un défilé de mode.

Parfumerie
Vente traditionnelle en parfumerie et réalisation d'un dossier produit sur le parfum de luxe.

OUEST FRANCE dans l'Orne
Séminaire de formation à la vente puis vente au porte à porte dans le département.

THOMSON
Marketing téléphonique.

FORMATION

ETUDES
• SUP DE CO Rouen, Option "Chef de Produit - Chef de marque" (1992-1995)
• DEUG Sciences économiques à Mont Saint Aignan (1992)
• BTS Action Commerciale (1991)

LANGUES
Anglais : bonne maîtrise (job d'été dans un magasin)
Espagnol : lu, écrit, parlé.
Italien : notions

CONNAISSANCES INFORMATIQUES
Logiciels : Word et Excel

DIVERS

23 ans, célibataire,
Sports et loisirs : Tournois de badminton, plusieurs voyages au Groenland avec "Terres d'Aventures".

OBJECTIF

À COURT TERME : INTÉGRER UNE ÉQUIPE MARKETING POUR OCCUPER UNE FONCTION MARKETING-PRODUIT, APRES AVOIR BÉNÉFICIÉ D'UNE EXPÉRIENCE TERRAIN AU SEIN DE LA SOCIÉTÉ SI NÉCESSAIRE.

À MOYEN TERME : ÉVOLUER VERS UNE FONCTION MARKETING-STRATÉGIE.

COUPON REPONSE

M. ______________________________

Société ______________________________

adresse ______________________________

____

Tel. ______________________________

souhaite avoir un premier entretien en vue d'étudier ensemble l'intérêt de votre candidature

Dominique DUPONT
3 allée des Peupliers
35310 MORDELLES
Tél. : 35.65.08.68

SECRETAIRE BILINGUE

(Espagnol/Français)

Pratique Word 5, Mc Draw et Visio 4. Désignée à la formation de dactylos pour certaines applications de P.A.O. Assistante du Responsable chargée des relations auprès des consommateurs.

OBJECTIF

INTEGRER UN COMITE D'ENTREPRISE D'UNE IMPORTANTE SOCIETE POUR PARTICIPER A L'ORGANISATION DE SON (SES) CENTRE(S) DE VACANCES...

EXPÉRIENCES

Depuis 1986
LEADER FRANCAIS DE COSMETOLOGIE (Rennes)
Comme c'est la pratique "j'ai tourné" dans différents services:
Expédition (6 mois),
Facturation (1 an),
Contentieux (2 ans).
Depuis 1990, Assistante du Responsable auprès des Consommateurs.
Voici quelques interventions au côté de mon Chef de Service :
- Faire évoluer ou modifier un conditionnement (p.e. dangereux pour les enfants),
- Informer le Service Marketing des points forts de la concurrence selon l'avis de nos consommateurs,
- Accélérer les demandes de règlements pour les réclamations justifiées,
- Défendre également la bonne foi de notre firme avec force arguments et tact,
- Traduire des documents de notre filiale espagnole,
- Mettre au point des applications de logiciels de traitement de texte dans le souci de clarté de nos documents (divers types de courriers, factures, tableaux.

BILAN : Notre service a vu les réclamations en tous genres passées de 567 en 1990 à 157 en 1992 (presque 4 fois moins ...!).

1982/1986
IMPORTANT QUOTIDIEN REGIONAL (Nantes)
Secrétaire dans différents services dont le dernier au Service de Publicité où je devais assister 8 démarcheurs publicitaires avec pour mission de :
- Frapper leur courrier (propositions, études à leurs clients, devis),
- Surveiller la bonne exécution technique (bon format des clichés, relances pour les clichés en retard...),
- Participer aux montages des pages de publicité,
- Surveiller la bonne exécution des factures et leurs recouvrements (lettres de relance).

BILAN : Réussir à "discipliner" les démarcheurs pour qu'ils imposent une date limite de remise des clichés.

1980/1982
CONCESSIONNAIRE AUTOMOBILE (Nantes)
Au service facturation, chargée des relations avec la clientèle (derrière un "hygiaphone"!) A ce poste je devais entre autres :
- Vérifier la cohérence des factures et "amadouer" des clients mécontents jugeant excessive celle-ci,
- Utiliser de nombreux ouvrages de nomenclatures.

BILAN : Un poste tampon entre la Direction et la Clientèle où l'on apprend à défendre l'image de l'entreprise...

1979/1981
PREMIERS EMPLOIS : INTERIM (MANPOWER)
34 missions très variées en 2 ans, de l'entreprise individuelle à celle de 3000 salariés et tâches très variées : dactylo, standardiste, aide archiviste, télexiste, accueil clients/fournisseurs, interprète (espagnol).

BILAN : Très enrichissant grâce à cette polyvalence.

FORMATION

ÉTUDES
- C.A.P.: Employée de Bureau (1979),
- Niveau B.T.S. de Secrétariat.

FORMATION PERMANENTE
- Stage en cours du soir durant 2 mois : norme AFNOR (CCI Rennes 1992) LANGUES
- Espagnol : parle couramment - Anglais : notions.

CONNAISSANCES INFORMATIQUES
- Langage : Basic (notions).
- Logiciels : Word 5, Mc Draw 2 et Visio 4.

ACTIVITÉS

PUBLICATIONS
Élaboration de 3 méthodes succinctes (20 pages environ chacune) destinées aux cours de traitement de texte.

PÉDAGOGIE
Désignée par la Direction du Personnel pour prendre en charge la formation des dactylos aux applications de traitement de texte en P.A.O. (2H/semaine).

ACTIVITÉ SOCIALE PROFESSIONNELLE
Responsable de la section voyages de notre entreprise :
- Négociation et organisation de voyages : week-end sur les canaux, ou pseudo-culturels (sur les traces de Molière, Van Gogh, etc.)

DIVERS

32 ans, mariée, 2 enfants,
Déléguée de parents d'élèves,
Sports : cyclotourisme, ski,
Hobby : peintre du dimanche.

Dominique DUPONT

12, Bd du Général-Leclerc
92200 NEUILLY
☎ : 36.68.02.92

GESTIONNAIRE DE 40 MILLIARDS

occuper un poste de responsabilité en finance, stratégie, risk management ou management

EXPERIENCES

1991-1995
GAN ASSURANCES
CHEF DE DIVISION À LA DIRECTION FINANCIERE
Assistée de 3 collaborateurs, j'ai été responsable des missions suivantes :
▹ Gestion de portefeuilles institutionnels sur tous marchés de taux d'intérêt français et étrangers (40 milliards de francs)
▹ Gestion de la trésorerie des sociétés du groupe
▹ Gestion de positions de change importantes
▹ Gestion de l'adéquation entre les actifs et les engagements des sociétés et j'ai également participé à des activités telles que la création d'une société de gestion, l'élaboration de nouveaux produits d'assurance et l'évolution de la réglementation des compagnies d'assurances en France et en Europe.

BILAN : Je fus la première gérante obligataire du groupe, ce qui m'a amenée à mettre en place des différentes composantes de mon activité : stratégies de gestion, outils informatiques, relations avec les autres directions du groupe (Assurance, Comptabilité, Marketing, International), les banquiers et les assureurs...

1987-1991
INGÉNIERIE FINANCIERE
▹ Développement de la gestion de la trésorerie (environnement bancaire)
▹ Mise en place d'une activité de gestion de portefeuilles sur les marchés de taux d'intérêts à terme opérationnels
▹ Analyse obligataire : rédaction d'une lettre de synthèse hebdomadaire des marchés obligataires ; réalisation d'un logiciel de gestion de l'activité sur le marché primaire ; identification quotidienne des arbitrages obligataires judicieux.

BILAN : Cette fonction m'a permis d'acquérir une bonne connaissance des marchés financiers.

1982-1987
ENSEIGNEMENT ET INGÉNIERIE EN INFORMATIQUE
▹ Développement de logiciels de connexion aux réseaux de télécommunications
▹ Réalisation de didacticiels pour la formation continue de l'entreprise SNCF
▹ Enseignement en maîtrise d'informatique à l'Universsité des Sciences et Techniques de Lille I

BILAN : Ce poste m'a permis d'acquérir une bonne maîtrise des différentes techniques de programmation.

FORMATION

ETUDES
Doctorat de 3ème cycle en Informatique (Lille I) 1986

LANGUES
Anglais : Courant
Allemand : Notions scolaires et universitaires

DIVERS

36 ans, mariée, 1 enfant.
Sports et Loisirs : Régates sur Hobby cat, astronomie.

MAITRISE SCIENCES / GESTION

Participation à la création d'une Sté de distribution

Dominique DUPONT
8 rue Charles Desreux
59112 ANNOEULLIN
∅ : 36.68.02.59

EXPERIENCES

1995

Dans le cadre du projet de maîtrise, participation à la création d'une société de distribution spécialisée dans la chaussure de sport.

Ce projet, établi en équipe, nous a conduit à réaliser les tâches suivantes :
- étude et marché de la concurrence,
- établissement des comptes d'exploitation prévisionnels,
- mise en place de tableaux de bord de gestion,
- recherche d'une stratégie publicitaire pour l'ouverture d'un magasin.

BILAN : Un premier magasin s'ouvrira à Lille dans quelques mois.

1994
CRÉDIT DU NORD

Stage de deux mois au CRÉDIT DU NORD

Affectée au service titres, je me suis attachée à comparer les services bancaires et les rapports avec la clientèle :
- au siège du Crédit du Nord à Lille,
- dans une agence de moyenne importance,
- dans le service de gestion privée de portefeuilles

1994
Société CEGMA-TOPO Enquêtes et sondages auprès du grand public

Animatrice et accompagnatrice de groupes (comité d'entreprise) pour une agence de voyages.

1991
TEXUNION

Stage de deux mois au service contrôle de gestion on m'avait chargée de :
- chercher et créer une nouvelle présentation pour le bulletin d'information adressé aux cadres,
- mettre en place ce bulletin bimestriel qui est un compte-rendu des activités des divisions de la société,
- collaborer à la réalisation d'un court métrage sur l'amélioration des conditions de travail dans une usine du groupe.

FORMATION

ETUDES

- DEUG de sciences économiques (Lille I, 1993)
- Maîtrise de sciences de gestion (Paris IX Dauphine, 1995)

LANGUES

- Anglais courant, lu et parlé
- Allemand : universitaire.

DIVERS

25 ans, célibataire,
Sports et loisirs : Hockey sur gazon, cyclotourisme (compétitions amateurs sanctionnées par deux brevets Paris-Roubaix).

Dominique DUPONT

33 avenue du Général Leclerc
74200 THONON-LES-BAINS
☎ : 36.68.02.74

DOUBLE FORMATION : BIOLOGIE ET MARKETING

■ 4 années de recherche en laboratoire
■ 4 années d'expérience comme chef de produits

EXPÉRIENCES

1990-1994
LEGRAND
CHEF DE PRODUITS IMMUNOCHIMIE

⋄ Responsable de l'élaboration et de la mise en œuvre de la politique marketing pour l'ensemble du marché français ;
⋄ Analyse des ventes ;
⋄ Gestion des stocks ;
⋄ Responsable du budget, comptabilité analytique ;
⋄ Promotion auprès des laboratoires hospitaliers, publics et industriels ;
⋄ Animation des distributeurs et formation des services techniques et commerciaux de la filiale.

BILAN :
⋄ **1993** : Augmentation du CA filiale de 87%,
⋄ **1994** : Augmentation du CA filiale de 26% et des ventes via distributeurs de 182%

1990 (4 mois)
QUINET - réactifs de diagnostic agro-alimentaire
CHEF DE PRODUIT JUNIOR (remplacement congés maternité)

⋄ Lancement de nouveaux produits ;
⋄ Etudes de marché ;
⋄ Elaboration et réalisation des documents techniques clients, supports de vente et communiqués de presse ;
⋄ Formation des commerciaux.

1987-1989
INSERM (Genève)
CHARGÉ DE RECHERCHE

⋄ Responsable d'un programme de recherche en neuroanatomie fonctionnelle ;
⋄ Encadrement des chercheurs étrangers et d'étudiants ;
⋄ Compétences en Immunochimie, Histologie, microscopie électronique.

1986-1987
CHERCHEUR SCIENTIFIQUE à l'Université de Médecine de Moscou.

FORMATION

ETUDES
- Doctorat 3ème Cycle Neurosciences **(1985)**
- Diplôme de 3ème Cycle de Management des Industries de la Santé (IMIS) **(1990)**

LANGUES
- Anglais : lu, écrit, parlé
- Russe : lu, écrit, parlé (séjour de 2 ans en Russie)
- Allemand : notions scolaires

CONNAISSANCES INFORMATIQUES
Wordstar, Word 5, Multiplan, Lotus, RapidFile

DIVERS

- 39ans, 1 enfant,
- Membre de l'association IMIS.A. (secrétaire générale en **1989)**

Sports et loisirs : Curling en compétition, Culture Russe (littérature, folklore, architecture, peinture)

OBJECTIF

MARKETING INTERNATIONAL DANS
LE SECTEUR DE LA SANTÉ.

CHEF DE PRODUITS INTERNATIONAL

RESPONSABLE D'ÉTUDES MARKETING INTERNATIONAL

A TERME, CHEF DE ZONE EXPORT PAYS DE L'EST

PRÉPARATRICE en PHARMACIE

Dominique DUPONT
19 rue Fautras
29200 BREST
∅ **36.68.02.29**

CONSEILLÈRE TECHNIQUE EN COSMÉTOLOGIE

EXPERIENCES

1987
BEAUTÉ EN LIBERTÉ
Parfumerie et Cosmétologie
CONSEILLÈRE TECHNIQUE DE BEAUTÉ
Gestion du magasin - Développement du chiffre d'affaire - Responsabilité des commandes et du suivi, merchandising

BILAN : 1994 : CA +3,7%, Stocks -8,9%, Bénéfice +8,2%

1981/1987
PHARMACIE LE BIHAN (Brest)
PRÉPARATRICE EN PHARMACIE
Préparation des spécialités pharmaceutiques et cosmétologiques.
Délivrance des ordonnances. responsable du secteur parapharmacie (cosmétologie)

FORMATION

ETUDES
Brevet professionnel de préparatrice en pharmacie (1986)
Préparation des spécialités pharmaceutiques et cosmétologiques

FORMATION PERMANENTE
Chambre Syndicale de la parfumerie (1988)
Promotion de nouveaux produits. Gestion et comptabilité. Relations humaines.

CONNAISSANCES INFORMATIQUES
Basic.

DIVERS

32 ans, mariée, 2 enfants
Sports et Loisirs : natation, club de randonneurs (92 : 400 km), herboristerie, animatrice d'une radio locale.

OBJECTIF

OBTENIR UN POSTE À RESPONSABILITÉ DANS LE DOMAINE TECHNICO-COMMERCIAL

INFORMATICIENNE POLYVALENTE
DÉVELOPPEMENT, SYSTÈME, PRODUCTION

Dominique DUPONT **43 rue de la République 45000 ORLÉANS Tel : 36.68.02.45**

EXPERIENCES

Depuis 1993
BANQUE moyenne nationalisée de 1400 personnes dont le CA atteint 16 milliards de F (banque de dépôts, activité en affaires internationales et gestion de titres).
RESPONSABLE DE LA DIVISION "INFORMATIQUE DISTRIBUÉE"
Cette unité est chargée d'exploiter les réseaux constitués de 500 micro ordinateurs, 7 ordinateurs départementaux et 100 postes de travail. Tous les logiciels sont gérés et installés par l'un des services.
La mission : créer et organiser les fonctions de pilotage réseaux, d'assistance utilisateurs, de contrôle qualité logiciels et d'administration de réseaux.
Le pilotage du réseau "X25" est opérationnel, le pilotage de l'applicatif transactionnel et batch est en cours de réalisation. Les fonctions "SVP" et assistance sont à la disposition des utilisateurs.

1990/1993
RESPONSABLE DE LA PRODUCTION INFORMATIQUE
SOUS-DIRECTEUR
La mission : industrialiser et sécuriser la production informatique "centrale". Les différents projets qui en ont découlé et que j'ai animés m'ont permis de participer :
- à l'acquisition, l'installation et la mise en œuvre d'équipements pour une valeur supérieure à 35 MF,
- au choix et à la mise en place d'outils d'automatisation d'exploitation,
- à la réorganisation fonctionnelle et méthodologique de l'unité de travail.

Résultat : réduction de 3 personnes dans les effectifs de l'exploitation et suppression de 180 h/mois d'heures supplémentaires. de plus, le nombre d'incidents d'exploitation a été divisé par 5.

1977/1990
GROUPEMENT DES BANQUES POPULAIRES
RESPONSABLE DU SERVICE SYSTÈME
ET TÉLÉCOMMUNICATIONS composé de 6 ingénieurs
La mission : encadrer et animer, avec un objectif prioritaire de productivité et de fiabilité de la production informatique.

1983
RESPONSABLE DU SERVICE EXPLOITATION
Exploitation des matériels :
- BULL 66/60P bi processeurs, réseau de 80 terminaux "siège"
- IBM 3083E, réseau de 150 terminaux financiers 4700,
- NCR 8271, réseau de 10 GAB
- MINI6, réseau de 50 TPV

Projets gérés :
- Automatisation de l'exploitation BULL,
- Organisation du service (normes, standards, méthodologie),
- Mise en place de l'exploitation IBM et automatisation,
- Gestion et optimisation de l'exploitation

1979
INGÉNIEUR SYSTÈME chargée du système d'exploitation GCOS/BULL (mise en œuvre, assistance technique aux informaticiens).
Projets gérés :
- Démarrage du système "HB66" et encadrement technique,
- Etude et mise en place du nouveau système transactionnel "BULL/DM4". Formation du personnel au langage COBOL74, au télétraitement et aux bases de données "IFDS2".

1972/1979
THOMSON CSF
TECHNICIEN chargée de suivre les problèmes techniques informatiques (systèmes d'exploitation, langages, bases de données, prologiciels)
Projets gérés :
- Mise en service d'un terminal lourd, en liaison spécialisée avec un site central IBM
- Démarrage d'un ordinateur "HB66/BULL" (encadrement technique pour le développement et l'exploitation)

1972
PROGRAMMEUR, puis ANALYSTE-PROGRAMMEUR
Projets gérés :
- Application "gestion de besoins" utilisant les bases de données pour les nomenclatures d'avions,
- Application gestion de stocks,
- Développement des interfaces et mise en place d'un logiciel de gestion de production.

FORMATION

ETUDES
- Autodidacte (formation interne)
- Brevet Supérieur d'Enseignement Commercial, option comptable
- BTS traitement de l'information

DIVERS

43 ans, mariée, 2 enfants,
Sports et loisirs : Ski, volley ball, macramé, échecs, voyage en famille en Amérique Latine, Afrique Centrale, Iran,.

OBJECTIF INDUSTRIALISATION ET ORGANISATION D'UNE PRODUCTION INFORMATIQUE DISTRIBUÉE, SECTEUR BANCAIRE OU SÉCURITÉ INFORMATIQUE

SECRÉTAIRE TRILINGUE

Maîtrise des Techniques Informatiques
Goût pour les contacts
ESPAGNOL, ANGLAIS

Dominique DUPONT
51 Boulevard georges Clémenceau
92400 COURBEVOIE
✆ : 36.68.02.92

EXPERIENCES

Depuis 1992 **MAIRIE DE RUEIL-MALMAISON Affaires économiques**
SECRÉTAIRE - RÉDACTEUR

Responsable de l'ensemble des tâches au Service Economique, je suis chargée :
- de la mise à jour quotidienne du fichier des entreprises installées sur la ville (contrôle des créations et disparitions des sociétés), afin de pouvoir établir des statistiques par rapport à l'ensemble du département.
- d'établir divers rapports ou synthèses sur l'activité économique de la ville, en particulier (taux de chômage, industrialisation, activités dominantes sur Reuil par rapport aux villes voisines...)
- de mettre en place une cellule "emploi" quasiment inexistante jusqu'alors, afin de permettre aux demandeurs d'emploi une recherche efficace.

BILAN : Cette expérience m'aura apporté beaucoup de satisfaction suite aux contacts créés avec les entreprises.

1991/1992 **WENDEL BUROTIC Magasin d'équipement informatique**
SECRÉTAIRE DE DIRECTION

- Responsable de l'ensemble du secrétariat
- Responsable de la formation de clientèle (Word, Excel, Works...)
- J'étais également chargée de la réception de la clientèle au sein de la boutique (vente, démonstration des produits, achats auprès des fournisseurs...)

BILAN : Travail très enrichissant du point de vue des connaissances en informatique.

1990/1991 **TOTAL Recrutement de Techniciens et Ingénieurs**
SECRÉTAIRE - DIRECTION DES RESSOURCES HUMAINES

- Responsable du fichier Expatriés, personnes employées par TOTAL pour travailler à l'étranger (et plus particulièrement en Arabie Saoudite)
- Suivi des visites médicales, avant tout départ à l'étranger.
- Préparation des dossiers de couverture sociale et mise à jour régulière

BILAN : Cette expérience m'aura apporté un sens de la rigueur et du travail en équipe.

1988/1990 **LDV**
ASSISTANTE D'INGÉNIEUR

- Travail de préparation et conception de documentation techniques (frappe et mise en pages sur Macintosh d'un livre de plus de 350 pages, publié& chez DUNOD)

BILAN : Connaissance parfaite du traitement de texte Word

FORMATION

ETUDES
- BTS Secrétariat de Direction (1985)
- BAC G1 (1983)

LANGUES
- Anglais : lu, écrit, parlé (4 séjours en G.B.)
- Espagnol : langue maternelle

CONNAISSANCES INFORMATIQUES
Word 4 et 5, Winword, Excel, DBase, Works
PC et Macintosh - Xérox Documentor

ACTIVITÉS ANNEXES

PÉDAGOGIE
Formation de plusieurs personnes, au sein d'une importante administration au système informatique Xérox Documentor

DIVERS

29 ans, mariée, 1 enfant,
Sports et loisirs : ski de fond, passionnée de photographie noir et blanc (membre d'un club photo)

OBJECTIF

INTÉGRER UNE IMPORTANTE SOCIÉTÉ, AFIN DE LUI APPORTER MES CONNAISSANCES EN INFORMATIQUE

Dominique DUPONT
8 Cours saint Louis
07000 PRIVAS
☎ : 36.68.02.07

BILINGUE ANGLAIS FRANÇAIS

▾ 2 années professionnelles en Angleterre
▾ 1 année à Paris dans un organisme irlandais
▾ Depuis 3 ans dans une société franco-américaine

EXPERIENCES
▼

Depuis 1993
ENTREPRISE FRANCO-AMÉRICAINE
comprenant 200 personnes en France
ASSISTANTE DU DIRECTEUR
DES SERVICES COMPTABLES,
PERSONNELS ET GÉNÉRAUX
A ce poste j'ai :

▾ Suppléé l'absence d'un cadre administratif durant 6 mois en établissant de bons rapports avec les secrétaires de ce service qui me rendaient compte régulièrement de leurs activités.

▾ Participé au recrutement de secrétaires ou employés en étroite relation avec les services concernés, qui me chargeaient de rédiger leurs annonces, de les faire paraître dans la presse, de procéder à la présélection des candidats.

▾ été chargée des liaisons avec les agences intérimaires.

▾ collaboré à la traduction de nombreux documents (bilans, prévisions, inventaires) destinés à la maison-mère aux U.S.A.

▾ étudié et soumis en anglais de nombreux projets pour obtenir l'accord des U.S.A. Ainsi nous avons eu, grâce peut-être à la formulation de ces rapports, l'accord pour trois projets (mise sur ordinateur, aménagement d'un entrepôt, étude d'horaires souples).

▾ contacté les entreprises spécialisées dans le matériel à comptabiliser le temps de travail du personnel, cela dans le but de rédiger un rapport cohérent pour l'étude des horaires souples destiné aux américains.

▾ organisé de nombreux séminaires pour nos collaborateurs de Paris et de Province.

▾ planifié les cours d'anglais en sélectionnant les groupes d'une part en fonction de leur niveau et d'autre part en fixant avec chacun des services les personnes désignées de manière à ne pas désorganiser ceux-ci.

1992-1993
Société ANALYSIS AUTOMATION LTD
(Oxford - Angleterre)
SECRÉTAIRE DU DIRECTEUR GÉNÉRAL
d'une entreprise d'import-export d'appareils de mesure de pollution.

Je n'utilisais pas ma langue maternelle puisque cette entreprise travaillait exclusivement avec les U.S.A. pour l'export.

1991-1992
ASSISTANTE DE FRANÇAIS
DANS UN COLLEGE BRITANNIQUE

J'avais la responsabilité de plusieurs classes d'une trentaine d'élèves.

1990-1991
IRISH EXPORT BOARD
(Organisme Gouvernemental Irlandais)

J'appartenais au bureau parisien de cet organisme chargé de faire connaître les produits irlandais en France ou vice-versa. Mon rôle consistait surtout, à me charger, certes, des traductions, mais également de l'organisation de voyages promotionnels en Irlande.

1989-1990
Société SEDIS à Levallois
SECRÉTAIRE BILINGUE

J'étais chargée de la correspondance commerciale dans les deux langues.

FORMATION
▼

ETUDES
▾ Baccalauréat AB (philosophie)
▾ Lower Cambridge **(1984)** ' Proficiency **(1983)**
▾ Chambre de Commerce Britannique **(1987)**
▾ BTS de traducteur commercial **(1988)**

FORMATION PERMANENTE
Cours de marketing post-universitaire (College of further education) **1992-1993**

LANGUES
Anglais : courant.

DIVERS
▼

31 ans, célibataire.

3 ANS D'EXPÉRIENCE DANS LA DISTRIBUTION CHEFS DES SERVICES ADMINISTRATIFS

Dominique DUPONT
Rue du Bailli 78
1050 BRUXELLES
Tel : 36.68.02.00.5X

EXPERIENCES

Depuis 1994
BURTON (Bruxelles)
Second magasin de la société
Effectif : 90 personnes
CA : 607 MFB
CHEF DE SERVICE ADMINISTRATIF
Organiser et superviser le travail d'une équipe de 7 personnes.
Préparer les soldes.
Veiller au bon déroulement des inventaires.
Auditionner les procédures d'enregistrement et apporter des recommandations.
Diriger un comité "vols et pertes" avec pour objectif d'élaborer un plan d'action.

J'ai participé à l'ouverture du premier magasin Burton en Italie. Détachement de 3 mois à Milan. Responsabilités de mise en place des procédures administratives et informatiques, traduction en italien des documents anglais, formation du personnel local.

1993-1994
BURTON (Lyon)
4ème magasin de la société
Effectif : 60 personnes
CA : 60 MFF
Encadrement d'une équipe de 4 personnes
Mise en place d'un nouveau système informatique de gestion des ventes et introduction du système carte bancaire
Participation à des recrutements.

1992-1993
ADJOINTE ADMINISTRATIVE (Dublin)
Stage commercial sur la surface de vente.
Responsabilité de 3 rayons mode Dame.

FORMATION

ETUDES
1989 : Maîtrise d'Anglais
1992 : Maîtrise de sciences et techniques.
Option : gestion et économie.

LANGUES
Anglais : courant
Italien : bonnes notions, Certificat de la Chambre de Commerce d'Italie

DIVERS

27 ans, divorcée, 1 enfant,
Sports et loisirs : Squash, planche à voile, ski et jogging.

Dominique DUPONT
73 Bd Carnot
78100 LE VESINET
Tel : 36.68.02.78

SOLIDE EXPÉRIENCE BANCAIRE EN FRANCE ET À L'ÉTRANGER

OBJECTIF

RESPONSABLE D'UN PROJET, D'UN ENSEMBLE OPÉRATIONNEL IMPLIQUANT UN DÉFI À RELEVER

EXPERIENCES

Depuis 1994
BANQUE INDUSTRIELLE DE CRÉDIT à Paris
ADJOINTE AU DIRECTEUR chargé des relations avec les actionnaires
• Contacts directs par téléphone et par courrier avec les actionnaires,
• Collaboration à la rédaction de l'information financière et à sa diffusion interne et externe. Dans ce cadre j'ai participé à la conception du premier compte-rendu d'Assemblée Générale par Minitel Vocal et formé en 2 jours une équipe de 5 personnes non spécialisées pour répondre aux questions de 10000 salariés concernés par une augmentation de capital réservée.
• Contribution au lancement d'un club d'actionnaires (35000 membres par an),
• Participation à la définition et à l'application de la politique de communication de la banque au sein du Comité de Communication.

1993/1994
RESPONSABLE D'UNE ÉQUIPE de 3 rédacteurs
pour l'examen des dossiers de crédits présentés par les entités d'Europe du Sud et de l'Amérique Latine avec pouvoirs de décision à hauteur de 5M$ jusqu'à 1 an, 1,5M au-delà. Suivi des risques des entités de cette zone d'un total de 5MF.

1990/1993
RESPONSABLE des entités de la zone Europe-Moyen Orient (7 pays, 18 implantations)
• Avec 2 collaborateurs orientation et suivi des activités, des résultats, de l'adaptation des moyens humains et matériels, reporting à la Direction générale.
• Définition d'une nouvelle stratégie de développement dans cette zone et transfert d'activités d'entités vers d'autres entités.
• Intérim pendant 4 mois de la Direction d'une filiale (20 personnes, 650 MF d'actifs) afin d'en faire un audit opérationnel et stratégique.

1987/1989
DIRECTEUR DE L'EXPLOITATION ET DU CRÉDIT POUR L'ESPAGNE à Madrid
• Rattachée directement au Directeur, j'ai animé une équipe de 10 commerciaux à Madrid et Barcelone avec pouvoir de crédits à hauteur de 0,5M$.

BILAN : En 3 ans la clientèle à été internationalisée de moins de 10% à plus de 50% du Fonds de Commerce (2 Milliard de Francs d'engagements, 500MF de dépôts)

1986/1987
BANQUE FINEXPORT
DIRECTRICE DE L'AGENCE à Madrid
• Sans transition, j'ai assuré la responsabilité de cette entité avec pour mission de remettre en état opérationnel après le départ de tout l'encadrement (15 personnes sur 60) et dans la perspective de sa vente 9 mois plus tard à une autre banque.

1984/1986 .
RESPONSABLE D'UN SERVICE DE 5 PERSONNES à Paris
On m'avait confié la création dans le but de centraliser les engagements de l'ensemble des unités localisées dans 16 pays, ainsi que la mise en place avec la Direction de l'informatique d'un système d'enregistrement et de centralisation de ces engagements ce qui a facilité le travail des chargés de relations avec les grands clients.

1980/1984
RESPONSABLE de la mise en place d'un contrôle régional (4 personnes) à Lyon
• Ma mission consistait à réintroduire plus d'orthodoxie bancaire dans 3 agences ouvertes depuis 3 ans,
• La rigueur, associée à la diplomatie et accompagnée d'une action de formation auprès des 50 personnes de l'effectif, a permis un redressement et la révision de la décision de fermeture des 3 agences.

1976/1980
Dans cette fonction, j'ai reconstitué la comptabilité d'une succursale sur un an pour expliquer une différence de 10MF, assuré le redressement de dossiers crédits compromis et concouru à la réorganisation de services en agences et au siège.

FORMATION

ETUDES
Licence es Sciences Economiques, option gestion de l'entreprise à Paris 1976
CESB 1984

LANGUES
Anglais : lu, écrit, parlé
Espagnol : lu, parlé

DIVERS

41 ans, célibataire
Sports et loisirs : Aviron, troupe de théâtre amateur

D.E.A. EN ÉLECTRONIQUE

Dominique DUPONT
7 rue Vauban
56100 LORIENT
Tel : 36.68.02.56

EXPÉRIENCES

1994 **Ecole Nationale Supérieure des Télécommunications de Bretagne**

Travail d'étude-développement dans le laboratoire Circuits Intégrés Télécom.
J'étais responsable de l'étude et de la conception d'un générateur numérique.
Les caractéristiques du circuit conçu ont été améliorées par rapport à celles du cahier des charges.

1992 **MEUNIER SA Entreprise de mécanique lourde à Brest**

J'ai eu la responsabilité de comptabiliser le temps de travail et proposer des aménagements horaires pour le personnel de production.

1989 à 1991 juillet-août **ARMOR-COLOR (Groupe Kodak) entreprise de développements de photos à Brest**

Emploi saisonnier, au sein d'une équipe de nuit, j'ai été responsable du chargement de papier-photo et participé au tri des travaux à réaliser. Grâce à mes initiatives, les délais de livraison ont pu être respectés lors des pointes dans les commandes.

FORMATION

ÉTUDES

1993-1994 - D.E.A. en électronique de l'Université de Bretagne Occidentale (U.B.O. à Brest)
1992-1993 - Maîtrise en Electronique : Electrotechnique-Automatisme (U.B.O.)
1991-1992 - Licence E.E.A. (U.B.O.)

Domaines étudiés :
C.A.O. de circuits intégrés, signal, image, micro-ondes, matériaux et composants pour l'électronique, circuits électroniques, optique, opto-électronique, magnétisme,

transmissions numériques et analogiques, lignes de transmissions, électrotechnique (moteurs électriques, dynamo...), micro-informatique, automatique.

Mémoire du stage D.E.A. effectué à l'ENST Bretagne
Etude et conception d'un circuit intégré C-Mos dans le cadre d'un projet concernant la T.V. haute définition numérique.

LANGUES
- Anglais : courant technique.
- Allemand : ordinaire.
- Néerlandais : en cours d'apprentissage.

CONNAISSANCES INFORMATIQUES
- Langages : C++, C, Pascal, Modula-II, assembleurs
- Systèmes d'exploitation : UNIX, Ms DOS
- C.A.O. : System-Hilo, Spice
- Autres : Systèmes experts, Windows 3.1

ACTIVITÉS ANNEXES

ACTIVITÉ SOCIALE PROFESSIONNELLE

- Membre du Conseil d'administration de l'amicale des anciens élèves de mon lycée.
- Adhérent à l'association des anciens étudiants du département "Electronique" de l'U.B.O.
- Co-organisateur en 1993 d'un forum de jeunes européens avec l'appui du Conseil de l'Europe et de la Communauté Economique Européenne ; les langues du Forum étaient l'anglais et l'allemand. Découverte de la richesse culturelle et politique de l'Europe entière : présence de Lituaniens, Tchèques, Slovaques, Croates, Allemands, Danois...
- Président-Fondateur d'une association d'étudiants du type Bureau des Elèves ou Corporation et en tant que tel, j'ai organisé des conférences sur des entreprises, l'APEC, l'emploi ; réalisé des enquêtes sur les entreprises locales, les étudiants ; créé un service de recherche de stages et d'emploi.

DIVERS

25 ans, célibataire.
Sports et loisirs : Plongée sous-marine, randonnées VTT..

Dominique DUPONT

38 rue Félix Faure 06400 CANNES Tel : 36.68.02.06

5 ANS D'IMPORT EXPORT ET RELATIONS PUBLIQUES 4 ANS DE MARKETING ET DE PROMOTION

EXPERIENCES

Depuis 1991

EVENTS EXPORT

SARL d'Import-Export - Commerce de gros et de détail. Intermédiaire en produits divers

GÉRANTE ACTIONNAIRE

Lancement de la société en février 1991

Création, commercialisation et promotion de "1492" et de la plaque officielle pour le 500ème anniversaire de la Découverte de l'Amérique.

Négociations de prix et de quantités avec les sociétés étrangères pour les produits à l'importation. Mise ne place du réseau de distribution.

"Plats Chauds" : le premier plat cuisiné auto-chauffant, distribution : équipements camping, randonnées, bateaux (300 points de vente).

"Astérix" : distribution des objets et des sérigraphies exclusivement dans les grands magasins.

"TAPA" Objets d'art polynésien fabriqués à base d'écorce aux motifs géométriques. Distribution dans les grands magasins et magasins du décor de la maison.

Responsable pour les U.S.A. et l'Europe de la recherche de distributeurs exclusifs pour l'achat de nos produits à l'export. Suivi de la commercialisation dans ces pays.

Retombées médias :

- presse : Figaro (quotidien et magazine), Libération, Wall Street Journal, Le Quotidien de Paris, Paris Match, L'Express, VSD, Télé 7 jours...
- radios et télévisions : TF1, Antenne 2, Canal+, Télé Canada, RTL, Europe 1, NRJ...

1990/1991

CROISETTE VIDÉO

Editeur, Distributeur de Vidéo cassettes

DIRECTRICE ADJOINTE

Recherche de nouveaux points de vente,

Renégociation avec les centrales et les grossistes ; marché annuel 6MF,

Animation d'un réseau de distribution de 1300 points, CA 5MF.

1989/1990

CINÉ AT HOME

Deuxième vidéo club d'Europe avec 4000 adhérents et 30000 cassettes

DIRECTRICE COMMERCIALE

Négociation commerciale et achat de film auprès des éditeurs de

cassettes.
Responsable des achats et ventes hard (télévision, magnétoscope)
Création du nouveau réseau de distribution sur la France pour le recyclage de cassettes.

1987/1989
PRODUCTION VIDÉO CINÉ CLUB VIDÉO
Editeur et Distributeur de vidéo cassettes
REPRÉSENTANTE,
INSPECTRICE DES VENTES,
DIRECTRICE DES VENTES
Développement et création du réseau commercial Paris et région parisienne.

FORMATION

ETUDES
ESSEC (Ecole Supérieure de Sciences Economiques et Commerciales) (1987)

FORMATION PERMANENTE
Stages de publicité aux U.S.A. et en France :
New York : DDB, Ted Bates (AC&R), Compton.
Paris : Havas Conseil, Dupuy Compton.

LANGUES
Anglais : courant
Japonais : notions

DIVERS

33 ans, vie maritale, 1 enfant.
Sports et loisirs : deltaplane, plongée sous marine, cuisine et plats exotiques.

Dominique
DUPONT

220 Route d'Orange
84320 ENTRAIGUES
SUR SORGUES
Tel : 35.68.02.84

COLLABORATRICE D'ARCHITECTES

EXPERIENCES

Depuis 1992

M. LEGUAY Architecte DPLG

Architecture villas, immeubles d'habitations, bâtiments industriels

COLLABORATRICE D'ARCHITECTE

Mise au point des projets d'après esquisses,
Relations avec les clients, relations quotidiennes avec la DDE
Organisation des dossiers : dessinateurs, surveillance jusqu'à obtention des permis de construire (37 dossiers suivi en 1994)
Mise en place des plaquettes de présentation pour les concours
Préparation des brochures des réalisations pour les clients (4 brochures en 1994)
Dessin de mise en valeur (aquarelle)

BILAN :

Chargée d'un projet d'immeubles d'habitation de 9000 m2 intégrés dans l'environnement (terrain pentu et très boisé)

FORMATION

ETUDES

École d'Arts Appliqués Lyon (1991)
Décoration, architecture

LANGUES

Anglais : notions (2 séjours en Grande-Bretagne)
Espagnol : lu, écrit (5 séjours)

OBJECTIF

ASSISTANTE D'UN PROMOTEUR IMMOBILIER CONFIRMÉ

(réalisations de qualité à son actif)

ACTIVITÉS ANNEXES

PÉDAGOGIE

Chargée de la formation d'un stagiaire pendant 6 mois.

DIVERS

22 ans, 1 enfant,
Sports et loisirs : danse acrobatique, vidéo (prise de vue, montage, doublage, son, titrage)

Dominique
DUPONT
140 rue Montmartre
75002 PARIS
Tel : 36.68.02.75

INGENIEUR ARTS ET MÉTIERS

EXPÉRIENCES

Stages de 4 mois

RHONE POULENC - RORER
Détermination des moyens et du contenu d'une étude portant sur des phénomènes vibratoires destructifs.
Consultation et choix des prestataires

Mémoire de fin d'études
faisabilité, lancement et suivi qualité d'une production
par soudage laser de 5000 pièces/mois pour copieurs Rank-Xéros

FORMATION

ETUDES
Ingénieur de l'Institut Catholique d'Arts et Métiers de Lille - 1995
Baccalauréat série C

LANGUES
Anglais : First Certificate of Cambridge
séjours en Grande Bretagne et U.S.A.

ACTIVITES ANNEXES

Junior - Entreprise - 2 ans
Responsable Relations Extérieures, puis Vice-Président de DYNAMICAM
Prospection, suivi contrats, organisation rencontres Ecoles/Écoles et Ecoles/Entreprises.

Bureau de Promotion - 1 an
Vice-Président
Organisation de soirées, remise de diplômes, représentation auprès de la Direction des Etudes.

DIVERS

24 ans, célibataire
Sports et loisirs : Golf, escalade, cuisine, voyages itinérants.

OBJECTIF

ÉVOLUER VERS UN POSTE D'ENCADREMENT TECHNIQUE
ET DE CONTACTS CLIENTS/FOURNISSEURS
EN PRODUCTION INDUSTRIELLE
OU EN PRESTATION DE SERVICE.

Dominique DUPONT
2 rue Robert Estienne
75008 PARIS
Tel : 36.68.02.75

ANALYSTE FINANCIER

EXPERIENCES

Depuis 1988
GROUPE BANCAIRE
ANALYSTE CHARGÉ D'ÉTUDES au sein du Département Engagements de Crédits de l'Organisme Central

Analyse du risque sur les plus importants engagements (analyse financière et analyse tous crédits) sur tous types d'entreprises (PME et grandes entreprises) et sur tous secteurs d'activités - préparation de la décision,
Rédaction de notes de synthèses sur les engagements à risques,
Utilisation de l'outil informatique pour la décision et études d'extension des applications informatiques
Etudes sectorielles destinées à définir les normes,
Utilisation de méthodes de notations selon les types d'activités,
Etudes de prises de participation au sein d'entreprises régionales.

1982-1988
GRANDE BANQUE ÉTRANGERE
Diverses fonctions assurées dans la succursale française

Au service Inspection et Organisation : contrôle de la comptabilité interne et des diverses opérations bancaires à tous les échelons de la banque. Utilisation de l'outil et de procédures informatiques,
Au service des Engagements de Crédits : analyse des crédits d'exploitation aux entreprises,
Connaissance des opérations de change (manuel), change transfert, de gestion portefeuille-escompte, des opérations bancaires courantes (ouverture de compte aux particuliers et aux sociétés) et du fonctionnement d'ensemble de la banque.

FORMATION

ETUDES

Maîtrise de droit, options : droit privé - droit des affaires (fiscalité - comptabilité) en 1982

FORMATION PERMANENTE

1985-1986 : Préparation du Certificat d'Aptitude de l'Institut d'Administration des Entreprises de Paris

1992-1993: Auditeur au Conservatoire National des Arts et Métiers ; troisième cycle "Stratégie-Ingénierie Financières"

1994 de mars à juillet : Institut de Contrôle de Gestion ; cycle "Management supérieur pour cadres et dirigeants" dans le cadre d'un congé individuel de formation.

LANGUES

Anglais : lu, parlé, écrit
Italien : bonnes notions
Russe : bonnes notions

DIVERS

33 ans, marié, 1 enfant,
Sports et loisirs : Jogging, violon, Membre du Conseil d'Administration d'un mouvement de jeunesse.

Dominique
DUPONT
32 rue du Chateau
78000 VERSAILLES
☎ : 36.68.02.78

FONCTION PERSONNEL
Chargé des études, des statistiques et de l'informatique

EXPERIENCES

Depuis 1992 **Entreprise du second œuvre du bâtiment, 3500 personnes réparties en 30 établissements**
CHARGÉE DES ETUDES, DES STATISTIQUES, DE L'INFORMATIQUE À LA DIRECTION DES RELATIONS HUMAINES
• Mise en place le tableau de bord de la D.R.H.
• Réalisation les études dans un but d'aide à la décision de la DG (études salariales, études sur les effectifs, sur la mobilité...)
• Réalisation des statistiques pour remplir les obligations légales (bilan social, rapport annuel...)
• Assistance et conseil aux établissements dans leur pratique quotidienne de l'outil informatique de paie.
Ma connaissance de l'informatique m'a également permis de faire vivre et évoluer notre système de paie et de gestion du personnel (partagé avec une autre société, 9000 paies par mois avec spécificités du bâtiment)
• Suivi de la législation, des cotisations, taux, plafonds, de la réglementation interne,
• Mise en œuvre des nouveaux développement informatiques : analyse du besoin, rédaction du cahier des charges, contacts avec le service informatique au cours de la programmation, tests, information des utilisateurs, documentation.
• Mise en place d'une formation interne pour les nouveaux utilisateurs.
J'ai pu également participer à des études de mise en place de progiciels ressources humaines, recrutement.

1988/1992 **BP CHEMICAL à Paris**
CHARGÉE D'ÉTUDES À LA DIRECTION DES RELATIONS DU TRAVAIL
Mes principales réalisations ont été :
• Elaboration du bilan social,
• Proposition, chiffrage et contrôle du respect des décisions de la DG en matière salariale,
• Toutes études sur les rémunérations (mise en place d'une grille de salaires, chiffrage d'un contrat de solidarité)
• Etude de la mise en place d'un prologiciel de paie et de gestion du personnel.

1986/1988 **CRÉDIT LYONNAIS (Siège de Paris)**
ASSISTANTE À LA DIRECTION DES RELATIONS SOCIALES
J'étais chargée de :
• Proposer et chiffrer la politique salariale en vue des réunions avec les partenaires sociaux
• Conseiller les Agences régionales.

1981/1986 **KODAK à Paris**
ASSISTANTE AU DÉPARTEMENT ETUDES ET STATISTIQUES DE LA DIRECTION CENTRALE DU PERSONNEL

Tenue du tableau de bord social, études sur les rémunérations et sur les effectifs.

FORMATION

ETUDES
- D.U.T. option Statistiques en 1981
- D.E.U.G. de Sciences Economiques en 1986 (suivi en cours du soir)

CONNAISSANCES INFORMATIQUES
- Connaissance de la programmation
- Pratique de la micro-informatique
- Connaissance de prologiciels de paie et de gestion du personnel.

DIVERS

34 ans, mariée, 3 enfants.

OBJECTIF

APPORTER MES CONNNAISSANCES TECHNIQUES EN PARTICIPANT À UNE POLITIQUE DE DÉVELOPPEMENT DES RESSOURCES HUMAINES

Dominique DUPONT
3 rue de la Faisanderie
60500 CHANTILLY
Tel : 36.68.02.60

DIRECTRICE EXPORT PRODUITS DE LUXE

EXPERIENCES	de 1986 à 1995	SOCIÉTÉ PARFUMS DE PRESTIGE INTERNATIONAL DIRECTRICE EXPORT EASTERN HEMISPHERE Chargée du développement international d'un centre de profit recouvrant 25 pays (marchés locaux, duty-free, fabrication locale) Quelques réalisations : Elaboration de la stratégie commerciale, des plans de développement, budgets prévisionnels, plans marketing et des actions collatérales promotion publicité. Développement du CA, amélioration de la rentabilité et du délai de recouvrement des créances. Suivi, analyse des tableaux de bords, comptes d'exploitation client/marché. Création, négociation, animation d'un réseau de distributeurs. Etude et recommandations pour la réalisation de fabrications locales favorisant l'ouverture de nouveaux marchés, avec extension d'activité à des pays tiers, via les opérations de clearing. Mise en place d'un système de gestion informatisée, tenant compte des structures de prix, des prix de revient, des budgets prévisionnels, des stocks et des investissements. Négociations juridiques. Réalisation d'études de marché pour les fabrications locales (Egypte, Inde, Pakistan, Indonésie)
	de 1983 à 1986	SOCIETE EXPAND - Conseil en exportation DIRECTRICE COMMERCIALE ADJOINTE Chargée de la prospection et de la négociation avec les sociétés clientes. Structurer l'implantation de ces sociétés dans les pays faisant l'objet du contrat. Quelques réalisations : Ouverture de nouveaux marchés, Malaisie, Chine, Iran, Arabie Saoudite, pour des Société Suisses, Belges, Finlandaises dans les domaines de l'ingénierie, l'agro-alimentaire, produits industriels.

	de 1982 à 1983 de 1981 à 1982	DREXER - Négoce international INGÉNIEUR ANALYSTE Formation complémentaire en informatique. Mise en place d'un système automatisé de gestion. ASTRAL - Peintures-revêtements RESPONSABLE MARKETING pour le développement de nouvelles peintures Quelques réalisations : Etude de marché sur la consommation de peintures auprès des particuliers; Organisation de manifestations internationales : Foire de Cologne, de Milan
FORMATION		ETUDES Maîtrise de gestion économique des entreprises (1981) LANGUES Anglais : bilingue Japonais : bonnes notions.
DIVERS		37 ans, mariée, 2 enfants, Sports et loisirs : Golf, Tennis, Natation, Jogging, Cinéma, Musique, Echecs.

CHEF COMPTABLE

Dominique DUPONT
3 Cours Saint-André
38800 PONT-DE-CLAIX
☏ : 36.68.02.38

EXPERIENCES

1993-1995
Création d'une Société de Dépannages à domicile
utilisant le savoir faire de la franchise S.O.S. DEPANNAGE

Pour démarrer la Société j'ai :
◊ Créé une SARL de 50000F,
◊ Recruté 3 salariés, chacun spécialisé dans plusieurs corps de métiers (électricité, plomberie, électroménager, etc.)
◊ Mis en place une campagne de publicité.
Malgré cet investissement important (10% du CA HT/an), le chiffre d'affaire stagnait et était insuffisant pour couvrir les frais généraux. J'ai décidé d'arrêter en mars 1993
BILAN : J'ai pu, à travers ces actions, ramener un déficit prévisionnel de 5,6MF à 3MF

1985-1993
CONTINENT, hypermarché, CA + de 300MF, 250 personnes
COMPTABLE

Après avoir animé en tant qu'adjoint les sections paies et fournisseurs dans un premier magasin de 600 personnes, puis celle de comptabilité générale dans ce deuxième, j'ai durant les 3 dernières années, dirigé le service, aidé de 6 collaborateurs. Mon activité compreniait divers pôles :
◊ Paies : une réorganisation du poste a permis de diminuer :
- le temps de travail de 6 heures par semaine,
- le délai de remise des bulletins de salaires de 3 jours,
- le temps de préparation du bilan social de 50%

◊ Fournisseurs : assurer l'enregistrement et le paiement des 3000 factures mensuelles,
◊ Comptabilité générale : mise en place d'un programme informatique pour appréhender les écarts entre le CA enregistré par les caisses et le CA envoyé en banque, a permis :
- un contrôle de ceux-ci à J+1 au lieu de J+6,
- de diminuer la charge de l'aide comptable qui a pu traiter les impayés de façon plus efficace,
- de licencier une personne qui volait

◊ Bilans : semestriels, ils étaient vérifiés par les experts comptables et les commissaires aux comptes,
◊ Gestion : un suivi mensuel, plus rigoureux, des comptes de gestion et de bilan a donné plus de fiabilité au tableau de bord : à la fin décembre, l'écart du net AVI avec celui du bilan était d'environ 3%. Elaborer les prévisions annuelles et le plan à 4 ans,
◊ Formation : synthèse du plan, présentation au CE et suivi. J'assurais certaines formations internes auprès des cadres : calcul des frais de salaires, analyse de la convention collective, etc. Dans mon service j'ai instauré la polyvalence par des permutations de poste dans le but de former, de motiver et d'assurer les tâches en cas de défaillance ou de changement de collaborateur.
J'avais en charge, au niveau régional 9 magasins, un groupe de travail qui recherchait des améliorations à apporter à la section paie

FORMATION

ETUDES

◊ Baccalauréat C (scientifique)
◊ Cours PIGIER : comptabilité, informatique, 1 an

FORMATION PERMANENTE

◊ ICD (Institut du Commerce et de la Distribution de Paris), 1 an

DIVERS

31 ans, marié, 3 enfants.
Sports et loisirs : Rallye sur glace, alpinisme

DOCTEUR EN DROIT

Dominique DUPONT
46 Bd Galliéni 92190 MEUDON
☎ : 36.68.02.92

EXPÉRIENCES

1994-1995
CABINET DUPONT à Paris
Ce dernier stage me permet de mettre en pratique mes connaissances de droit social.
Ainsi, j'ai :
- étudié les problèmes posés par la formation permanente
- défini les rapports des délégués de comités d'entreprise avec leur direction générale
- établi un projet de bilan social pour une entreprise de travaux publics.

Par ailleurs, j'ai rédigé des contrats de gérance, des P.V. d'assemblées et de conseils d'administration, des baux, des statuts de sociétés, etc.

1993-1994
CABINET D'EXPERTISE COMPTABLE DUBOIS à Paris
Pendant 6 mois j'ai participé à :
- l'établissement de dossiers de commissariats aux comptes
- la rédaction de P.V. d'assemblées.

1992-1993
SOCIÉTÉ DUVAL à Nanterre
J'ai pu :
- créer de toutes pièces un service de documentation
- améliorer l'efficacité de l'enregistrement des commandes, en suggérant de modifier l'organisation existante ; j'ai fait accepter ce changement avec l'appui de l'ensemble du personnel de ce service, même des plus anciens.

FORMATION

ETUDES
Docteur en Droit, Faculté de Paris (1995)

LANGUES
Anglais : scolaire
Allemand : scolaire

ACTIVITÉS ANNEXES

1990-1991-1992
Monitrice d'enfants, durant plusieurs vacances scolaires, j'ai été notamment responsable de l'approvisionnement d'un des centres comprenant un effectif de 100 enfants.

DIVERS

25 ans, mariée, 1 enfant.

OBJECTIF

DANS L'IMMÉDIAT, ASSISTANTE AU SERVICE DU PERSONNEL, POUR ÉVOLUER, À MOYEN TERME, VERS DES RESPONSABILITÉS DANS CETTE FONCTION

JOURNALISTE

Des interviews exclusives de personnalités (Rocard, Chirac, Barre...)

Dominique DUPONT
73 rue de la Division Leclerc
92160 ANTONY
Tel : 36.68.02.92

EXPERIENCES

Depuis décembre 1992
JOURNALISTE
"PRODUCTEUR AGRICOLE FRANÇAIS" 250000ex.

A ce poste, j'ai pu :

- suggérer et inaugurer une nouvelle rubrique d'interviews de personnalités sur leur vision de l'évolution du marché commun agricole dans la perspective de 1995

- interviewer ainsi en exclusivité Messieurs Rocard, Chirac, Barre ...

- m'imposer auprès des syndicats agricoles de toutes obédiences

- participer à de nombreuses réunions de l'Institut Technique des Céréales et des Fourrages

- couvrir les dernières réunions agricoles de Bruxelles

1992
"SUD-OUEST"
CORRESPONDANT PIGISTE

"INVESTIR"
PIGISTE

Nombreux articles notamment un papier sur les vins de Bordeaux.

FORMATION

ETUDES

- DUT de Journaliste à Bordeaux 1991
- Maîtrise de droit public à Bordeaux 1990
- Diplôme de l'Ecole Supérieure de Commerce de Bordeaux 1988

LANGUES

- Anglais : courant
- Espagnol : courant

DIVERS

28 ans, vie maritale, 1 enfant

OBJECTIF

SOUHAITE METTRE EN PRATIQUE DANS LA PRESSE GRAND PUBLIC MA CONNAISSANCE DU SECTEUR AGRICOLE, À MOINS QUE L'ON ME PROPOSE UNE RUBRIQUE DIFFÉRENTE À LANCER...

PHOTOGRAPHE

Monitrice aux Beaux Arts de Lille
Réalisations photographiques et réalisation d'une exposition pour l'Ordre des Architectes du Nord/Pas-de-Calais
Organisation d'expositions photos dans le cadre de la Foire de Lille

Dominique Dupont
12 rue Jean Moulin
59100 ROUBAIX
Tel : 36.68.02.59

EXPERIENCES

Depuis octobre 1993
Cours de dessin, peinture et photographie
à des enfants et des adultes.

Bilan : Exposition des meilleures photos enfants/adultes dans le cadre de la Foire de Lille (4700 visiteurs sont venus contempler notre exposition, 200 photos exposées : 47 achetées, CA : 22700F)

De septembre 1991 à mai 1993
Monitrice de photographie et de graphisme
à l'école régionale des Beaux Arts de Lille
- Suivi et correction des travaux des étudiants de la 1ère à la 5ème année,
- Formation technique et pratique.

Bilan : Durant cette période, j'ai réalisé une fresque murale de 7 x 4 m.

1989 à 1991
Travaux de photographie en free-lance :
- Reportages photographiques (sportifs, publicitaires)
- Créations d'affiches et de logos.

Étés 1987 et 1988
Responsable de l'animation d'adultes et d'enfants dans un village de vacances.

Étés 1985 et 1986
Encadrement de jeunes de 7 à 15 ans dans des activités de sport de plage.

FORMATION

ETUDES

1989 : CERTIFICAT D'ETUDES SUPÉRIEURES D'ARTS PLASTIQUES, ECOLE DES BEAUX ARTS DE LILLE

1985 : BAC B ÉCONOMIE

DIVERS

29 ANS, MARIÉE, 1 ENFANT,

SPORTS ET LOISIRS : PRATIQUE DU VOLLEY-BALL DANS UNE ÉQUIPE ÉVOLUANT AU NIVEAU NATIONAL, ENTRAÎNEUR ET MANAGER D'UNE ÉQUIPE SENIOR MASCULINE DE NIVEAU NATIONAL.

Dominique Dupont
78 rue de Colombes
92600 ASNIÈRES
∅ : **35.65.08.92**

TRILINGUE
Portugais
Anglais
Français

EXPERIENCES

1995
TOTAL
SOCIÉTÉ FRANÇAISE DES PÉTROLES
CHARGÉE DU SECTEUR RÉGION CENTRE
Mission intérimaire renouvelée 3 fois
Mission :
- Formalités juridiques, gestion, suivi des stations services
- Transfert des petits points de vente (150) aux filiales (4), à répartir par inspecteur commercial
- Participation à la réalisation d'un tryptique représentant les 27 personnes du réseau à insérer dans l'agenda 1995 de la Société (mise en page, choix des couleurs, accroche)

1993
DARGAUD EDITEUR
AIDE COMPTABLE
Mission intérimaire
- rapprochement de factures avec bons de commande et de livraison puis imputation analytique de celles-ci
- Contrôle de gestion

COMATEC
Vérification des prix produits et chiffres d'affaires à partir d'un listing.

1994
PREMIERS EMPLOIS
FRANCE-ANBONNEMENTS
Stage, assistante directe d'un chef de publicité
Création et suivi des fichiers, mailing, télémarketing, accueil

FORMATION

ETUDES
BTS Communication et Actions Publicitaires (1994)

LANGUES
Anglais : courant (6 mois au pair à Jersey + cours)
Portugais : courant (1 an en Angola à l'âge de 9 ans)
Italien : bonnes notions, perfectionnement en cours.

DIVERS

23 ans, divorcée, 1 enfant,
Sports et loisirs : compétition de volley-ball, tennis, aquarelles

OBJECTIF

RECHERCHE EMPLOI DE COLLABORATRICE POUR L'ORGANISATION DE MANIFESTATIONS CULTURELLES, SPORTIVES ET AUTRES (AVEC OU SANS DÉPLACEMENT)

SECRÉTAIRE DE DIRECTION
SECRÉTARIAT GÉNÉRAL, ADMINISTRATIF ET FINANCIER

Dominique Dupont 12 rue Pasteur 28600 LUISANT ☎ : 36.68.02.28

EXPERIENCES

Depuis 1983
FABRICANT DE MATÉRIEL DE TRAVAUX PUBLICS ET DE FORAGE DE L'EAU, DE MATÉRIEL PARA-PÉTROLIER ET MATÉRIEL VITICOLE (150 personnes)

Depuis 1989
SECRÉTAIRE DE DIRECTION
ASSISTANTE DU DIRECTEUR ADMINISTRATIF ET FINANCIER

Je dois donc organiser et planifier mon emploi du temps entre ces 2 Responsables. je suis chargée de :

- La préparation des Conseils d'Administration et Assemblées Générales avec la responsabilité de toutes les tâches administratives y étant liées, tenue des registres des procès-verbaux, gestion des mouvements de titres et toutes modifications au registre du Commerce,
- participer aux réunions de Comité d'Entreprise, de délégués du personnel et Comité d'Hygiène et Sécurité, Conditions de travail et d'en rédiger des comptes-rendus. J'ai également pour tâche d'établir le bilan annuel CHS-CT. J'ai pu, dans cette fonction, contribuer à établir de bons rapports avec les instances représentatives du personnel,
- Organiser les élections du Comité d'Entreprise et Délégués du personnel en collaboration avec le Service du Personnel,
- Gérer la formation professionnelle. Cette mission va de la recherche des organismes à la déclaration finale et passe par l'établissement du budget de formation. j'ai eu à organiser et planifier des cours d'anglais intra-entreprise avec une trentaine de personnes,
- Suivi des contrats d'assurances, contrôle des primes, déclaration des sinistres, correspondance avec les assureurs,
- Organisation des voyages, du suivi des déplacements, de la coordination du parc automobile de l'entreprise,
- Gestion de la caisse des espèces en FF et en devises,
- Recouvrement des loyers

A partir de 1987 SECRÉTAIRE COMPTABLE
en collaboration directe avec le responsable des services administratifs. Lorsque la titulaire du poste à été appelée à d'autres fonctions, j'ai poursuivi le travail que j'effectuai les 4 années précédentes avec une ouverture de mon poste sur une prise en charge des contrats d'assurances, des contrats fournisseurs et de la formation professionnelle.

A partir DE 1983
ASSISTANTE DU SECRÉTAIRE GÉNÉRAL
RESPONSABLE DES SERVICES ADMINISTRATIFS
J'avais pour tâche de seconder et de remplacer la titulaire du poste lorsqu'elle s'absentait, plus particulièrement dans le suivi de la trésorerie, le suivi des comptes clients (pointages, relances, impayés, contentieux) et dans les correspondances et notes de toutes natures liées au secrétariat général, ceci dans la société holding et pour les deux sociétés y étant rattachées.

1979/1980
Différents emplois intérimaires de secrétariat, notamment des missions aux services achats et commercial dans l'entreprise où se suis actuellement.

FORMATION

ETUDES
- BAC G1

FORMATION PERMANENTE
- Formation d'assistante de gestion (CEGOS)
- Formation de secrétariat juridique - droit des sociétés (LAMY FORMATION)

CONNAISSANCES INFORMATIQUES
Utilisation courante des logiciels de traitement de textes, tableurs et dessin sur micro-ordinateur Macintosh

DIVERS

30 ans, divorcée, 3 enfants,
Sports et loisirs : Présidente d'un club de loisirs communal (tennis, VTT, bridge...)

OBJECTIF Elargir mes connaissances dans le domaine de la gestion et du droit afin de progresser vers des fonctions nouvelles et des responsabilités plus importantes dans le poste de secrétariat de direction ou de secrétariat administratif et financier.

Dominique Dupont

12 avenue Desambrois
06000 NICE
Tel : 36.68.02.06

INSPECTEUR DES IMPOTS
7ème échelon

EXPERIENCES

Depuis avril 1995
D.S.F. DES ALPES MARITIMES
CHARGÉ DES FONCTIONS DE RÉDACTEUR DU CONTENTIEUX

1991-1995
D.V.I.F. Centre
INSPECTEUR DE DIRECTION CHARGÉ DES FONCTIONS DE RÉDACTEUR AU CONTROLE FISCAL

➾ Examen des dossiers au fond et en la forme après vérification
➾ Préparation des dossiers soumis à l'Interlocuteur Départemental et participation à l'interlocution
➾ Rédaction des rapports des affaires signalées : interventions ministérielles
➾ Animation contrôle fiscal : réponses à chefs de brigade et vérificateurs sur questions avant notification de redressement sur points particuliers susceptibles d'engendrer des contentieux.
➾ Contacts suivis avec de nombreuses entreprises ou conseils fiscaux avant, en cours et après vérification.

FORMATION

ETUDES
E.N.I. (1987)*
Probatoire au DECS (1986)

LANGUES
Anglais, scolaire
Espagnol, notions

DIVERS

30 ans, marié, 2 enfants,
Sports et loisirs : Ski, VTT

OBJECTIF

CONSULTANT FISCALISTE SENIOR

Dominique DUPONT
11 rue de la Créativité
59110 VILLENEUVE D'ASCQ
Tel : 35.65.08.59

TECHNICIENNE ECONOMIE DE LA CONSTRUCTION

7 ans d'expérience dans le bâtiment

OBJECTIF ACCÉDER À LA DIRECTION D'UNE UNITÉ DE TRAVAIL

EXPERIENCES

1989-1994
ENTREPRISE NORD BTP
1ÈRE ENTREPRISE DE BÂTIMENT ET TRAVAUX PUBLICS DE LA RÉGION
TECHNICIENNE AU SERVICE DES PRIX
COLLABORATRICE DU DIRECTEUR DU BATIMENT
TECHNICIENNE CHARGEE DE L'ÉTUDE DES COÛTS DE RÉALISATION
Au côté de mon directeur j'ai pu :
• Choisir les dossiers de grand intérêt pour ma société,
• Etudier et évaluer le coût des projets retenus,
• participer aux négociations des projets,
• préparer des dossiers chantiers avec le service travaux,
• Réaliser la conduite de travaux de certaines de mes études,
• Etablir sur tableur un prévisionnel détaillé du chiffre d'affaire de la société,
• Collaborer à la réalisation d'un réseau informatique,
• Encadrer les élèves stagiaires pour leur préparation scolaire.

BILAN : *6 années fondamentales pour un apprentissage sérieux de ma profession. Participation à des concours concepteurs réalisateurs (5 grands projets). Etudes de projets très importants coûts s'élevant jusqu'à 63 MF H.T. Travail d'étude en équipe très intéressant.*

1988-1989
GÉNÉRALE DE CONSTRUCTION ENTREPRISE DE BATIMENT ET TRAVAUX PUBLICS
AIDE TECHNICIENNE AU SERVICE D'ÉTUDE

Je fus engagée par contrat à durée déterminée pour faire face à un surcroît de travail; Je devais assister mon responsable étude pour :
• La mise en page des dossiers de candidatures et d'appels d'offres,
• L'exécution des métrés de gros œuvre ou corps d'états secondaires,
• Consulter l'ensemble des fournisseurs et sous-traitants des études,
• Une maintenance téléphonique avec les fournisseurs et entrepreneurs.

BILAN : *Une première expérience professionnelle dans une grande société française. Un métré tous corps d'états en un temps record. Une expérience très enrichissante grâce à une grande polyvalence.*

1988
HYPER MARCHÉ CONTINENT
Premier emploi
Remplacement saisonnier libre service, Caissière cafétéria

BILAN : *Travail dans une grande société de distribution aux règles de gestion très rigoureuses.*

FORMATION

ETUDES
BTS économie de la construction (1988)

FORMATION PERMANENTE
CCI Lille (1990-1995)
Gestion des ressources humaines

LANGUES
Anglais : bonnes notions scolaires
Espagnol : notions scolaires

CONNAISSANCES INFORMATIQUES
Basic (notions scolaires B.T.S.)
Multiplan, Logidevis, Logichantier, PPCA, Compaq Deskpro 386 imprimante NEC à laser.

ACTIVITES ANNEXES

PUBLICATIONS
1994 :
Mise en forme d'un press-book avec des photos personnelles sur l'entreprise,
1989-1994 :
Mise à jour des références entreprises sous forme de document

DIVERS

26 ans, mariée, 1 enfant
Membre dirigeant d'un club de water-polo
Sports et loisirs : Water-polo, varappe et astronomie

DOMINIQUE DUPONT
24 RUE MERCIÈRE
69002 LYON
TEL : 36.68.02.69

RESPONSABLE DU PERSONNEL ET DES ACHATS

EXPERIENCES

DEPUIS 1994
BISTROT ROMAIN À LYON
CHAÎNE DE RESTAURANTS
ASSISTANTE DE DIRECTION
- CHARGÉE DU SECTEUR DE LA PRODUCTION.
- NÉGOCIATION AVEC LES FOURNISSEURS, GESTION DES STOCKS, TENUE DU BUDGET ET DU RATIO MATIÈRE PREMIÈRE.
- PLANNING POUR UNE ÉQUIPE DE 33 PERSONNES, CALCUL DES FRAIS DE PERSONNEL,
- MISE EN PLACE DES RÉUNIONS D'OBJECTIFS AVEC L'ÉQUIPE AFIN D'AMÉLIORER LEUR MOTIVATION AU TRAVAIL,

VÉRIFICATION QUOTIDIENNE DE LA BONNE TENUE DU SERVICE,
SURVEILLANCE ET VÉRIFICATION DE LA TRÉSORERIE, RENTRÉE DE CAISSE.
BILAN : JE PENSE AVOIR ACQUIS UN PLUS GRAND SENS DES RESPONSABILITÉS ET UNE RAPIDITÉ DE RÉACTION FACE AUX PROBLÈMES HUMAINS OU TECHNIQUES. J'AI PU ME FAMILIARISER AVEC LA GESTION DU PERSONNEL (TEMPS PARTIEL, CONTRAT DE TRAVAIL...) ET DES PRINCIPES DE MOTIVATIONS DU PERSONNEL.

SAISON 1993
PIERRES ET VACANCES AU CROUESTY (56)
GOUVERNANTE GÉNÉRALE
- ORGANISATION DU TRAVAIL DE 21 FEMMES DE CHAMBRE
- PLANNING DE NETTOYAGE DES CHAMBRES, SALONS, BARS...
- PLANNING DES DIFFÉRENTES RÉPARATIONS EN RELATION AVEC LE SERVICE MAINTENANCE

SAISON 1992
GRAND HOTEL CONCORDE À LYON, HÔTEL 4 ÉTOILES LUXE
CAISSIÈRE-RÉCEPTIONNISTE
FACTURES DE L'HÔTEL, DU RESTAURANT ET RESPONSABLE DE L'ACCUEIL ET DU BIEN ÊTRE DES CLIENTS DURANT LEUR SÉJOUR.
BILAN : CELA M'A PERMIS DE DÉVELOPPER MON SENS DES RESPONSABILITÉS.

FORMATION

ETUDES
BTS HÔTELLERIE-RESTAURATION, OPTION HÉBERGEMENT (1992)

FORMATION PERMANENTE
FORMATION INTERNE BISTROT ROMAIN EN MARS 1994: RECRUTEMENT DU

PERSONNEL, DROIT DU TRAVAIL, PRÉPARATION DES SALAIRES (FICHE DE CRÉATION, MALADIE, ACCIDENT DU TRAVAIL...)

STAGE À NOVOTEL DE LYON-NORD
NIGHT-AUDIT PUIS GOUVERNANTE. CE STAGE M'A PERMIS D AMÉLIORER MON SENS DE L'ORGANISATION.

LANGUES
ANGLAIS : BONNE MAÎTRISE (SÉJOUR D'UN AN EN AUSTRALIE)
ESPAGNOL : BONNES NOTIONS SCOLAIRES
JAPONAIS : COURS BERLITZ APRÈS VOYAGE AU JAPON DURANT 1 MOIS.

DIVERS

25 ANS, MARIÉE, 1 ENFANT.
SPORTS ET LOISIRS : CAPITAINE ÉQUIPE DE BASKET-BALL, CONCERTS DE MUSIQUE CLASSIQUE.

OBJECTIF

INTÉGRER UN SERVICE DU PERSONNEL AU SEIN D'UNE GRANDE ENTREPRISE.

COUPON REPONSE

M. ____________________

SOCIÉTÉ ____________________

ADRESSE ____________________

____

TEL. ____________________

SOUHAITE AVOIR UN PREMIER ENTRETIEN EN VUE D'ÉTUDIER ENSEMBLE L'INTÉRÊT DE VOTRE CANDIDATURE

Dominique
DUPONT
27 Bd Edgar Quinet
75014 PARIS
✆ : 36.68.02.75

11 ans
VÉRITABLE CHEF D'ENTREPRISE

Gestion de stationnement
Elaboration du budget
Gestion du personnel
Contact avec autorité municipale

EXPÉRIENCES

1983-1994
SICOMEX
CHEF DE CENTRE chargé de :
Elaboration du budget exploitation
Gestion du personnel (agents exploitations et caissières)
Elaboration des contrats (750/an - CA 385 millions/an)
Perception des frais de stationnement,
Interface entre la Direction générale et la clientèle
Gestion des gros clients (Administration et centre Commercial)
Elaboration du budget voirie,
Perception de fonds et dépôts à la trésorerie (augmentation CA + 13%/an)
Appel d'offre auprès des sociétés
Suivi de l'exécution des travaux
Suivi de la maintenance des appareils

1982-1983
BANQUES VERNES (850 personnes)
CHEF DE CENTRE INFORMATIQUE (mission à durée déterminée)
Mise en service du système informatique bancaire
Elaboration du journal caisse - Trésorerie,
Cumul du journal position
Mise à jour du fichier "crédit"
Encadrement et animation du personnel informatique :
25 personnes (gain de 35% sur le temps et de 27% sur le CA)

1978-1982
SIMCO (1327 personnes)
INGÉNIEUR COMMERCIAL chargé de :
Vente logiciel - prélogiciel - Package
Conseil et assistance des utilisations pour la mise au point des logiciels
Location d'heure de machine
Relation des clients hors Métropole
Vente du matériel informatique
(CA Software + 50% CA, Hardware + 18%)

FORMATION

ETUDES
BAC + 3 ans Informatique, Gestion

FORMATION PERMANENTE
Institut d'Etude et de Développement permanent
Perfectionnement du personnel d'encadrement (1984)

DIVERS

39 ans, célibataire, 1 enfant
Sports et loisirs : Pilotage de dirigeable

OBJECTIF

OCCUPER UN POSTE DE RESPONSABLE
OU D'ENCADREMENT DANS UN SECTEUR
COMMERCIAL OU DE SERVICE.

AGRONOME

INGÉNIEUR

Dominique DUPONT
8 rue du Clos Mutant
21300 CHENOVE
☏ 36.68.02.21

• **CHIMIE DES CORPS GRAS...**
a donné lieu à publications et ouvrage de 156 pages

• **4 ANS D'EXPÉRIENCE EN TECHNIQUES CHROMATOGRAPHIQUES ET SPECTROPHOTOMÉTRIQUES**

• **3 ANNÉES D'ENSEIGNEMENT SUPÉRIEUR EN AFRIQUE**

EXPERIENCES

1993-1994
CHIMIE DES CORPS GRAS
Dans le cadre des travaux de recherche inhérents à ma thèse, j'ai été amené à :
• Faire une étude comparative de la composition chimique des huiles de graines d'espèces végétales de même famille botanique : extraction, dosage, analyse, isolement, identification de leur constituants (acides gras, terpènes, stérols...)
• maîtriser les différentes techniques d'analyse (CPG, CLHP, CCM, IR, UV, RMN, MASSE, CG/SM...) par l'interprétation des résultats et la manipulation des appareils,
• Rédiger et publier mes travaux notamment sur "la composition chimique des huiles de graines de cucurbitacées" (Mai 1992) et communication orale auprès de la FAO (1988)
• Encadrer les étudiants en thèse et apprendre à coopérer (équipe de 10 chercheurs)

BILAN : 30 composés identifiés, 20 isolés chacun à l'état pur dont 4 composés présents en quantité inférieure à 150 mg par kg d'huile !
Mise en évidence d'une identification plus rigoureuse des composés isolés par l'utilisation conjointe des différentes techniques d'analyse.

1988-1991
UNIVERSITÉ DE PORTO-NOVO (BENIN)
Enseignement niveau D.E.U.G. pour former des professeurs de lycée au BENIN comme **PROFESSEUR DE BIOLOGIE VÉGÉTALE**, j'ai du :

• Assurer des cours magistraux (85 étudiants), des séances de travaux pratiques et travaux dirigés (15 heures par semaine),
• faire face à des moyens techniques très modestes et devoir improviser (un microscope pour 4 étudiants),
• Participer à la correction et à la délibération du baccalauréat béninois, série scientifique
• Faire partie des membres du jury pour les soutenances de mémoires de fin d'années d'études

J'ai également assumé des cours de CHIMIE pendant un an (absence d'un collègue)

BILAN : Approche très enrichissante et satisfaisante de l'ENSEIGNEMENT

PREMIERS EMPLOIS

• Au Laboratoire d'Analyse et de Recherche à la Société AXEL
• Gestion de l'exploitation agricole familiale
• Cours particulier de soutien scolaire et garde d'enfants

FORMATION

ETUDES
Ingénieur E.N.S.B.A.N.A. (Dijon) Janvier 1995
Traitement des Matières premières Végétales (Thèse)

LANGUES
Espagnol : lu, écrit, parlé (plusieurs séjours touristiques en Espagne)
Anglais : technique
Grec moderne : notions

CONNAISSANCES INFORMATIQUES
Basic Fortan
traitement de texte WORD, MS DOS
Développement de petits programmes

DIVERS

28 ans, Français, marié, 2 enfants.

Dominique DUPONT
8 Cours Jean Jaurès
73500 MODANE
Tel : 36.68.02.73

ARCHITECTE

Un rapport d'urbanisme commandé à 100 exemplaires par le Ministère de l'Environnement

EXPERIENCES

Janvier à avril 1995
M. HERZOG Architecte d'Intérieur
COLLABORATRICE

J'avais effectué un long stage à temps partiel quelques années auparavant. Je n'avais pas du laisser une mauvaise impression puisque je fus engagée pour faire face à un afflux de commandes. J'ai été amenée à suivre des affaires de même nature que mon employeur. Ainsi j'ai :

- Instauré, notamment pendant ce court laps de temps, une sorte de compromis avec notre entrepreneur attitré. Cette entente reposait sur la définition du coût d'achat des matériaux et sur le coût de la main-d'œuvre ; cette politique a permis à notre entrepreneur de tenir les délais.

- Quitté à regret ce poste, car les commandes s'étaient stabilisées à leur rythme antérieur et ma présence n'était plus justifiée.

Octobre 1993 à décembre 1994
M. DUPRE Architecte Urbaniste
COLLABORATRICE Diplômé d'Architecture DPLG depuis juillet, on m'a confié :

- Un rapport d'urbanisme urgent qui avait pris du retard par suite de l'incompétence d'un ancien collaborateur. Ce rapport devait être remis à deux Ministères et plus particulièrement à celui de l'Environnement qui, satisfait, nous en commanda 100 exemplaires.

- Après 3 visites de chantiers avec mon employeur, la responsabilité complète de l'un d'eux à Paris.

- La prise en charge de l'une des deux agences, celle de Paris déclinait et en l'occurrence mon salaire de "débutante" ne pouvait être augmenté malgré... les responsabilités que l'on me confiait.

Durant mes ETUDES D'ARCHITECTURE :
- réalisation personnelle de la décoration de deux agences de voyages à Paris en 90 et 91.
- Etude d'un jardin sur dalle (stage)

FORMATION

ETUDES
Diplôme d'Architecte DPLG Paris (juillet (1993)
Sujet : Centre de Recherche Agricole en Egypte.

LANGUES
Anglais : courant.
Espagnol : notions.

DIVERS

26 ans, mariée, sans enfant,
Sports et loisirs : ski, voile, émaux sur cuivre, aménagement de jardins, voyages (Inde, Népal, Roumanie, Egypte, Soudan)

OBJECTIF

OCCUPER UN POSTE DE RESPONSABILITÉ DANS LE SECTEUR DE LA CONSTRUCTION OU DES QUALITÉS D'ART ET DE TECHNIQUE SONT REQUISES.

ADMINISTRATEUR D'IMMEUBLES

SYNDIC DE COPROPRIÉTÉ

Dominique DUPONT
18 rue de Bellechasse
75007 PARIS
Tel : 36.68.02.75

EXPERIENCES

Depuis 1985
ALAN COOK COPROPRIÉTÉ (Paris)
RESPONSABLE D'UN GROUPE D'IMMEUBLES (85, 1900 Lots)
A ce poste j'ai tenu :
- Les Assemblées générales et Conseils syndicaux
- Gérer les contentieux
- gérer les différentes activités en justice (contestation des propriétaires, garantie décennale, procès divers)
- Embaucher et congédier le personnel (gardien, concierge)
- Comptabilité : suivi de la trésorerie, établissement des budgets, arrêté des comptes annuels, trimestriels etc.
- Conseil pour travaux d'entretien d'amélioration (technique nouvelle du bâtiment : isolation, chauffage, climatisation, télésurveillance, multiservices, etc.)
- Discussion et signature des contrats avec les entreprises
- Gestion spécifique des travaux voulus, décidés et votés par les propriétaires
- Gestionnaire d'association syndicale libre.

CRÉDIT FONCIER
RESPONSABLE DE LA GESTION DU PATRIMOINE D'UN GROS INVESTISSEUR EN MATIERE D'HABITATION ET BUREAUX
DIRECTEUR D'UN VILLAGE
Aider ce client à mettre en route l'acquisition d'immeubles neufs : établissement d'état définitif de division, règlement de copropriété, mise en location, division des bureaux, mise en route des techniques de protection : alarme, détection incendie, gaz.
Réunion de chantier pendant la construction, coordination des différentes entreprises avec le constructeur. Suivi du parfait achèvement des travaux et mise en route à la livraison.

1977-1985
BRED (Groupe Banques Polpulaires)
Passage dans différentes agences de Paris.
Exploitant vente des produits bancaires et financiers.

FORMATION

ETUDES
Licence en Droit

LANGUES
Allemand : courant

DIVERS

42 ans, marié, 2 enfants.

OBJECTIF

FAIRE BÉNÉFICIER DE MON EXPÉRIENCE SOIT UN CABINET D'ADMINISTRATION DE BIENS,
SOIT UN CLIENT INVESTISSEUR DU TYPE DU CRÉDIT FONCIER

Dominique DUPONT
13 Boulevard Allard
44000 NANTES
☏ : 36.68.02.44

ATTACHÉE DE DIRECTION

EXPERIENCES

1989-1995
PASSERELLE (NANTES)
ATTACHÉE DE DIRECTION
Responsable du service Administratif comprenant 5 permanents.

Animation et gestion de contrats d'études et de recherches
• Responsable de 274 contrats pour un montant de 30MF
• Prospection dans les milieux universitaires et industriels en vue de l'accroissement du nombre de contrats (27 en 1985, 274 en 1994 dont 7 avec la CEE)
• Négociation, suivi des opérations comptables.

Gestion du personnel
• 14 permanents, 225 contrats à durée déterminée
• Recrutement, gestion des carrières, formation, communication interne, rémunérations...

Relations extérieures
• Participation aux conseils d'administration
• Membre d'un comité de rédaction du journal trimestriel
• Développement des moyens de communication de l'association
• Collaboration à des colloques internationaux.

Gestion comptable
• responsabilité de la comptabilité générale et analytique du service
• Contribution à l'élaboration des tableaux de bord et budget de l'association

1984-1989
LOIRE PROGIM Société d'économie mixte
SECRÉTAIRE D'ADMINISTRATION

Gestion
• Comptabilité de la SEM en collaboration avec un cabinet d'expertise comptable, trésorerie
• Gestion des contrats d'études et de recherche signés avec des partenaires universitaires et industriels
• Tenue des dossiers du personnel

Relations extérieures
• Préparation du bulletin de liaison interne
• Organisation de journées d'information.

FORMATION

ETUDES
- BAC + 2 (Droit - Lettres)

FORMATION PERMANENTE
- **1994** : Stages d'informatique (LAT - Nantes) Maîtrise de WordIV, Excel, DBase III+...
- **1992-1993** : Institut de Formation Permanente de Loire Atlantique, département langues et Affaires
Préparation du "First certificate" de l'Université de Cambridge

LANGUES
- Anglais, bon niveau lu, parlé et écrit
- Allemand, connaissances pratiques

DIVERS

34 ans, mariée, 2 enfants,
Bonne connaissance du milieu universitaire et industriel régional.
Véhicule personnel.
Sports et loisirs : équitation, passionnée par la batellerie.

OBJECTIF

OCCUPER UN POSTE À RESPONSABILITÉ DANS LE DOMAINE DE LA GESTION DES RESSOURCES HUMAINES OU DES RELATIONS EXTÉRIEURES

Dominique
DUPONT
18 rue Pierre Louvrier
92140 CLAMART
✆ : 36.68.02.92

17 ans
GESTION ADMINISTRATIVE
SECRÉTARIAT GÉNÉRAL
Active collaboration à la croissance et au développement de l'entreprise classée aujourd'hui parmi les toutes premières de la profession

EXPÉRIENCES

Depuis 1989
IMPORTANT ORGANISME COLLECTEUR DE LA PARTICIPATION des employeurs à l'effort de construction (1% PATRONAL)
SOUS-DIRECTRICE
RESPONSABLE DE LA DIRECTION ADMINISTRATIVE

J'ai été amenée à :
GESTION
Structurer, réorganiser l'ensemble des tâches et procédures effectuées par 4 personnes relatives à la gestion administrative des crédits (30000 dossiers informatisés sur HP 3000.

Elaborer de nombreuses lettres types gérées sur Macintosh.
Rédiger diverses notes de synthèse, études détaillées de problèmes spécifiques afin d'aboutir à la gestion efficace d'une multiplicité de situations.

Concevoir une structure Recouvrement, rendue nécessaire du fait du fort accroissement des impayés.
Amélioration de l'édition informatisée des lettres de relance ;
Instauration de formules de remboursement amiable : délais moratoires, prélèvements personnalisés, nouvel échéancier adapté aux facultés budgétaires des débiteurs pour faciliter la résorption de leur dette ;
Conception d'une nouvelle chaîne de traitement informatisée, avec états pour une meilleure maîtrise et connaissance des impayés.

Créer un service Contentieux, 200 dossiers solutionnés à l'amiable, 300 dossiers en cours de procédure judiciaire dont j'assure le suivi en relation avec avocats et huissiers, de la mise en demeure jusqu'au recouvrement effectif.

Instaurer une relation privilégiée avec un cabinet de détective privé. Nombre de dossiers considérés irrécouvrables ont ainsi pu être "récupérés".
BILAN : *Ces différentes actions ont permis de stabiliser et faire régresser l'impayé malgré l'augmentation des encours et une conjoncture défavorable désinflation, difficultés économiques et familiales des ménages.*

AFFAIRES GÉNÉRALES

Réalisation d'un programme de travaux d'aménagement et d'embellissement des locaux du siège pour les rendre plus fonctionnels et agréables.

Responsable des approvisionnements en matériel, des économies significatives ont été réalisées après étude des coûts et mise en concurrence des fournisseurs.

Actualisation et extension des garanties des contrats d'assurances - IARD RC - matériel - dont certaines étaient notoirement sous-évaluées.

PERSONNEL

Gestion des dossiers de la vie sociale du Personnel (35 personnes), ; Médecine du travail ; Congés ; Mutuelle ; Caisse des cadres ; Convention collective ; CDD ; Intérim ; Formation continue ; Accidents du travail. Organisation des élections des délégués du personnel.

JURIDIQUE

Etudes générales et spécifiques des textes législatifs dont les dispositions légales avaient des répercussion directes sur notre activité (Réforme du financement du logement)

1974-1989

SCIC (Société Centrale Immobilière de la Caisse des Dépôts)
RESPONSABLE DU DÉPARTEMENT (Prêts aux salariés et logements locatifs)

En locatif, malgré l'absence d'un stock de logements pré-réservés, noué progressivement d'étroites relations avec certains confrères et divers constructeurs sociaux (FFF - LOGIREP - LOGEMENT FRANCAIS) afin d'être approvisionné d'appartements aptes à satisfaire les demandes formulées. Pour les prêts, conception et fabrication de nouveaux imprimés, formulaires, documents de gestion, réduction du délai moyen d'étude et de réalisation.

La rapidité et le sérieux et la qualité de nos services ont grandement contribué à fidéliser notre clientèle. Informatisation générale sur HP 3000 réussie en 87/88. Création d'une formule de prêts jumelés avec participation aux rencontres préalables à l'adhésion de nouveaux clients notamment : LA SOCIÉTÉ GÉNÉRALE - ELF FRANCE - FROMAGERIES BEL. Formation de nouveaux collaborateurs (7 cadres, 14 employés) - assistance et soutien lors de la création de nos agences en province.

FORMATION

ETUDES

Maîtrise de Droit Paris I ((1973-1977)
études poursuivies tout en travaillant

LANGUES

Anglais et Espagnol : niveau BAC

DIVERS

46 ans, mariée, 4 enfants
Sports et loisirs : Tennis, natation, organiste classique, échecs..

9 ANS SERVICES DU PREMIER MINISTRE

Dominique DUPONT
3 rue Lanne 78100 SAINT GERMAIN EN LAYE
Tel : 36.68.02.78

2 ans dans le secteur privé (groupe CGE)
5 ans à l'Education Nationale

EXPÉRIENCES

1986-1995
SERVICES DU PREMIER MINISTRE
COLLABORATRICE DU RESPONSABLE DU BUREAU DU CABINET
(assimilable à des services généraux)
- Négociation et rédaction des commandes et marchés de l'état avec les entreprises privées pour des montants très importants qu'il m'est interdit de communiquer
- Libellés de sondages confidentiels soumis à des organismes spécialisés
- Comptes-rendus de films avant qu'ils passent en commission de censure
- Elaboration des mémoires de proposition dans l'ordre de la Légion d'Honneur
- Contacts avec les représentants pour l'achat de fournitures

Qualité requise : discrétion.

1985-1986
SOCIÉTÉ CIT ALCATEL
Leader de la téléphonie, groupe CGE
ASSISTANTE DU DIRECTEUR DES VENTES DE L'AGENCE PARISIENNE
RESPONSABLE DU SECRÉTARIAT avec une sténo et une dactylo sous mes ordres.
- Participation au recrutement du personnel administratif d'exécution,
- Contact avec les fournisseurs,
- Suivi des frais de déplacements des ingénieurs,
- Tenue de la caisse,
- Tickets restaurant (commande et distribution),
- Rapport avec la mutuelle,
- Liaison avec le siège à Strasbourg pour tous problèmes administratifs,
- Préparation de la salle de réunion,
- Accueil et occupation des épouses des membres de la direction générale qui était basée à Strasbourg.

1980-1985

EDUCATION NATIONALE

Dans deux établissements scolaires au service de l'intendance où j'ai notamment :

- Participé au recouvrement des frais de demi-pension et aux envois des états exécutoires auprès des huissiers,
- Pu m'initier à l'informatique (toute la comptabilité et tous les frais scolaires étaient programmés sur ordinateur).

INSPECTION ACADÉMIQUE

Affectée au cabinet de l'Inspecteur d'Académie puis au Service de l'orientation scolaire.

FORMATION

ETUDES

Baccalauréat G - Sténo-dactylo

DIVERS

35 ans, mariée, 2 enfants.

Dominique DUPONT
3, rue du 8 Mai 1945
93260 LES LILAS
Tél. : (16 1) 38.68.02.93

DIRECTEUR COMMERCIAL SUPPORT PRESSE

• Animation, encadrement, suivi des grands annonceurs (firmes, agences, centrales d'achats)
• Organisation d'opérations spéciales : dossiers régionaux (lancement pour le FIGARO MAGAZINE) ; négociations auprès de compagnies aériennes pour diffusion sur Classe « Affaires » et Première Classe (Contrats avec 11 compagnies plus tous vols CONCORDE AIR FRANCE)
• Membre associé du P.A.C.C. (Association réunissant tous les directeurs des filiales fret des compagnies aérienne basées à PARIS)
• Co-organisateur du PRIX de l'ENTREPRENEUR de l'ANNÉE

Depuis Janvier 1990

MAGAZINE ENTREPRENDRE
DIRECTEUR COMMERCIAL

• Animation de l'équipe commercial
• Etablissement de contacts privilégiés auprès des directeurs médias d'agences ou centrales d'achats et directeurs de la communication de firmes
• Apport de nouveaux budgets

- PEUGEOT	700KF	- FRANCE TELECOM	600KF
- BANQUES POPULAIRES	200KF	- MUTEX	200KF
- INFOGREFFE	200KF		

- + GROUPAMA - RANK XEROX - MICROSOFT - CREDIT AGRICOLE - etc...

• Mise en place de régies dans les régions et développement d'éditions régionales
• Logistique du PRIX DE L'ENTREPRENEUR

BILAN : *C.A. x 1,6.*

1985/1990

MADE IN FRANCE

Magazine tout en anglais destiné à la promotion des produits "Made in FRANCE" (Gastronomie, parfum, joaillerie)
Diffusion : uniquement Classe "Affaires" et Première Classe des compagnies aériennes

DIRECTEUR COMMERCIAL

• Négociation et contrats auprès de 11 compagnies aériennes et notamment tous les vols CONCORDE d'AIR FRANCE : membre associé du P.A.C.C. (Paris Air Cargo Club)
• Relations permanentes avec le Comité Français du Commerce Extérieur (CFCE), Comité COLBERT, SOPEXA, attachés commerciaux de nos ambassades
• Organisation d'opérations spéciales : p.e. présentation et dégustation de produits français à bord de la compagnie PANAM
• Edition d'un numéro spécial "PARFUM" pour le DUTY FREE CANNES
• Nombreux voyages aux U.S.A. : Miami et New York, Houston.

BILAN : *Magazine acheté 300 000 F. en 1985 et revendu 2 500 000 F. en 1990...*

1984/1985 **Pour le FIGARO MAGAZINE, dans le cadre d'une régie**

- Lancement de dossiers régionaux avec contacts sur le terrain avec les unions patronales, chambres de commerce, comités professionnels, décideurs régionaux, municipalités.

BILAN : *L'opération a été si payante que le FIGARO MAGAZINE a repris la régie pour lancer des éditions régionales qui perdurent toujours.*

1979/1984 **SOCIDOC (Filiale GROUPE C.E.P.)**
CHEF DE PUBLICITE à
PETROLE INFORMATIONS, ENERGIE NUCLEAIRE MAGAZINE, ENERGIE MAGAZINE et FRENCH ENGINEERING CATALOG

- Participation à de nombreux salons à l'étranger : Singapour, Djakarta, Houston, Bahrein, Mexico, Aberdeen, Stavanger, Hambourg.

1976/1979 **LAFA**
Premier fabricant de meubles de cuisine
RESPONSABLE DES AGENCES du NORD de la FRANCE

1970/1976 **BARTISSOL** (Apéritifs)
RESPONSABLE SERVICE COMMERCIAL

1967/1970 **MINISTERE DE L'INFORMATION**
Service juridique et technique
EMPLOYE aux statistiques presse

1965/1966 **POSTE DE LARMOR BADEN**
FACTEUR

- 47 ans - Marié - 1 enfant
- Sports et loisirs : Jet-ski, pêche en mer, motonautisme.

PARTICIPER AU LANCEMENT OU AU DEVELOPPEMENT D'UN SUPPORT DE PRESSE

PRINCIPAL CLERC DE NOTAIRE

Dominique DUPONT 7 boulevard Carnot 72000 LE MANS Tél : 36.68.02.72

EXPERIENCES

Depuis 1991
PRINCIPALE COLLABORATRICE
dans une Etude comprenant 6 personnes

A ce poste, j'ai :
• remplacé le titulaire de ce poste et un clerc expérimenté
• mis en œuvre une technique de traitement plus rapide des dossiers de succession et des contrats de vente
• assisté mon employeur dans tous les domaines juridiques
• assuré la responsabilité :
- de la négociation des ventes et locations d'immeubles
- de la répartition des dossiers, de leur exécution juridique avec notamment la prise en charge exclusive des dossiers relatifs au droit des affaires (fond de commerce, sociétés, baux, gérance...)
• de la surveillance des formalités préalables et postérieures à la signature des actes
De ce fait, je suis en rapport permanent avec la clientèle, non seulement pour les affaires en cours, mais aussi pour donner tous conseils juridiques appropriés aux autres clients selon la demande.

1990/1991
Etude de Maître BRILLANT à Lorient
COLLABORATRICE
En tant que collaboratrice directe, j'étais plus spécialement responsable des dossiers de succession, de la négociation des immeubles, de la bonne exécution juridique des dossiers de l'étude tout en ayant des rapports avec la clientèle. Les dossiers difficiles m'étaient confiés systématiquement.

1988/1990
Etude de Maître BELLEC à Quimper

Je fus engagée par contrat à durée déterminée pour face face à un afflux d'activités. J'assurais l'élaboration des contrats dans les domaines les plus divers avec prise en charge des déclarations de plus-values immobilières. J'ai quitté ce poste au terme du contrat à la suite d'un regroupement avec l'Etude voisine.

DIVERS

32 ans, mariée, 1 enfant,

OBJECTIF OCCUPER UN POSTE DE RESPONSABILITÉ DANS UN SECTEUR JURIDIQUE

Dominique
DUPONT

115, rue Gabrielle
d'Estrées
91830 LE
COUDRAY
MONICEAUX
Tél. : 36.68.02.91

3 années d'expérience commerciale dans une société américaine

EXPERIENCES

Depuis 1992
HOLLYWOOD CHEWING-GUM
GENERAL FOODS FRANCE
COMMERCIALE
Négociation de référencement de produits, d'actions promotionnelles et d'études merchandising auprès des distributeurs.
Création d'événements locaux : par exemple en collaborant avec la Fondation Française de Canoe/Kayak.
Depuis 1994, une mission de correspondante marketing sur le terrain m'a été confiée (poids du secteur : 30M de CA)
Analyser le mécanisme et l'impact sur le consommateur des opérations promotionnelles montrées en magasin.
Rédiger une synthèse et émettre des recommandations pour l'avenir.

1991/1992
OLIVETTI
DIAGNOSTIQUER LES FONCTIONS MARKETING/VENTE
Elle fut réalisée comme suit :
Interview des collaborateurs des services concernés.
Etudes auprès des distributeurs.
Analyse de l'organisation interne.
Proposition de choix stratégiques au directeur du département marketing.

1990/1991
AGEF AGENCE D'INFORMATIONS FINANCIERES
RÉDACTRICE STAGIAIRE
Rédaction des fiches de synthèses sur l'activité des banques après avoir analysé leur bilan.

FORMATION

ETUDES
IPAG, Institut de Préparation à l'Administration et à la Gestion, Option marketing et communication à Paris 6ème (1990)

DUT gestion et administration, option gestion des PME (1987)

LANGUES
Anglais : Très bon niveau
Espagnol : Notions scolaires

DIVERS

26 ans, mariée, 2 enfants.
Sports et Loisirs : Danse classique, arts martiaux (karaté, jiu jitsu), alpinisme.

Dominique DUPONT

6 Bd Marinoni 06310 BEAULIEU SUR MER Tel : 36.68.02.06

7 ANS D'EXPÉRIENCE EN HOTELLERIE DE LUXE

EXPERIENCES

Depuis 1992
HOTEL HERMITAGE
(Monaco) 4 étoiles
Grand Luxe
CHEF DE RÉCEPTION
Je dirige, supervise, planifie, encadre :
- l'ensemble du personnel des services réception et bagagistes, en veillant toujours au meilleur accueil et service,
- la rentabilité du département chambre,
- la surveillance et la bonne exécution des factures débiteurs et leur recouvrement.

Ma fonction consiste aussi à gérer les plannings journaliers et mensuels, pour d'une part répondre aux demandes des clients, et d'autre part, permettre d'obtenir un taux de rendement maximum.

BILAN : *Un poste tampon entre la Direction et la Clientèle ou l'on apprend à défendre l'image de l'entreprise. Pour cela j'ai voulu développer et personnaliser l'accueil et ainsi contribuer à fidéliser notre clientèle.*

1990-1992
HOTEL LOEWS
(Monaco) 4 étoiles Luxe
SECRÉTAIRE DE RÉCEPTION

Je prenais en charge toutes les demandes de réservations en confirmant ou refusant par téléphone, courrier ou télex et m'occupais du suivi des dossiers en vue de répondre au mieux aux désirs des clients.
Je gérais le courrier de la réception ainsi que les dossiers débiteurs.
A toutes ces tâches s'ajoutaient l'accueil et l'information des clients de même que la facturation et la tenue des caisses journalières.

1989
HOTEL CRILLON (Paris)
4 étoiles Grand Luxe
DEMI CHEF DE RANG

PREMIERS EMPLOIS
HOTEL NORMANDY
(Deauville)
Standardiste d'étage et aide cafetier.

HOTEL LE PARIS
(Stockholm)
Assistante pâtissier.

CASINO
(Amélie les bains)
Serveuse, Barmaid

FORMATION

ETUDES
BTH, Brevet de Technicien de l'Hotellerie **(1985)**

FORMATION PERMANENTE
INFATH-CFTH
Option Réceptionnaire - Night Auditor
Préparer les stagiaires aux fonctions technico-commerciales de la réception. (6 mois en 1989)

LANGUES
Anglais : courant (langue maternelle).
Allemand : technique hôtelier
Espagnol : Notions.

CONNAISSANCES INFORMATIQUES
PC INNSITE : Programme de gestion informatique en hôtellerie.

DIVERS

27 ans, vie maritale,
1 enfant,
Sports et loisirs : Danse, gymnastique, pâtisserie et goût des voyages, concrétisés par plusieurs séjours à l'étranger.

OBJECTIF

ACCÉDER À UN POSTE D'ASSISTANTE DE DIRECTION

DIRECTEUR DE DÉPARTEMENT

Responsabilité Commerciale : 3,5 milliards de FB
Responsabilité Industrielle : 450 millions de FB
Responsabilité Sociale : 125 collaborateurs
NEERLANDAIS, ALLEMAND, ANGLAIS

Dominique DUPONT
Treubstraat 3
6800 ARNHEM - NEDERLAND
Tel : (19.31) 685.56.91.1X

EXPERIENCES

Depuis 1990 **GRÜNBERG**
DIRECTEUR DE DÉPARTEMENT PIECES DE RECHANGE ET ACCESSOIRES

Achat, stockage, commercialisation et distribution des pièces et accessoires aux réseaux VAG, Porsche et SEAT.
Réalisation d'un investissement de plus de 400 millions de FB en vue d'augmenter la capacité de stockage et de moderniser la logistique.
Accroissement du CA de 2,8 milliards FB en 1990 à plus de 3,5 milliards FB en 1994.
Relations publiques auprès des autorités locales.

1988/1990 **CROWN**
BUSINESS MANAGEMENT MANAGER

Chef d'un service de consultants en gestion financière au service des réseaux de distribution de nos marques.
Mise en place d'un système de gestion informatisée des concessions.
Organisation d'un séminaire des gestions financières

1984/1988 **SA HOECHST BELGIUM**
CHEF D'UNE ÉQUIPE DE VENTE
Animation d'un service comprenant deux délégués, deux techniciens et trois employés.
Prospection et développement des affaires dans le secteur de l'industrie alimentaire (emballage et additifs)

1981/1984 **SA LES MANUFACTURES KONING**
DÉLÉGUÉ COMMERCIAL
Prospection commerciale dans le secteur de l'embouteillage (vins, bière, limonades).
Extension des activités au secteur industriel en particulier dans le domaine de la filtration.

FORMATION

ETUDES

- Humanités Latin-Mathématiques, Collège St Pierre, Uccle
- Ingénieur Commercial, distinction, HEC Lucien Cooremans, Bruxelles
- Analyste financier, Centre Interuniversitaire d'Analyse Financière,
Membre de l'Association Belge des Analystes Financiers

LANGUES

- Néerlandais : lu, écrit, parlé,
- Allemand : lu, écrit, parlé,
- Anglais : lu, écrit, parlé moins facilement par manque de pratique.

DIVERS

Marié, 2 enfants, Nationalité Belge
Sports et loisirs : équitation, élevage

Dominique DUPONT 8 avenue de Breteuil 75007 PARIS Tel : 36.68.02.75		**INGÉNIEUR I.S.E.M.** **Option informatique** **MASTERE SUPTELECOM BRETAGNE** **Spécialité Intelligence Artificielle**
EXPÉRIENCES	de 1994 à 1995	▪ DASSAULT ELECTRONIQUE (St Cloud) I.A. & CONTRÔLE DE COHÉRENCE Spécification d'un formalisme d'expression et de contrôle de la cohérence au niveau conceptuel d'application développées en langage à objets dans EMICAT-PROLOG.
	de 1992 à 1993	▪ RENAULT AUTOMATION (Billancourt) I.A. & Diagnostic technique Elaboration d'un système expert de maintenance corrective et préventive conditionnelle de robots industriels ACMA maquetté sur GURU, puis prototypé en TURBO-PROLOG.
	1991	▪ LA REDOUTE (Roubaix) I.A. & Gestion Après étude comparative des systèmes experts existants en gestion de capacité, test et recommandation d'implantation de CMF/MODEL 300.
	1994	**PROJETS** ▪ C.R.2.A. (Brest) I.A. & Prévision économique Etude de faisabilité d'un système expert d'estimation des efforts annuels de maintenance d'un logiciel par évaluation de ses facteurs qualificatifs et qualitatifs.
	de 1991 à 1992	▪ I.S.E.N. (Lille) I.A. & Calcul formel Rédaction d'une base de connaissances destinée à la résolution des équations différentielles du premier ordre par le système expert de calcul formel CAMELIA.
	de 1990 à 1991	I.A. & Logique En équipe de 7 étudiants, réalisation d'un moteur d'inférence d'ordre 0 en chaînage bidirectionnel avec compilation de la base de connaissances en PASCAL-VS.
FORMATION	1994	**ETUDES** ▪ Etudes Supérieures I.S.E.N. à Lille ▪ Diplôme d'Ingénieur de l'Institut Supérieur d'Electronique du Nord

	1995	▪ Spécialisation E.N.S.T. Bretagne III à Brest Mastère d'intelligence Artificielle de l'Ecole nationale Supérieure des Télécommunications de Bretagne en partenariat avec l'Institut d'Informatique Industrielle. **LANGUES** Anglais : bon niveau en lecture et expression orale, niveau moyen en expression écrite. 3 séjours d'étude de 15 jours en Angleterre à Plymouth et Northampton. Obtention de 513 points AU T.O.E.F.L. (Test Of English as a Foreing Language) **CONNAISSANCES INFORMATIQUES** ▪ Systèmes : VM 370, MVS/XA, UNIX, MS DOS ▪ Langages : FORTRAN, PASCAL, C, ADA, LISP, PROLOG, SMALLTALK 80 ▪ Logiciels : C.A. UNIVERSE, GURU, ART, KNOWLEDGE CRAFT, EMICAT ▪ Méthodes : MERISE, AXIAL, KOD, KADS.
ACTIVITÉS ANNEXES	de 1984 à 1995	▪ Animation S.E.E.R.I.A. à Brest Fondation et direction de la Sénior Entreprise d'Etudes et Réalisation en Informatique Avancée à l'Institut d'Informatique Industrielle
	1994	▪ Organisation du Forum Entreprise, I.S.E.N. à Lille Création et Vice-Prédsident de l'association Forum ISEN. Préparation des conférences et de la plaquette du Forum ISEN 94
DIVERS		24 ans, célibataire. Sports et loisirs : Voile (hobby cat), monoski, piano, chantiers archéologiques.
OBJECTIF		INGÉNIEUR D'AFFAIRES

Dominique
DUPONT

BP 8
35510 CESSON-SEVIGNE
✆ : 36.68.02.35

7 années d'expérience financière au sein d'un groupe multinational

▲ Pilotage de l'activité de 2 lignes de produits avec reporting décideurs
▲ Management de l'équipe administrative d'une Direction Régionale

EXPÉRIENCES

Depuis décembre 1992
IBM Direction Régionale Ouest
RESPONSABLE ADMINISTRATION COMMERCIALE
▲ Management de l'équipe de gestionnaires de la Région (7 personnes)
▲ Pilotage/analyse du CA (500 MF en 93)
▲ Support financier avant-vente (PNL d'affaires, suivi de la marge...)
BILAN : *Implication du service dans le pilotage commercial des comptes. Participation à la mise en place de la structure régionale. Assurer la cohérence des informations par rapport aux exigences du Groupe.*

Mars à Décembre 1992
IBM Ligne de Produits Micros
ANALYSTE FINANCIER
▲ Elaboration des plans et budgets, suivi des résultats,
▲ Analyse des écarts et mise en place des actions correctrices,
▲ Etudes financières spécifiques (PNL avant-vente, make or buy)
▲ Développement d'outils de simulation financière sur micro-ordinateur
BILAN : *Intégration d'un nouveau catalogue à celui d'IBM concernant une gamme de portables. Choix des fournisseurs pour optimiser la marge de l'activité.*

Juin 1987 à Mars 1992
IBM Ligne de Produits bancaires
ANALYSTE FINANCIER
▲ Elaboration des plans et tableaux de bord
▲ Contrôle de gestion/recouvrement de l'OEM bancaire
▲ Utilisation de l'outil informatique

Octobre 1986 à Juin 1987
INGÉNIEUR COMMERCIAL
Suivi de la clientèle des Experts-comptables

FORMATION

ÉTUDES
- E.S.C. de Reims, option Finances (1986)
- Formation financière IBM (1990)

LANGUES
- Anglais : lu, écrit, parlé
- Espagnol : lu, écrit, parlé.

DIVERS

- 33 ans, marié, 1 enfant,
- Sports et loisirs : Tournois danse acrobatique, architecture de la Renaissance

OBJECTIF

DÉVELOPPER LES COMPÉTENCES ACQUISES DANS LES DOMAINES DE CONTROLE DE GESTION, DE MANAGEMENT ET DE PLANIFICATION AU SEIN D'UNE ENTREPRISE PERFORMANTE.

Dominique
DUPONT

18, RUE DES CAPUCINS
29680 ROSCOFF
TÉL. : 36.68.02.29

INGÉNIEUR EN GÉNIE CLIMATIQUE

MASTERS DEGREE MSC (G.-B.)

EXPERIENCES

DEPUIS 1995
AMEY CONSTRUCTION LTD (G.B.)

MISSION : ETUDE DE CONCEPTION ET DÉVELOPPEMENT D'UNE NOUVELLE GÉNÉRATION DE PALANS PLUS COMPACT QUE LA SÉRIE ACTUELLE.

RÉALISATION :
• PROTOTYPE (CAPACITÉ 125KG) DÉMONTRANT LA MODULARITÉ, LA FACILITÉ D'ASSEMBLAGE ET DE MAINTENANCE.
· GESTION DES ACHATS DE MATIÈRES PREMIÈRES, DE LA SOUS-TRAITANCE FABRICATION, DU PLANNING ET DU BUDGET DU PROTOTYPE.
· MINIMISATION DES DIMENSIONS GÉNÉRALES POUR OBTENIR UN PALAN PLUS COMPACT. RÉDUCTION DE MOITIÉ DU NOMBRE DES PIÈCES PAR RAPPORT À L'ACTUEL PALAN PRODUIT.

1994
MICHELIN TYRE PLC (G.B.)
AU BUREAU D'ÉTUDES POUR LA CONCEPTION ET LA RÉALISATION DES MACHINES DE PRODUCTIONS DE PNEUMATIQUES.

MISSION : ETUDE DE FAISABILITÉ D UNE LIAISON AUTOMATISÉE ENTRE DEUX MACHINES DE PRODUCTIONS (APPAREIL DE TRANSFERT DE CARCASSE DE PNEUS).

RÉALISATION : ETUDE DES MODIFICATIONS SUR LES MACHINES EXISTANTES. DESSINS D ASSEMBLAGES ET DU CONCEPT DE TRANSFERT. EVALUATION DES COÛTS DU PROJET À £120.000

FORMATION

ETUDES
MASTERS DEGREE MSC : ENGINEERING OF DESIGN FOR MANUFACTURE OF SYSTEMS AND PRODUCTS. **1995**
· UNIVERSITÉ DE TECHNOLOGIE DE COMPIÈGNE **1992-1994**
FILIÈRE CONCEPTION SYSTÉMIQUE DE PRODUITS.

LANGUES
ANGLAIS : COURANT.
ALLEMAND : BONNES NOTIONS.

CONNAISSANCES INFORMATIQUES
PRATIQUE DE SYSTÈME CAO EN 2D ET 3D
· 3D CATIA-DASSAULT (4 MOIS).
· 2D CADAM (3 MOIS)
· 3D UNIGRAPHICS-MCDONNALD DOUGLAS (STAGE DE 6 MOIS)

DIVERS

24 ANS, CÉLIBATAIRE
SPORTS ET LOISIRS : VOILE (SPI OUEST-FRANCE, EDHEC, FINALE ELF-AQUITAINE), ANIMATEUR D'UN CLUB D'INVESTISSEMENT.

Dominique DUPONT
8 rue St Marc
67140 BARR
Tel : 36.68.02.67

8 ANS DE GESTION CLIENTS
et de Responsabilités administratives

EXPERIENCES

Depuis 1992 **Société BOEKEL à Strasbourg avec 7 agences et 2 franchisés (prestations de services)**
RESPONSABLE DU SERVICE CLIENTS
de 2 départements de cette Société au CA de 33 MF et de 262 personnes

Rattaché à la Direction, à ce poste j'ai :

- Remplacé le titulaire de ce poste et un responsable expérimenté
- Réorganisé le service clients : j'ai pu améliorer le rendement et l'efficacité de celui-ci en suggérant de modifier l'organisation existante. J'ai fait accepter ce changement avec l'appui du personnel de ce service, même les plus anciens.
- Géré et animé le travail de 3 secrétaires
- Assuré la responsabilité :

- du suivi et de la gestion de 900 clients, surveillance des en-cours et des règlements, recouvrements, analyse et négociation des litiges, contentieux. J'ai su réduire, à environ 4%, le montant des sommes dues par 3 méthodes simples et efficaces applicables à notre société et obtenu ainsi un recouvrement de 114000F dû par un client important. En outre, chargé **du recouvrement des créances, j'ai par** l'envoi systématique de relevés de factures, tous les mois, accéléré les rentrées d'argent et diminué les impayés. J'ai décidé de suspendre les prestations à un client qui avait une créance ancienne et élevée ; 15 jours après, il soldait son débit.
- des règlements (chèques, traites, mandats m'étaient confiés)
- du suivi et de la gestion de 1670 contrats et devis, mise à jour et facturation
- de l'élaboration et du respect du planning de facturation. J'ai conçu et dessiné un document adapté à nos besoins qui l'a rendu plus exploitable et a permis une plus grande souplesse d'utilisation et d'arriver de ce fait à suivre la totalité de la facturation.
- des prévisions, planifications, préparation, vérification des factures. j'ai créé de nouvelles présentations de factures et supervisé leurs réalisations. J'ai réalisé et mis en place sur ordinateur un système de gestion permettant un calcul plus rapide et automatique des factures et des formules de révision. Les risques d'erreurs étaient supprimés et le gain de temps s'élevait à 80%. Ma très bonne connaissance de l'informatique m'a permis de suggérer, conseiller, participer à l'étude et contribuer notamment à l'informatisation de la facturation ce qui a eu pour effet d'optimiser le traitement des factures et d'affiner les résultats en réduisant les erreurs et les contrôles de 95%. Résultats : augmentation de CA mensuel de 25%, rentabilité multipliée par 2 et gain de temps de 50%.

- Chargé **au pied levé de l'élaboration des statistiques clients. Il a fallu, en un mois,** que j'exploite le micro ordinateur et le programme. Le délai a été respecté.
- de la mise à jour du fichier clients
- des contacts suivis avec de nombreux clients et banques
- de la collaboration administrative avec les autres services fonctionnels et les 7 agences.

1987/1992 **Société DETTWILLER à Colmar, fabricant de matériels frigorifiques RESPONSABLE ADMINISTRATIF du service après-vente de cette Sté au CA de 103 MF et de 120 personnes**

Dans les grandes lignes, activités similaires au poste précédent en soulignant toutefois que cette fonction m'a conduite à :

- Récupérer 1 000 000F après mise à jour de la facturation (le délai de 3 mois a été respecté)
- Diminuer de 50% le temps de saisie par la création et la mise en place d'un fichier articles (1000) sur ordinateur
- Guider des clients visitant nos installations informatiques sophistiquées (démonstration de programmes) en leur fournissant des renseignements techniques
- Former 2 personnes.

FORMATION

ETUDES

- BAC D
- C.A.P. aux fonctions de l'informatique
- Comptabilité et gestion : autodidacte

FORMATION PERMANENTE

- Stage de création et de développement d'entreprises au GRETA. Ce stage m'a permis d'apprendre le fonctionnement et le développement des sociétés et d'appréhender par exemple les causes réelles des difficultés de trésorerie

LANGUES

- Anglais, Espagnol, Italien : notions

CONNAISSANCES INFORMATIQUES

- Bonnes connaissances en micro-informatique (utilisation de matériels et de programmes standards) et informatique de gestion (programmes de comptabilité et de gestion).

DIVERS

42 ans, marié, 2 enfants,
Sports et loisirs : Bowling, curling, voile, écriture de romans policiers (publication déjà de 2 romans).

DIRECTEUR DES PROJETS AVANCÉS

Dominique DUPONT
8 avenue Félix Vialet
38000 GRENOBLE
Tel : 36.68.02.38

**SSII, Utilisateurs, Société de logiciels,
Management et développement de structures
(Fonctions Etudes, Système, Exploitation,
Tehnico-commercial)**

EXPÉRIENCES

Depuis 1991
IMPORTANTE SOCIÉTÉ AMÉRICAINE DE LOGICIELS

J'ai rejoint cette société peu après son démarrage en France pour y créer le département Avant-vente. E. 3 ans cette première mission m'a conduit à :

- Développer une équipe technico-commerciales de 4 à 35 personnes, la structurer par étapes en 6 unités, conduire 150 entretiens de recrutement pour conclure 35 embauches d'ingénieurs.
- Gérer le budget de fonctionnement du département (9MF sur les 12 derniers mois) et ses investissements en matériels (4MF).
- mettre en place les méthodes de vente technique de logiciels à la pointe de la technologie : Base de données relationnelle, systèmes de 4 ème génération, atelier de génie logiciels, communications entre systèmes hétérogènes.
- Atteindre un taux de succès de 75% dans 550 situations concurrentielles et contribuer à la réalisation d'un chiffre d'affaire de 250MF de vente de licences faisant passer notre clientèle de 150 à 1200 clients dans une dynamique de croissance annuelle supérieure à 100%
- Piloter personnellement la démarche de vente technique des plus importantes opérations auprès des grands groupes et administrations.
- Définir et mettre en place le marketing technique et participer à l'animation de 220 séminaires de présentation de l'offre produits et services.
- Prouver les fonctionnalités et les performances de nos logiciels sur des systèmes mainframes, minis et micro très variés (IBM, DEC, HP, BULL, UNISYS,...) dans le cadre d'appels d'offre ou de tests spécifiques.

BILAN : Au-delà des acquis techniques et de l'expérience de management, cette fonction m'a apporté une connaissance approfondie du marché informatique, des directions informatiques de grands groupes et des relations entre constructeurs, SSII et utilisateurs.
En septembre 1994, j'ai pris la direction du département des projets Avancés avec pour mission de donner à ce genre de profits une dynamique de doublement annuel du chiffre d'affaires et du profit.

1989-1991

HACHETTE

J'ai rejoint la SSII du groupe HACHETTE comme

RESPONSABLE DU DÉPARTEMENT TÉLÉMATIQUE ET MICRO-INFORMATIQUE

dont on m'a confié la création. Cette mission m'a **amené à :**

- Créer en 28 mois un centre serveur de 300 accès simultanés réalisant fin 1990 plus de 1300 heures de connexion kiosque (3615) par jour soit avec les recettes publicitaires un chiffre d'affaires 91 de 12MF.
- Avoir la responsabilité des choix techniques et des investissements en matériels du centre serveur (15MF)
- Introduire dans le groupe les technologies nouvelles : minis ordinateurs sous UNIX, langage C, base de données relationnelle, réseaux locaux de micro-ordinateurs...
- Gérer l'exploitation de ce centre serveur dont le taux de disponibilité en ouverture ininterrompue a atteint 99,95% sur 12 mois.
- Réaliser 4 embauches d'ingénieurs. • Piloter 5 projets de réalisation de services TELETEL.
- Définir et préconiser les standards matériels et logiciels sur la micro-informatique; promouvoir et dynamiser l'usage de la micro-informatique dans le groupe : le nombre de micro-ordinateurs est passé de 50 à 500 en 2 ans).

BILAN : En février 1991 ma responsabilité a été étendue à l'équipe système HP (5 personnes), ce qui m'a amenée à prendre en charge la gestion des 25 systèmes HP3000 du groupe HACHETTE et des liaisons téléinformatiques.

1986-1989

SOCIÉTÉ COLAS

CHEF DE PROJETS - RESPONSABLE DES ÉTUDES

- Encadrement d'une équipe de 4 ingénieurs chargée de la conception du système d'information de l'établissement et de la réalisation des applications.
- Pilotage de 10 années x hommes de projets : paye, comptabilité, budgétisation, applications techniques... réalisés principalement sous forme de développement spécifiques sur un IBM 34 (en COBOL) puis 43 xx (en COBOL et PL 1).
- Migration de l'ensemble des applications d'un IBM 34 à un IBM 4331 sous DOS/VSE CICS, puis mise en place de VM/CMS et création d'un infocentre.
- Administration du système et gestion de l'exploitation : télétraitement CICS de 50 terminaux, et traitements batch (1000 jobs/24h) dans le cadre d'un environnement applicatif et d'une exploitation très évolutifs.
- Réalisation de 3 développements systèmes spécifiques (2 années x hommes) : un gestionnaire de travaux batchs (VSE et CMS), un gestionnaire d'archives sous CMS et un système d'équilibrage automatique des exploitations batch/télétraitement.

FORMATION

ETUDES

- Ingénieur ESTP 1986

LANGUES

- Anglais technique écrit et parlé
- Allemand : bonnes notions

DIVERS

35 ans, marié, 3 enfants.
Sports et loisirs : tennis, j'ai été classé (30/1), ski, chantiers archéologiques.

MIME ACROBATE

Dominique DUPONT
22 Boulevard Eloïse
95100 ARGENTEUIL
Tel : 36.68.02.95

EXPERIENCES

1994-1995
GALA DE L'ENFANCE AU CIRQUE D HIVER
Numéro d'ouverture : mime musical sur le thème de l'enfance (duo)

THÉATRE DE FRIBOURG (Allemagne)
Trio en deux parties pour adultes :
Première partie : suite de numéros comiques
Deuxième partie : histoire du Moulin Rouge

Trio pour enfants : Pierre et le Loup , numéro corporel avec jeux de masques

1994
ECOLE FRANÇAISE DE PRAGUE
Pour enfants : Animation de maquillage et représentation.

THÉATRE BRANICKE À PRAGUE
Pour adultes : "Cape Story" avec mime, bandonéon et chansons françaises.

1991-1993
TROUPE ECOLE MARCEAU (Allemagne et Suisse)
"Les Mimes du 4ème étage" : numéro renouvelé chaque année.

1992
THEATRE SORANO
Solo acrobatique dans une pièce de Tennessee Williams "Propriété condamnée"

de 1988 à 1993 durant les vacances scolaires
Animatrice de Centres de loisirs maternels, Colonies de vacances, Camps d'adolescents, Centre familial en Italie.

FORMATION

ETUDES
- BAC G1
- Ecole Nationale du Cirque (1988-1989)
- Ecole Internationale Marceau (1989-1991)
- Ecole de Prague (1994)

LANGUES
- Anglais : courant
- Allemand : parlé
- Tchèque : parlé et écrit

DIVERS

25 ans, célibataire
Sports et loisirs : Basket et natation.

Dominique DUPONT 8 rue d'Assas 75006 PARIS Tel : 36.68.02.75		**7 ans** **NOTAIRE ASSOCIÉ**
EXPÉRIENCES	Depuis 1988	**NOTAIRE ASSOCIÉ** **d'un Important Office Notarial de 35 employés** **NOTAIRE CO-GÉRANT** **d'une S.C.P. de 8 Notaires associés** ❍ Je traite intégralement tous les dossiers, du choix du montage juridique à la signature de l'acte authentique. ❍ Je négocie, élabore et authentifie tout type de contrat (vente immobilière, cession de fonds de commerce, fusion de sociétés, crédit-bail immobilier...) ❍ Je suis juriste conseil dans tous les domaines juridiques : Droit des Affaires, Fiscalité et Droit immobilier, Droits des sociétés, Fiscalité des entreprises, Droit social, Gestion de patrimoine, etc. ❍ J'assure l'administration et la gestion du personnel de la S.C.P. *BILAN : Le CA/93 de notre S.C.P. était de 17MF, en hausse constante, malgré la conjoncture économique, le CA/94 est de 19MF.* *Mes parts sociales correspondent à 20% du capital.*
	de 1986 à 1988	**PREMIER CLERC DE NOTAIRE** **dans une importante étude de 5 notaires associés.** L'étude était totalement informatisée et à ce poste de collaborateur, j'ai : ❍ Remplacé un clerc expérimenté ❍ Assisté mon employeur dans tous les domaines juridiques ❍ Eu la responsabilité du traitement et de l'exécution juridique des dossiers en ayant un rapport direct avec la clientèle.

FORMATION		**ETUDES** ❍ Diplôme de Notaire du Centre de Notariat de la Faculté de Droit de Paris I (1988) Troisième cycle universitaire d'études juridiques supérieures spécialisée. ❍ Maîtrise de Droit, Faculté de Droit de Paris I Option Droit Notarial **LANGUES** ❍ Anglais : Lu, parlé, écrit couramment ❍ Espagnol : bonnes notions ❍ Allemand : notions **CONNAISSANCES INFORMATIQUES** ❍ Application notariale : rédaction d'actes, traitement de textes, comptabilité... IBM, WORLDPLEX, WANG, MACINTOSH
DIVERS		33 ans, marié, 2 enfants Sports et loisirs : Ski acrobatique et nautique (monoski), collection de cartes postales 1900/1914.
OBJECTIF		**Diriger le service juridique d'une importante société. Négociation et élaboration des contrats, fiscalité européenne de l'entreprise. Règlement des contentieux, gestion du personnel...**

4 ANS
CHEF DE PUBLICITÉ-PRESSE

Dominique DUPONT

164 Bd Bertinet 75017 Paris

Tel : 36.68.02.75

Prix du meilleur vendeur sur 400 **(1994)**
2ème prix pour "meilleure relation"
avec nos agents exclusifs **(1993)**

EXPERIENCES

Depuis 1990
GROUPE DE LA COMPAGNIE EUROPÉENNE DE PUBLICATION-PARIS
(1er groupe de presse professionnelle d'Europe)
Chef de publicité

Après avoir occupé les fonctions d'adjoint, je suis chef de publicité d'une revue technique depuis 1991. J'ai personnellement fait progresser le CA de 98%. Mon activité où je suis directement responsable comprend divers aspects :

Commercial
- Relations avec les clients, sans intermédiaire, vente directe dans certains pays : U.S.A., Canada, Finlande, Suisse, Autriche, Suède, Hollande : à ce titre, sur 40 vendeurs, j'ai reçu le prix du meilleur vendeur (1994)
- Animation d'agents exclusifs : Angleterre, Italie, Belgique, Allemagne ; à cet effet j'ai obtenu le 2ème prix "meilleure relation avec agents" (1993)

Marketing
- Prospection des nouveaux marchés, définition, mise au point de nouveaux produits
- Création de toutes pièces d'un annuaire professionnel en **1991** qui est devenu en **1994** leader sur son marché en CA publicitaire et en vente au numéro.

Administratif
- Collecte de documents publicitaires
- Préparation et présentation des maquettes
- Mise en page et relations avec l'imprimerie
- Envoi et surveillance des bons à tirer et des numéros justificatifs
- Préparation, vérification et présentation des factures, surveillance des règlements.

1987-1990
SOCIÉTÉ SOUL POSTERS À PARIS
ENTREPRISE SPÉCIALISÉE DANS L'IMPORT-EXPORT AVEC LES PAYS D'AFRIQUE FRANCOPHONE
RESPONSABLE DU CA POUR LA RÉGION PARISIENNE

1985-1987
LANGUAGES NEW CAVENDISH À LONDRES
PROFESSEUR EN CONVERSATION FRANÇAISE POUR LE PERSONNEL ET PLUSIEURS MINISTERES

FORMATION

LANGUES
ANGLAIS : COURANT

ACTIVITES ANNEXES

ACTIVITÉS SOCIALES PROFESSIONNELLES
MEMBRE DE LA S.A.C.E.M. (SOCIÉTÉ DES AUTEURS COMPOSITEURS DE MUSIQUE)

DIVERS

31 ANS, MARIÉ, 1 ENFANT,
SPORTS ET LOISIRS : SKI, MONTAGNE, TENNIS (CLASSEMENT 30),
GOLF (HANDICAP 13)

SOLIDE EXPÉRIENCE DE LA VENTE ET DE LA GESTION COMMERCIALE
FONDATRICE D'UNE SOCIÉTÉ
DE CONSTRUCTION DE MAISONS INDIVIDUELLES
ET D'UNE IMPRIMERIE.

Dominique DUPONT
8 rue Jean Monnet
56000 VANNES
TEL : 36.68.02.56

EXPERIENCES

Depuis Mars 1994 **BULL IMPRIMEUR en Bretagne**
RESPONSABLE COMMERCIAL
Organisation de la prospection,
Participation à la réalisation d'une plaquette maison,
Etude du marché Breton.

1986/1994 **IMPRIMERIE DU GOLFE à Vannes (56)**
CRÉATION DE L'IMPRIMERIE
CA atteint en 4 ans 1,7 MF
participation à la création d'une revue régionale,
Mise en place d'un service micro-édition (PAO) dès 1992 avec logiciels Personal Publisher et Ventura,
Formation de clients à la micro-édition,
Affaire cédée en 1994 à mes salariés.

1981/1986 **HABITAT BRETON**
GÉRANT AVEC LES FONCTIONS COMMERCIALES ET ADMINISTRATIVES
Création d'une société de construction de pavillons clés en mains,
Les ventes atteignent en 2 ans 40 maisons/année, CA 81 : 10,2 MF, marge brute : 1,48 MF,
Maintien du CA et des marges malgré la chute de la construction 85/87,
Co-fondateur en 1981 de l'Association "Groupe Maisons de Caractère" groupant en 1984, 85 constructeurs sur l'ensemble de la France. Etude de marché, élaboration de documents communs, installation d'un bureau commercial à Paris
Cession progressive de la société suite à divorce.

1978/1981 **BATIHOME Pavillons clés en mains Lorient (56)**
COMMERCIAL PUIS RESPONSABLE DE L'AGENCE DU MORBIHAN
Réorganisation de l'agence qui ne réalisait que 14 pavillons/an, en 18 mois cette moyenne a été portée à 44 pavillons/an avec des marges en augmentation de 15%. L'administratif et surtout le service client ont été entièrement remodelés.

1976/1978 BOUVET à Pontivy (56) Distributeur de boissons
REPRÉSENTANTE, puis rapidement CHEF DES VENTES
Augmentation du CA propre +15%
Participation active au rachat d'un distributeur de boissons à Nantes et d'un grossiste en vins à Saint Brieuc. Ces opérations délicates ont été menées à bien grâce au service commercial qui a maintenu le potentiel de clientèle.
Installation d'une imprimerie intégrée permettant de réaliser d'importantes économies sur le budget commercial.

1974/1976 DUVIVIER Installation de magasins à Rouen
Vente d'installations complètes de magasins,
Implantation sur la Manche, secteur où l'entreprise était complètement absente.

1973/1974 AGF ASSURANCES à Paris
Formation à l'école de vente branche vie,
Prospection sur le terrain, réalisation d'un document de synthèse sur la vente en porte à porte de l'assurance vie.

FORMATION

ETUDES
Autodidacte

FORMATION PERMANENTE
Nombreux stages de vente et d'organisation des ventes (CEGOS, marketing - Performance +)
Stages imprimerie, arts graphiques et micro-informatique

CONNAISSANCES INFORMATIQUES
Bonne connaissance de l'architecture de l'IBM PC et des logiciels Word, RapidFile, Ventura...

DIVERS

36 ans, mariée, 2 enfants,
Sports et loisirs : Ski, escalade, randonnée, Membre des DCF (dirigeants commerciaux de France)

OBJECTIF

MON EXPÉRIENCE DANS LA VENTE ET LA GESTION DES VENTES M'INCITE A RECHERCHER UN POSTE À RESPONSABILITÉ DANS LA VENTE OU DE VENDEUR A HAUT NIVEAU.

Dominique DUPONT
18 rue Faidherbe
93700 DRANCY
☏ : 35.68.02.93

RESPONSABLE ADMINISTRATIF ET COMPTABLE

OBJECTIF

DANS L'IMMÉDIAT, PARTICIPER AU TRAITEMENT DE PLUSIEURS COMPTABILITÉS AUX DIFFÉRENTES FORMES JURIDIQUES, ÉVENTUELLEMENT UN CABINET D'EXPERTISE COMPTABLE.
INTÉGRER UNE ENTREPRISE M'INITIANT À LA COMPTABILITÉ EUROPÉENNE.

EXPÉRIENCES

1993-1995
A.F.F.P.P. Formation professionnelle
CHEF COMPTABLE
Responsable Administratif et Comptable.
Dans cette entreprise de 20 ans d'existence au système comptable archaïque, j'ai entrepris dans un premier temps la remise à jour comptable, puis j'ai participé à l'installation d'un nouveau logiciel SYBEL sur un nouveau matériel MEMOREX, s'appliquant aux modules suivants :
- Comptabilité Générale et Analytique,
- paies et gestion du personnel,
- Facturation et gestion des tiers.

BILAN :
Tout en assurant ma mission classique liée à la fonction : tenue de la comptabilité, situations mensuelles, bilans, compte de résultat, déclarations, suivi des procédures diverses, clients et fournisseurs, gestion financière et du personnel.

1991-1993
BTP INTÉRIM SARL
CHEF COMPTABLE
Responsable Administratif et Comptable.
- Concernant la mission administrative : Interlocutrice directe des partenaires de l'entreprise, négociatrice des contrats (banques, factures, assurances...) responsabilité de l'organisation et de l'information entre 2 agences.
- Concernant la mission juridique et fiscale : en corrélation avec le cabinet juridique, responsabilité du suivi des procédures juridiques, administratives et sociales. Suivi des contentieux clients.
- Concernant la mission comptable : contrôle de la comptabilité informatique, bilans, situations, assurer les contrôles fiscaux et sociaux. Résoudre les problèmes informatiques.

BILAN :
Avec succès, j'ai dû animer et motiver une équipe de 3 comptables. Nous traitions 1000 salariés BTP par an, assurions le suivi A.T., IREPS mutuelle, les visites médicales, toutes questions sociales touchants les salariés. Ceci réalisé avec l'économie de moyen consécutive à une PME au CA de 20 Millions de Francs.

1990-1991
SARL GREGORIO Engineering et assistance technique
COMPTABLE II UNIQUE en multi-employeurs
J'étais chargée de la responsabilité de la comptabilité générale dans son intégralité. J'ai surtout effectué un important travail de remise au clair d'une multitude de contrats d'assurances et assuré des contrôles fiscaux et sociaux.

1984-1990
MONTANA Import-Export
RESPONSABLE COMPTABLE
Outre la mission classique liée à la fonction comptable, j'ai pratiqué le traitement CCMC, l'étude de rentabilité des affaires commerciales, organisé le rapatriement des créances étrangères, utilisé les CREDOC.

FORMATION

ÉTUDES
B.E.P.C. Niveau seconde (1969)

FORMATION PERMANENTE
PIGIER Paris (1984) préparation au brevet Professionnel de Comptabilité
B.P. COMPTABLE (1984).
CNAM (1987-1988) préparation au DPECF

LANGUES
Anglais : notions

CONNAISSANCES INFORMATIQUES
CCMC - CEGI - MS DOS - SYBEL - IBM - MEMOREX

DIVERS

42 ans, divorcée, 1 enfant,
Voyage en Afrique Noire et Amérique du Sud
Sports et loisirs : Membre du motoclub BMW, randonnées, natation, nature, guitare classique et expositions.

Dominique
DUPONT
3 place Thébaudière
44800 SAINT HERBLAIN
✆: 36.68.02.44

PHARMACIEN BIOLOGISTE DEPUIS 7 ANS

Fondatrice et seule responsable d'un laboratoire d'Analyses Médicales

EXPERIENCES

Depuis 1992 **DIRECTEUR D'UN LABORATOIRE D'ANALYSES MÉDICALES à St Herblain (44)**

Après avoir réalisé une étude de marché dans la banlieue nantaise, j'ai décidé de créer seule mon Laboratoire d'Analyses.
Ainsi, j'ai :
- Procédé à la recherche d'un local et à son aménagement,
- Recruté et dirigé le personnel de cette petite entreprise,
- Réalisé un rôle indispensable d'encadrement mais aussi pratiqué de nombreuses analyses médicales,
- Effectué la gestion du laboratoire
- Assuré des contacts avec la clientèle lors des prélèvements sanguins et de commentaires de résultats après signature,
- Contribué à faire augmenter le chiffre d'affaires de 40% la première année.

1991/1992 **LABORATOIRE D'ANALYSES MÉDICALES à CARREQUEFOU (44)**
DIRECTEUR ADJOINT

Ce poste était celui d'un biologiste salarié. J'ai effectué : la réalisation et la modification de certaines techniques d'analyses.

1989//1991 **LABORATOIRE D'ANALYSES MÉDICALES à ST NAZAIRE (44)**
DIRECTEUR ADJOINT

Ce poste de salarié fut formateur car il s'agissait d'un établissement ayant une importante clientèle privée mais aussi hospitalière donc avec une pathologie variée.

1988/1989 **HOPITAL DE CHATEAUBRIANT (44)**
BIOLOGISTE ASSISTANTE

Remplacement durant lequel j'ai pu m'occuper plus particulièrement de bactériologie.

1983/1988 **HOPITAUX DE NANTES (44)**
INTERNE EN PHARMACIE

Différents stages de 6 mois dans les services hospitaliers m'ont permis de mettre en pratique les connaissances acquises simultanément lors de mes études de biologie médicale.

FORMATION

ETUDES
- Diplôme d'Etat de Pharmacien (faculté de Pharmacie de Nantes, 1988)
- Certificat d'Études Spéciales d'Hématologie
- Certificat d'Études Spéciales de bactériologie et Virologie
- Certificat d'Études Spéciales d'Immunologie
- Certificat d'Études Spéciales de Parasitologie
- Certificat d'Études Spéciales de Biochime
- Certificat d'Études Supérieures de Pathologie Médicale

DIVERS

36 ans, célibataire

OBJECTIFS

OCCUPER UN POSTE DE RESPONSABILITÉ DANS UN SECTEUR DIFFÉRENT D'UN LABORATOIRE D'ANALYSES OU DES QUALITÉS INTELLECTUELLES ET PRATIQUES EN ACCORD AVEC MES CONNAISSANCES SOIENT REQUISES.

Dominique DUPONT

16 rue Victor Hugo
69002 LYON
✆ : 36.68.02.69

MANAGER D'UNE ENTREPRISE CULTURELLE

Le Manager Culturel doit vivre la double dualité Création-Management

EXPÉRIENCES

Depuis 1992
PRODUCTION ARTISTIQUE
ADMINISTRATEUR - MANAGER DE PRODUCTIONS ET DE CRÉATION ARTISTIQUES

Création du Spectacle de cabaret "L'opérette Voyage" en 94 à Lyon, puis en tournée. Budget 350 KF - CA 880 KF
Préparation d'une Comédie Musicale en hommage à Jules Verne. Projet 95, budget 20 MF

- Plan de financement. Bilans. Comptes de résultats
- Négociation avec les partenaires et investisseurs - Larousse, Bontempi, Atari, montant 600KF
- Gestion et contrôle des budgets. Réduction d'1/4 des frais de publicité.
- Gestion et encadrement de 32 à 56 techniciens, artistes, administratifs.
- Relations Média - Dossiers de Presse - Presse écrite - Radio - Télévision.

BILAN : *Création d'événement, anniversaires marquants de sociétés ou monuments pour un CA réalisé de 350KF.*
Dossiers de subvention, Ministère de la Culture, Ville de Lyon.
Crédits accordés de 370KF.
Réussir à associer Création Artistique et Gestion, accepté par les partenaires.

1986-1991
CABINET DE RELATIONS PUBLIQUES Développement des Relations Commerciales vers l'Extrême Orient (Japon, Corée, Vietnam...)
GÉRANT

J'ai participé à la création de ce cabinet.
Responsable de la gestion, j'ai mis en place les fonctions comptabilité et trésorerie.
J'ai réalisé des procédures simples de gestion informatisée.
Responsable du développement, j'ai crée des événements pour les sociétés françaises, en particulier dans le cadre d'un vaste programme de formation concernant tous types d'activité pour le Vietnam.
Encadrement et gestion de 12 personnes.

BILAN : *J'ai fait passer le CA de 350KF à 9MF*

1983-1986
CROWN Equipements automobiles
ADJOINT DU DIRECTEUR ARTISTIQUE ET RESPONSABLE DE LA GESTION ET DE L'ORGANISATION

- Contrôle des budgets par affaire et par service. Budget de 100 à 600MF.
- Réorganisation des services et définition des postes.

- Mise en place d'un outil informatique.

BILAN : *Notre direction a bénéficié d'un réajustement des coûts d'étude, d'un meilleur rapport qualité/prix et d'un respect des délais d'études.*

1979-1983
PREMIERS EMPLOIS
Divers postes dans 3 sociétés dont l'un avec pour charge la création d'un service documentation ...

FORMATION

ÉTUDES
BTS Assistant Technique d'Ingénieur (1979)

FORMATION PERMANENTE
1993 Chambre de Commerce et d'Industrie de Lyon.
Sélectionné pour le cycle "Formation à la gestion des Entreprises". Durée 1 an.
Option "Finance" - Gestion Budgétaire - Contrôle de Gestion, analyse financière.
Certificat de l'Ecole Supérieure de Commerce.

LANGUES
- Anglais : lu, écrit, parlé
- Allemand : courant (classes primaires en Allemagne).

CONNAISSANCES INFORMATIQUES
- Basic (notions)
- Word 5 (utilisateur temporaire)
- IBM PC

ACTIVITÉS ANNEXES

PUBLICATIONS
- Élaboration d'un rapport conséquent de plus de 50 pages sur la réorganisation des services techniques dans le cadre de l'informatisation de la Direction.
- Élaboration de Dossiers de Presse et de Publicité dans la promotion des spectacles.

PÉDAGOGIE
Désigné par la Direction technique pour proposer un plan de formation pour l'ensemble du personnel.

ACTIVITÉ SOCIALE PROFESSIONNELLE
- Président fondateur d'une Association Nationale de Cadres et de Techniciens.
- Relations avec les Institutiuons Nationales et régionales
- Organisation de Conférences.

DIVERS

- 34 ans, célibataire
- Administrateur d'une Compagnie Amateur de Danse et de Théâtre.
- Sports et loisirs : lecture, écriture, dessin, cartes postales du début du siècle.

OBJECTIF

Directeur Général d'une société de communication, de création d'événements.

Administrateur d'une entreprise culturelle ayant pour objectif l'Europe mais aussi l'international.

Dominique DUPONT

65 Bd Gergovia 63000 CLERMONT FERRAND Tel : 36.68.02.63

SPÉCIALISTE FRANCHISE

Large expérience au service du commerce de détail et de l'amélioration de la qualité du service. Création d'une Ecole de Vente

EXPERIENCES

Depuis 1992
SOCIÉTÉ DE LINGE DE MAISON Franchise
DIRECTRICE DE LA FORMATION DES FRANCHISES

J'assume la gestion indirecte de 65 franchises à travers le conseil :

- Prévision et réalisation du CA,
- Recrutement et formation du personnel de terrain,
- Amélioration du concept pour aboutir à un "look" plus commercial
- Préparation, présentation et choix des nouvelles collections,
- Informatisation de la paie, du fichier clients et du suivi des stocks,
- Créations d'actions dynamiques commerciales,
- Fidélisation de la clientèle par la qualité,
- Relation consommateurs, banques, fournisseurs, multimarques...

BILAN : Après avoir mis en place une structure fiable tant au niveau commercial qu'administratif, les 65 magasins de France ont pu être gérés de manière plus performante (augmentation du CA de 13% et régression du turn-over).

1988/1992
KENNY
Electroménager
RESPONSABLE DU SERVICE JURIDIQUE, PUIS RESPONSABLE DU SERVICE FORMATION

Recrutée pour assister les 88 franchisés en droit social, j'ai également pris la direction du service formation, ce qui m'a amenée à :

- Créer une Ecole de Vente interne avec aide financière de l'Etat (15MF) et diplôme homologué (environ 300 élèves).
- Représenter un syndicat patronal auprès du Ministère du Travail,
- Créer un service "Consommateur"
- Rédiger une "Bible du personnel" permettant de régler certains litiges,
- Recruter le personnel de terrain et rédiger les contrats de travail,
- Elaborer le plan de formation (120 stages) et gérer le budget (environ 4MF),
- Choisir les intervenants.

BILAN : Avec la création de l'Ecole de Vente, j'ai réussi à faire régresser le "turn-over" dans les magasins et j'ai permis à 300 jeunes de parfaire leur formation et de trouver un poste stable et évolutif.

1984-1988
SYNDIC JUDICIAIRE
ADMINISTRATEUR JUDICIAIRE
RESPONSABLE DU SERVICE PASSIF
- Vérification des passifs et extension éventuelle aux dirigeants,
- Relation avec le GARP (FNGS) après mise en place de la procédure de licenciement des salariés,
- Relation avec lesdits salariés et le Greffe du Tribunal de Commerce.

BILAN : Ce poste m'a permis d'acquérir une bonne connaissance des êtres humains et m'a donné envie de les aider.

FORMATION

ETUDES
Autodidacte niveau Baccalauréat

FORMATION PERMANENTE
Droit, commerce, gestion, vente...

ACTIVITÉS ANNEXES

PUBLICATIONS
Rédaction d'une Bible du personnel permettant à 88 franchisés de régler rapidement les petits litiges.
Rédaction de divers stages de formation touchant à l'amélioration de la qualité dans les "petits commerces de détail".

PÉDAGOGIE
Formation de plusieurs groupes de salariés (15/stage) dans mes 2 derniers postes, soit environ 1000 personnes à la qualité du service, la motivation, la vente, la gestion d'un magasin, des stocks.

DIVERS

35 ans, marié, 1 enfant,
Sports et loisirs : Arts martiaux, danse classique,
Membre actif d'une association d'aide à la création d'entreprise.

15 ans FRIGORISTE EN FROID ET CLIMATISATION

NH 13 - R 12 - R 505 - R 13 - R 1381

Dominique DUPONT

6 rue Citadelle

37730 CHATEAU-LA-VALLIERE

Tél. : 36.68.02.37

Depuis 3 ans : Agent technique auprès de Centrales Nucléaires

EXPÉRIENCES

Depuis 1995 **Société Ropion (Tours)**
A ce poste j'ai la responsabilité de l'après-vente d'un secteur régional à qui j'ai par exemple apporté comme client les Laboratoires Bellon grâce aux bonnes relations que j'entretenais chez mon employeur précédent, avec le directeur technique

1987-1994 **Société Matal (Nantes)**
Une des premières société frigoristes françaises avec les 12 agences dont 2 à l'étranger (Abidjan et Casablanca)
Dans cette entreprise j'ai pu :
• avoir la responsabilité de la climatisation de la pile atomique et de la salle d'ordinateurs de Saint-Laurent des Eaux mais également de celle du CEA de Tours,
• participer aux travaux de défense nationale de l'aérospatiale (recherche du point de rupture à basse température, de l'ordre de -80°, de matériaux utilisés à des fins militaires),
- défendre les intérêts de la société pour tous les vices de forme reprochés par des entreprises clientes cela face à leurs experts (mes seules interventions ont prouvé que les accusations des parties plaignantes n'étaient pas fondées...)
- établir plus de 500 études techniques frigorifiques alimentaires (poissons, viandes, laiteries).

1978-1987 **Etablissements Guillet (Tours)**
Débuts professionnels dans le froid qui m'ont permis :
- de faire un stage d'électricité industrielle de câblage d'armoire,
- d'appréhender la technique du froid en arboriculture,
- de réaliser ma première climatisation dans l'imprimerie Cino Del Duca de Blois qui édite par exemple "Télé-Poche"

DIVERS

36 ans, mariée, 2 enfants.

DEUXIÈME PARTIE
VOS LETTRES

Vous avez enfin donné après de nombreuses ébauches une forme définitive à votre curriculum vitae. Il est donc fin prêt pour « tenir la route »...

Maintenant il va falloir donner aux divers destinataires l'envie de le lire. Cette invitation va se faire par le canal de vos lettres de candidature.

La différence entre ces 2 documents ? L'un (votre CV) va être « tiré à la chaîne » ; l'autre (votre lettre de motivation) va être « taillé sur mesure ».

A ce stade (celui de la rédaction de vos lettres), vous ne devez pas décevoir ! C'est en effet votre première approche vis-à-vis de vos nombreux « lecteurs ».

Dans votre CV vous avez fait un effort pour concevoir une accroche originale, succincte et percutante. La même démarche va prévaloir pour vos lettres.

Sans être excessif, je dirais que la première phrase de cette lettre va conditionner le taux de réussite de votre campagne.

Je ne vais pas vous tenir un langage théorique. Je préfère, car je sais que c'est le vœu de l'ensemble de mes lecteurs, montrer à l'état brut des exemples qui ont le mérite d'avoir été « payants ».

La lettre, matière plus vivante qu'un CV, doit bousculer tant par son entrée en matière, son développement mais aussi sa conclusion.

Savez-vous quelle est la règle essentielle d'une lettre ? C'est sa personnalisation ! Un lieu commun de rappeler cette vérité ? Peut-être ! Mais qu'entend-on par personnalisation ? Une règle simple mais impérative : savoir parler de l'entreprise ou du poste en commençant votre lettre. Trop souvent les candidats débutent leur lettre en parlant d'eux. Tous les exemples que vous découvrirez se plient à cette règle de bon sens. Pourquoi appliquer une telle méthode ? Parce que proposer sa candidature c'est un peu une demande en mariage que l'on adresse. Quelle piètre déclaration d'amour serait celle qui débuterait par une apologie de son auteur ! A ce sujet, il y a une maxime chinoise qui dit à peu près ceci : « Si tu veux intéresser quelqu'un à ta personne, intéresse-toi d'abord à lui ! »

Autre indice de personnalisation : vos lettres doivent être manuscrites. Par contre, n'imitez pas certains candidats qui adressent des photocopies de lettres. Quelle grossière erreur ! Suicidaire ! Enfin il y a une raison supplémentaire à la lettre manuscrite : vous montrez ainsi que vous ne craignez pas une analyse graphologique toujours possible...

Il faut quand même à un moment parler de vous ! Pour cela vous indiquerez dans votre lettre, après votre introduction, un ou deux points de votre expérience qui pourraient trouver une application dans une firme. Dans ce cas, vous allez extraire ces éléments de votre CV mais sans trop les développer de manière à ne pas rendre caduc votre CV.

Mais il y a un avantage à la lettre auquel on ne pense pas. En effet, celle-ci permet d'indiquer une précision importante que vous avez omis de mentionner dans votre CV. Donc un oubli dans votre CV peut ainsi être rattrapé grâce à cette lettre...

Quelle longueur doit-elle avoir ? Deux pages, bien aérées, est un maximum.

Quelques conseils de bon sens :

– Écrivez à la main d'une manière lisible à l'encre noire ou bleue sur du papier blanc, non quadrillé, en utilisant pour écrire horizontalement un guide-ligne disposé sous la feuille.

– Signez votre lettre.
– Évitez les conclusions larmoyantes ou arrogantes.
– Évitez tout aspect d'ordre sentimental, privé, conflictuel.

Je ne pratique pas de classification dans l'échantillon d'exemples que je propose. Je vous invite donc à tous les lire. Sans doute l'un se rapprochera plus de votre situation, mais l'objectif n'est pas de vous proposer des « modèles » à recopier ! Son but : vous apprendre, en vous inspirant de l'esprit de ces exemples, à rédiger des lettres originales.

CHAPITRE I
EN CANDIDATURES SPONTANÉES

Dominique Dupont
33, rue de Château-Gontier
49500 Segré

Segré, le 7 septembre 1995

Monsieur le Directeur du Personnel,

Les informations qui paraissent sur votre firme incitent une débutante à y « faire ses armes ».
N'ayant pas d'expérience professionnelle, j'ai eu pourtant la responsabilité de l'approvisionnement d'un centre de colonie de vacances de 250 enfants (voir CV joint).
Persuadée que vous souhaiterez me rencontrer pour étudier plus en détail l'intérêt de ma candidature, je vous prie de croire, Monsieur le Directeur du Personnel, à l'assurance de ma considération distinguée.

Dominique Dupont
36, rue d'Agueneau
92100 Boulogne

Boulogne, le 7 septembre 1995

Monsieur le Directeur,

Je me permets de m'adresser à vous car Monsieur Duval m'a largement parlé de l'entreprise que vous avez créée et à laquelle je souhaiterais collaborer.

Dans la société où je travaille actuellement, j'ai mis sur pied le service de publicité et en 4 ans la notoriété de la firme a été multipliée par trois (CV joint).

Si mon expérience vous intéresse, je serais heureux de vous rencontrer pour vous faire part de ma conception publicitaire et dans cette attente, je vous prie de croire, Monsieur le Directeur, à l'assurance de ma considération distinguée.

Dominique Dupont
12, cité Ducan
82100 Castelsarrasin

Castelsarrasin, le 7 septembre 1995

Messieurs,

Cela fait 8 ans que j'entends dire que votre entreprise rencontre des difficultés. Cela fait 8 ans aussi que je me heurte sur le terrain à la concurrence de votre entreprise : celle-ci me semble avoir une « solide santé » pour une « soi-disante moribonde » !...

Il est certain que comme concurrent nous avons plutôt tendance à attiser ces rumeurs. Apparemment, ceci ne semble pas avoir beaucoup de prise auprès de mes interlocuteurs...

Finalement votre solide santé m'intrigue au point d'envisager sérieusement de vous proposer mes services.

Discutons et voyons ensemble ce que nous pourrions nous apporter mutuellement.

A très bientôt.

Très sincèrement.

Dominique Dupont
3, rue des Ecuyers
44700 Orvault

Orvault, le 7 septembre 1995

Monsieur le Directeur Technique,

Je ne travaille dans la chimie que depuis 5 ans et votre firme fait figure de pointe sur le plan de la recherche ; je souhaiterais rejoindre vos chercheurs. Depuis 2 ans, j'appartiens à l'équipe qui a mis au point le produit X (voir CV joint).
Dans l'attente de vous donner de vive voix de plus amples informations, je vous prie de croire, Monsieur le Directeur Technique, à l'assurance de ma considération distinguée.

Dominique Dupont
8, rue Jean-Jaurès
58400 La Charité-sur-Loire

La Charité-sur-Loire,
le 7 septembre 1995

Monsieur le Président,

J'ai pu apprécier au cours de nombreux voyages à l'étranger le dynamisme dont fait preuve votre firme et je souhaiterais vivement me joindre à vos collaborateurs.
Pour ma part, j'ai eu la responsabilité de quelques chantiers et notamment l'un de 2 ans en Arabie Saoudite (voir CV joint).
Dans l'attente de vous rencontrer pour vous donner de plus amples informations, je vous prie de croire, Monsieur le Président, à l'assurance de ma considération distinguée.

Dominique Dupont
77, rue Charles-Momy
44490 Le Croisic *Le Croisic, le 7 septembre 1995*

Monsieur,

L'annuaire des anciens élèves de l'école m'a permis d'apprendre que vous collaboriez à la Société Duval où je souhaiterais vivement vous rejoindre car vous participez, en effet, à une firme qui emporte d'importants marchés à l'exportation.
Ingénieur d'affaires au groupe Saint-Gobain – Pont-à-Mousson depuis 15 ans, j'ai négocié des contrats dans de nombreux pays et j'ai notamment obtenu il y a quelques mois un contrat de $ 20 millions en Argentine (voir CV joint).
Dans l'attente de vous rencontrer pour étudier le bien-fondé de ma candidature, je vous prie de croire, Monsieur, à l'assurance de ma considération distinguée.

Dominique Dupont
22, boulevard du Lac
74500 Évian

Évian, le 7 septembre 1995

Monsieur le Chef du Personnel,

J'ai pu suivre avec un vif intérêt la conférence qu'a tenue il y a quelques mois, à la faculté de Dauphine, l'un des collaborateurs du service Marketing de votre firme et j'ai souhaité en connaître plus ; les informations que j'ai pu recueillir attestent que la politique marketing y est très poussée. Je souhaiterais faire mes débuts professionnels à une telle école.
J'ai soutenu mon mémoire de fin d'études, après un stage à la société Richard où j'ai découvert un marché non négligeable qui va être exploité prochainement par cette entreprise (voir CV joint).
Je serais heureuse de vous donner plus de détails lors d'un prochain entretien et dans cette attente, je vous prie de croire, Monsieur le Chef du Personnel, à l'assurance de ma considération distinguée.

Dominique Dupont
39, rue des Fossés-Louis
76000 Rouen *Rouen, le 7 septembre 1995*

Monsieur le Directeur du Personnel,

Vous accueillez régulièrement comme stagiaires des élèves de l'École des Mines. Plusieurs de mes anciens m'ont dit avoir eu la surprise de se voir confier la responsabilité de chantiers en Afrique.
Cela démontre au moins deux choses : d'une part que vous faites confiance à notre école et là rien de plus normal ; d'autre part, plus surprenant, vous faites confiance à des jeunes.
J'ai déjà eu au cours de ma scolarité des responsabilités.
Entre autres et directement lié à mon enseignement, ma commune a fait appel à moi pour élaborer un cahier des charges d'un stade sportif pluridisciplinaire.
Dans cette réalisation inaugurée il y a 2 mois on m'avait confié la mission de superviser indirectement le suivi de la bonne marche des travaux (voir CV joint).
Si cette expérience a retenu votre attention, je serais heureux d'effectuer un stage à responsabilité dans votre entreprise qui jouit d'un prestigieux renom en France mais aussi à l'étranger.

Dans l'attente de vous voir, je vous prie de croire, Monsieur le Directeur du Personnel, à l'assurance de ma considération distinguée.

Dominique Dupont
78, rue d'Amsterdam
59100 Roubaix

Roubaix, le 7 septembre 1995

Monsieur le Directeur du Personnel,

Comment se fait-il que les stagiaires de fin d'études soient unanimes pour reconnaître qu'ils n'ont pas perdu leur temps dans votre entreprise ? Faut-il en conclure que dans d'autres entreprises on accueille le stagiaire « par-dessus la jambe » ?
Bref, si votre réputation est fondée, j'aimerais « goûter » aux vertus formatrices de vos stages.
Je suis en dernière année de mon école de gestion et j'ai dressé un certain nombre de thèmes de mémoire de fin d'études que j'aimerais vous soumettre ou m'en tenir à l'un que vous me suggéreriez en vue d'une application directe par votre entreprise.
Dans l'attente d'en parler ensemble, je vous prie de croire, Monsieur le Directeur du Personnel, à l'assurance de ma considération distinguée.

Dominique Dupont
75, rue du Colonel-Giraud
69007 Lyon *Lyon, le 7 septembre 1995*

Monsieur le Directeur Commercial,

Quand arrêterez-vous votre prodigieuse expansion ?
Quand cesserez-vous de lancer de nouveaux produits ?
Quand mettrez-vous un frein à votre agressivité commerciale ?
Ces constats sont ceux d'un vendeur qui « rame » chez l'un de vos confrères.
Il m'arrive bien sûr de rencontrer vos hommes sur le terrain. Ils n'ont que votre nom à la bouche !
Qui êtes-vous donc pour dynamiser ainsi une équipe ?
Pour ma part, je suis celui qui réalise sur un effectif de 22 représentants le meilleur CA depuis 3 ans et qui le fait progresser d'année en année (ce qui n'est pas le cas du chiffre global).
Ces résultats je les obtiens malgré « l'empêcheur de tourner en rond », c'est-à-dire « vous » (à travers vos hommes) avec qui je me « frotte » sur le terrain...
Si vous voulez rencontrer quelqu'un qui souhaite ardemment maintenant se ranger sous votre bannière, alors pourquoi ne pas travailler pour la même cause : « Encore plus » chez vous ?...

Dans l'attente de vous rencontrer, veuillez croire, Monsieur le Directeur Commercial, à l'assurance de ma profonde admiration.

Dominique Dupont
25, place du Cloître
02200 Soissons *Soissons, le 7 septembre 1995*

Monsieur le Directeur du Marketing,

Les fonctionnaires sont-ils tous des incapables ? Votre entreprise compte certainement des clients dans le secteur public. Vos interlocuteurs sont-ils tous des irresponsables, ne sachant prendre aucune initiative et appliquant systématiquement la politique du parapluie ? J'ose espérer que non !
Vous l'avez deviné, je suis un fonctionnaire qui veut intégrer le secteur privé. Compte tenu des avantages dont jouissent paraît-il les fonctionnaires (sécurité de l'emploi notamment) ma démarche par les temps présents est sans doute insolite...
Pour ma part, responsable des services généraux, j'ai toujours cherché à gérer au mieux le budget qui m'était confié n'hésitant pas à « sabrer », malgré des pressions, des postes qui me semblaient superflus. Par ailleurs, j'ai été l'interlocuteur de très nombreuses entreprises du secteur privé avec qui je traitais les marchés.
Bref, ma parfaite connaissance de la complexité des procédures des marchés de l'Etat, les relations que j'entretiens avec mes homologues de nombreuses administrations et la volonté de mettre ces atouts au service d'une entreprise privée devraient retenir l'attention de plusieurs d'entre elles.

Dans l'attente de vous rencontrer et d'étudier vos offres, je vous prie d'agréer, Monsieur le Directeur du Marketing, l'expression de mes salutations distinguées.

Dominique Dupont
28, rue Blanche
92600 Asnières

Asnières, le 7 septembre 1995

A l'attention du Service du Personnel

Messieurs,

Est-il exact que votre établissement engage des débutants dans une plus grande proportion que les autres établissements de votre branche ? Faut-il en conclure que l'image dynamique que vous donnez auprès de mes camarades y est liée ?
J'ai un C.A.P. de comptabilité ainsi qu'une courte expérience d'un job d'été que j'aimerais mettre en pratique au sein d'une entreprise « jeune » comme la vôtre.
Dans l'attente de me prêter à vos tests d'embauche je vous prie de croire, Messieurs, à l'assurance de ma considération distinguée.

Dominique Dupont
25, rue du Pigeon
68000 Colmar *Colmar, le 7 septembre 1995*

Monsieur le Directeur du Service Maintenance,

Est-il exact que votre service a mis au point, à partir des réunions de votre cercle de qualité, une augmentation du travail qui a permis d'augmenter de 25 % la rentabilité de votre service ?
Pour ma part, avec mes collègues, nous avons sans bouleversement accru l'efficacité de notre division de 36 % (voir CV joint).
Voulez-vous que nous nous rencontrions ?
Dans l'attente de votre invitation, veuillez croire, Monsieur le Directeur du Service Maintenance, à l'assurance de ma considération distinguée.

Dominique Dupont
28, rue de la Faisanderie
75116 Paris

Paris, le 7 septembre 1995

Monsieur le Directeur du Personnel,

Vous avez accueilli dans votre usine notre classe, non pas avec désinvolture comme certains de vos confrères mais en cherchant à répondre avec sérieux à nos questions dont certaines étaient sans doute naïves. Votre attitude a étonné également mes camarades.
Si le climat social de votre entreprise est à l'image de celle que vous nous avez donnée, je souhaiterais vivement me joindre aux collaborateurs de votre usine. Pourquoi ? Peut-être parce qu'au cours de mes études où l'on m'a confié la responsabilité de diverses associations (voir CV joint) j'ai constaté que le rendement de celles-ci était lié à l'ambiance de travail que j'avais voulu instaurer.
Peut-on se revoir ?
Dans cette attente, veuillez croire, Monsieur le Directeur du Personnel, à l'assurance de ma considération distinguée.

Dominique Dupont
43, rue R.-Dorgelès
51100 Reims

Reims, le 7 septembre 1995

Monsieur le Directeur Général,

Comment se fait-il que vos produits soient absents ou presque du marché des collectivités alors qu'ils y auraient tout à fait leur place ?
J'y vois deux raisons.
L'une, toute simple : vous jugez que cela ne présente pas un intérêt réel.
La deuxième qui me semblerait plus justifiée : vous ne savez pas trop comment l'aborder et vous craignez de lourds investissements structurels.
Si je vous apportais la preuve que cet énorme marché est plus rentable que la grande distribution et qu'il nécessite une structure beaucoup plus souple, seriez-vous prêt à m'écouter ?
En effet, je dirige depuis 12 ans le Département Collectivités d'une grande entreprise.
Il s'agit d'un département que j'ai créé et qui réalise maintenant 34 % de notre C.A. avec un taux de marge deux fois et demi celui de la grande distribution.
Autre avantage : un recouvrement de créance beaucoup plus court grâce à quelques idées « cadeaux »...

Si ma proposition vous intéresse, je suis à votre disposition pour en parler.
Veuillez croire, Monsieur le Directeur Général, à l'assurance de ma considération.

Dominique Dupont
Le Vieux-Pont
22150 Langast *Langast, le 7 septembre 1995*

Monsieur le Directeur du Développement,

Votre entreprise n'est pas misogyne. C'est du moins l'impression que vous donnez d'elle. Or récemment 10 camarades filles qui correspondaient parfaitement à l'offre d'emploi concernant des postes de débutants comme technicien en électronique médicale n'ont pas vu leur candidature retenue, pas même un premier entretien... Sans doute leur curriculum vitae ne correspondait pas exactement au profil recherché.
En ce qui me concerne, à l'occasion d'un stage en électronique de 3 mois durant les vacances, on m'a confié un secteur du S.A.V. Le directeur du service n'a enregistré aucune plainte de la clientèle malgré la fermeté courtoise que j'ai opposée à leurs demandes excessives mais quelquefois fondées de remplacer telle pièce ou de revoir complètement l'installation. Au contraire, j'ai gardé par la suite d'excellents contacts avec ces « grincheux ».
L'entreprise où j'avais effectué ce stage m'a fait des propositions pour me garder mais à l'époque je ne pouvais à mon grand regret y répondre favorablement.
Compte tenu de l'importance de votre recrutement, tous vos postes ne sont peut-être pas encore pour-

vus ? Ma candidature ne mérite-t-elle pas d'être étudiée ?

A ce sujet, j'ai bon espoir et je me réjouis donc de vous convaincre qu'à cette fonction une femme peut faire un aussi bon travail qu'un homme.

Dans cette attente, veuillez agréer, Monsieur le Directeur du Développement, l'expression de ma considération distinguée.

Dominique Dupont
26, rue Jules-Simon
34140 Mèze *Mèze, le 7 septembre 1995*

Monsieur le Maire,

Vous misez sur la jeunesse et vous contribuez à l'épanouir au sein de votre commune. Vos réalisations sont là pour l'attester.
Pourtant, je crois que vous déplorez quelques noyaux de petits délinquants que l'on n'arrive pas à intégrer à la vie associative de votre commune.
Pensez-vous qu'ils soient irrécupérables ? Sans doute non ! Toutefois, dans l'immédiat, il ne semble pas, malgré quelques tentatives, que cette situation ait changé. Pour ma part, comme éducateur, j'ai donné le goût au travail à des jeunes qui avaient connu la vie carcérale avec un taux de réussite de 62 %. Certes, ce taux ne me satisfait pas vraiment, j'aurais souhaité avoir une réussite totale ou presque. Sachez quand même que vos « délinquants » sont des enfants de chœur si on les compare à ceux dont j'avais la charge.
Si ce problème vous préoccupe toujours, peut-être aimeriez-vous me rencontrer pour que je vous explique à vous et à votre conseil municipal ma conception pour résoudre l'insertion de vos jeunes marginaux ?
Dans cette attente, veuillez accepter, Monsieur le Maire, l'expression de mes respectueuses salutations.

Dominique Dupont
48, rue de Picpus
75012 Paris *Paris, le 7 septembre 1995*

A l'attention de la Direction Commerciale

Messieurs,

Votre entreprise de vente par téléphone est l'une des toutes premières. Pourtant, je suis persuadée qu'il y a une catégorie de personnes dites « handicapées » qui peut faire des merveilles dans cette toute nouvelle activité et à laquelle vous n'avez pas pensé.
Les aveugles !... Savez-vous qu'ils peuvent être les meilleurs vendeurs dans cette branche ?
Pourquoi ? Parce qu'un aveugle perçoit à travers la voix un grand nombre de nuances dans le ton qui sont pour lui des atouts extraordinaires pour vendre mieux que les voyants.
Pendant 2 ans, j'ai été chargée de prendre les rendez-vous d'un conseiller en placements. De tous les conseillers, c'était lui qui avait le plus fort taux de rendez-vous.
J'avais un taux de réussite de presque 80 % contre 30 % pour les autres. Ce conseiller en placements n'était pas meilleur vendeur que ses collègues et pourtant il réalisait 2 fois plus de C.A. qu'eux !

Vous êtes convaincu de ce que j'avance mais vous craignez que ma présence perturbe votre organisation ? Rencontrons-nous et je vous expliquerai qu'il n'en sera rien.
A très bientôt donc.
Très sincèrement.

Dominique Dupont
23, rue Charles-Dumont
21000 Dijon

Dijon, le 7 septembre 1995

Monsieur le Directeur du Personnel,

Savez-vous pourquoi je vous écris ? Tout simplement parce que j'ai eu la surprise de constater que vous n'hésitez pas à passer par les services de l'A.N.P.E. pour pourvoir un poste à responsabilité. On aimerait voir chez vos collègues le même intérêt pour un chômeur que pour un actif !
Je n'aime pas parler de moi, mais sachez, toutefois, que 72 % de mes clients, navrés de ne plus m'avoir comme interlocuteur technique m'ont fait savoir qu'ils n'hésiteraient pas à changer de fournisseur si j'obtenais un poste similaire dans une autre entreprise.
Si ce potentiel de relations professionnelles vous intéresse, c'est avec plaisir que je le mettrais au service de votre firme dont je connais par ailleurs le sérieux.
Je serais heureux de vous rencontrer prochainement pour étudier ensemble l'opportunité d'une réelle collaboration.
Veuillez agréer, Monsieur le Directeur du Personnel, l'expression de mes salutations distinguées.

Dominique Dupont
28, rue d'Anjou
44600 Saint-Nazaire *Saint-Nazaire, le 7 septembre 1995*

Monsieur le Directeur,

J'ai sélectionné votre entreprise car elle poursuit apparemment avec succès son expansion. Toutefois, la bonne organisation de celle-ci est sans doute perturbée par de petits grains de sable : l'absentéisme féminin...
Je vous propose non pas de remédier à ce problème mais d'y contribuer en le diminuant à l'échelle de ma modeste personne. Comment ? C'est tout simple.
J'ai pris mon temps pour élever mes enfants : c'est chose faite. J'étais mariée et je vivais en partie grâce aux revenus de mon mari : je suis divorcée et sans aucune attache. En un mot je suis totalement disponible. Bref, une collaboratrice que beaucoup d'employeurs recherchent.
Suis-je capable ? A vous d'en juger. J'ai exercé 6 ans avant de me consacrer en partie à mes enfants.
En effet, lorsque je me suis occupée d'eux, j'ai participé à de nombreuses organisations où je mettais en pratique ma sténo et ma dactylo, animé diverses associations locales où il faut un peu tout faire, effectué plusieurs séjours en Grande-Bretagne où, évidemment, je pratiquais l'anglais, etc...

Bref, je ne suis pas restée une « femme au foyer » (voir CV joint).

Si la perspective de vous attacher mes services retient votre attention, je serais heureuse de vous rencontrer pour étudier et comparer vos propositions.

Dans cette attente, veuillez recevoir, Monsieur le Directeur, l'expression de mes salutations distinguées.

Dominique Dupont
3, avenue Gambetta
91440 Bures/Yvette

Bures/Yvette, le 7 septembre 1995

Monsieur le Directeur Général,

Votre entreprise fait-elle toujours confiance aux hommes d'expérience ? Si c'est le cas, il ne me semble pas que cela nuise à sa créativité lorsque l'on voit la floraison de produits nouveaux que vous lancez chaque année et qui sont souvent copiés par vos concurrents.
Pour ma part, j'ai suggéré, participé à l'étude et contribué notamment au lancement d'un produit de parapharmacie (donc grand public) qui a permis à ma firme de réaliser, en 1994, 34 % de son C.A.
Ce produit, lancé il y a 2 ans, est toujours leader sur le marché avec 52 % de part malgré l'offensive de concurrents placés, entre-temps, sur le même créneau.
Quand j'ai eu l'idée de ce nouveau produit, j'avais 49 ans et j'en ai maintenant 52 et mon sens des opportunités est toujours aussi aigu. La créativité est imputable à la jeunesse d'esprit non à celle des artères.
Si nous convergeons sur ce plan, pourquoi ne pas nous rencontrer ? Dans cette attente, veuillez croire, Monsieur le Directeur Général, à l'assurance de ma profonde considération.

Dominique Dupont
3, cité des Pins
Avenue Émile-Diacon
34100 Montpellier

Montpellier, le 7 septembre 1995

Monsieur le Président,

Comment une entreprise comme la vôtre qui sort les produits les plus fiables dans son secteur peut-elle être l'objet d'une campagne de presse alarmiste ?
J'ai été le bras droit de l'un de vos confrères. Je connais donc votre branche d'activité.
Pour ma part, je suis persuadé qu'avec vos produits votre firme devrait être l'une des toutes premières. Cela tient sans doute à peu de chose...
Rencontrons-nous et voyons ensemble si je peux participer avec votre équipe, grâce à notre enthousiasme et nos résultats, à faire taire cette campagne !
Au plaisir de vous lire, prochainement, je vous prie de croire, Monsieur le Président, à l'assurance de ma très sincère admiration.

Dominique Dupont
26, rue Pasteur
57600 Schœneck *Schœneck, le 7 septembre 1995*

A l'attention de la Direction des Relations Humaines

Messieurs,

Vos annonces dans la presse ne passent pas inaperçues.
J'ai 22 ans et j'apprécie l'image que vous donnez de votre entreprise. Vos annonces contrastent avec la morosité qui se dégage de l'ensemble des autres que publie la presse !
A mon âge, on aime ce qui bouge. C'est en tout cas ce que reflète le message que vous faites passer. Par ailleurs, d'après ce que j'ai pu savoir, l'innovation dans son sens le plus large semble être le maître mot de votre société.
Pour ma part, j'ai réalisé pas mal de « choses » originales (voir CV joint) et c'est pourquoi j'aimerais participer à vos perpétuels « coups de folie » qui sont souvent des « coups de génie ».
Messieurs, à très bientôt, peut-être.
Très sincèrement.

Dominique Dupont
12, rue Taœstet
33000 Bordeaux

Bordeaux, le 7 septembre 1995

Messieurs,

A vos yeux les autodidactes sont-ils des incompétents ? Pourquoi cette question ? Parce que je relève dans vos annonces ce sempiternel leitmotiv « diplômé d'une grande école »...
J'ai 26 ans et j'ai pourtant sous mes ordres quelques diplômés de grandes écoles qui ne sont guère plus jeunes que moi.
C'est vrai, j'ai commencé à travailler à 16 ans et malgré mon âge, j'ai pu en 10 ans acquérir une solide expérience professionnelle. En outre, je parle 3 langues couramment (voir CV joint).
Si à âge égal l'expérience vaut un prestigieux diplôme, sans doute devrons-nous nous rencontrer ne serait-ce que pour vérifier que la valeur n'attend pas le nombre des diplômes !
Heureux de pouvoir vous parler prochainement de mon enrichissante expérience professionnelle, je vous prie de croire, Messieurs, à l'assurance de ma considération distinguée.

Dominique Dupont
29, rue de la Pernière
52100 Chancenay

Chancenay, le 7 septembre 1995

Monsieur Anighi,

Lors d'un Forum Entreprises organisé par une école d'ingénieurs, j'ai été très surpris de votre accueil et de l'intérêt que vous avez bien voulu me porter alors que je n'appartenais pas à la prestigieuse école où vous exposiez. Pourquoi cela m'a frappé ? Sans doute parce que de nombreux homologues d'autres stands à qui j'annonçais d'emblée que je sortais d'une école moins prestigieuse coupaient pratiquement court à l'entretien. Alors que vous, malgré l'affluence qu'il y avait devant votre stand, vous avez pris le temps de me présenter votre entreprise et d'écouter mes diverses expériences. Entre autres, un séjour au Cameroun dans le cadre de mon service national au titre de la coopération : j'ai pu mettre en pratique des théories dans un contexte un peu particulier... (voir CV joint).
Si les relations humaines au sein de votre entreprise sont à l'image de celle que vous m'avez donnée, je serais heureux d'entrer dans votre société.
Dans l'attente d'avoir le plaisir de vous revoir, je vous prie d'accepter, Monsieur Anighi, l'expression de mes sincères salutations.

CHAPITRE II
EN RÉPONSE AUX ANNONCES

Dominique Dupont *Gercy, le 7 septembre 1995*
8, avenue du Jour
95800 Gercy

Les 5 points de la lettre candidature
(en réponse à une annonce) :

1) Objet Réf. : *Votre annonce parue*
dans le (nom du journal)

Messieurs,

2) Justification de la démarche	*Votre annonce citée en référence a retenu toute mon attention. En effet, la nature du poste à pourvoir correspond à celui que je cherche.*
3) L'intérêt pour la firme	*J'ai relevé, dans les termes qui la composent, la perspective de collaborer à une entreprise reconnue pour sa notoriété.*
4) Ce que l'on peut apporter à la firme	*Pour ma part, j'ai participé à l'organisation du salon X dont j'ai eu notamment la responsabilité totale du catalogue (voir CV joint).*
5) Conclusion	*Dans l'attente de vous rencontrer pour vous*

ni timorée
ni agressive

donner de plus amples informations, je vous prie de croire, Messieurs, à l'assurance de mes salutations distinguées.

Dominique DUPONT
3 place Thébaudière
44800 SAINT HERBLAIN
Tel : 36.68.02.44

PHARMACIEN BIOLOGISTE DEPUIS 7 ANS

Fondatrice et seule responsable d'un laboratoire d'Analyses Médicales

EXPERIENCES

Depuis 1992 **DIRECTRICE D'UN LABORATOIRE D'ANALYSES MÉDICALES à St Herblain (44)**
Après avoir réalisé une étude de marché dans la banlieue nantaise, j'ai décidé de créer seule mon Laboratoire d'Analyses.
Ainsi, j'ai :
• Recruté et dirigé le personnel de cette petite entreprise,
• Réalisé un rôle indispensable d'encadrement mais aussi pratiqué de nombreuses analyses médicales,
• Assuré des contacts avec la clientèle lors des prélèvements sanguins et de commentaires de résultats après signature,
• Contribué à faire augmenter le chiffre d'affaires de 40% la première année.

1991/1992 **LABORATOIRE D'ANALYSES MÉDICALES à CARREQUEFOU (44)**
DIRECTRICE ADJOINTE
Ce poste était celui d'un biologiste salarié. j'ai effectué : la réalisation et la modification de certaines techniques d'analyses.

1987-1991 **LABORATOIRE D'ANALYSES MÉDICALES à ST NAZAIRE (44)**
DIRECTRICE ADJOINTE
Ce poste de salarié fut formateur car il s'agissait d'un établissement ayant une importante clientèle privée et aussi hospitalière donc avec une pathologie variée.

1985/1987 **HÔPITAL DE CHATEAUBRIANT (44)**
BIOLOGISTE ASSISTANTE
• Remplacement durant lequel j'ai pu m'occuper plus particulièrement de bactériologie.
• Différents stages de 6 mois dans les services hospitaliers m'ont permis de mettre en pratique les connaissances acquises lors de mes études de biologie médicale.

FORMATION

ÉTUDES
• Diplôme d'Etat de Pharmacien (faculté de Pharmacie de Nantes, 1988)
• Certificat d'Études Spéciales d'Hématologie
• Certificat d'Études Spéciales de bactériologie et Virologie, d'Immunologie, de Parasitologie, de Biochime
• Certificat d'Études Supérieures de Pathologie Médicale

DIVERS

36 ans, célibataire

OBJECTIFS

OCCUPER UN POSTE DE RESPONSABILITÉ DANS UN SECTEUR DIFFÉRENT D'UN LABORATOIRE D'ANALYSES, OU DES QUALITÉS INTELLECTUELLES ET PRATIQUES EN ACCORD AVEC MES CONNAISSANCES, SOIENT REQUISES.

EXPORT-TRILINGUE

ASSISTANTE

Dominique DUPONT
12 rue Paul Doumer
06310 BEAULIEU SUR MER
☎ 35.65.08.06

Allemand
Anglais
Français

EXPERIENCES

Depuis 1994
ACM (Antibes) Chantier Naval
ASSISTANTE DU DIRECTEUR EXPORT
J'ai veillé au bon déroulement des affaires conclues :

- ▷ Confirmation des achats/ventes
- ▷ Envoi de tous les documents requis par les clients
- ▷ Suivi des situations des bateaux et transmission des informations aux partis concernés
- ▷ Traitement de surestaries : journal de banque, caisse, notions traitement de salaires

BILAN : Assurer le bon fonctionnement de la "chaîne" clients-courtiers martimes-filiales.
NOTA : Toute la correspondance se faisait en anglais.

1993/1994
AZUR CONSTRUCTION (Nice) Bâtiment
ASSISTANTE DE DIRECTION

- ▷ Frappe des devis en 3 langues
- ▷ Facturation des travaux effectués
- ▷ Recherche de nouveaux clients (Mailing, Téléphone)

BILAN : Un poste-tampon entre la Direction, les clients et les fournisseurs où l'on apprend à traiter chaque demande avec diplomatie.

1991/1993
S.I.P. Service International des Pelerinages (Paris)
SECRÉTAIRE COMMERCIALE
RESPONSABLE DE PLUSIEURS SECTEURS GÉOGRAPHIQUES
U.S.A., Grande Bretagne, Afrique du Sud, Afrique centrale, R.F.A.

- ▷ Traitement des commandes (calcul prix de vente, saisie, relance fabrication,
- ▷ Etudes de nouveaux produits avec les croisiéristes, tours opérators, offices de tourisme
- ▷ Contact permanent avec les différents services afin d'obtenir des informations pour les clients

- **BILAN :** Un poste très enrichissant grâce à la diversité des tâches et des contacts.
Très bonnes relations avec clients et employés.

FORMATION

ETUDES
Maîtrise de Philosophie Paris IV (1991)

FORMATION PERMANENTE
GFPC Gattières (mars 1994)
Perfectionnement à l'italien

LANGUES
- ▷ Allemand (Langue maternelle)
- ▷ Anglais (parlé, lu, écrit : très bien)
- ▷ Italien : très bon niveau notamment parlé

NB : a plusieurs reprises, j'ai donné des cours de langues pour enfants et adultes

CONNAISSANCES INFORMATIQUES
Textor 5, Windows, Autopaye,
IBM PS/2, IBM 36, MACINTOSH "Apple", HONNEYWELL BULL

ACTIVITES ANNEXES

PEDAGOGIE
Lors de la création d'une agence ACM en Italie, j'ai été sollicitée par mon employeur de m'installer temporairement en Italie pour participer au recrutement et à la formation d'une nouvelle secrétaire

DIVERS

29 ans, Franco-Allemande, mariée, 1 enfant,
SPORTS ET LOISIRS : Ballets aquatiques (niveau compétition), peinture Rennaissance italienne

OBJECTIF

TROUVER UN POSTE A RESPONSABILITÉS DANS LE SERVICE COMMERCIAL/ADMINISTRATIF D'UNE IMPORTANTE SOCIÉTÉ EN FRANCE, ITALIE OU GRANDE BRETAGNE

4 ANS FORMATEUR

Fonctions très variées :
• Pédagogiques
• Documentaires
• Relation avec les professionnels de l'agriculture et de l'artisanat

Emeline VIVIEN
2 rue Pacifique Le Hello
22600 HEMONSTOIR
Tel : 36.68.02.22

EXPERIENCES

CENTRE DE PROMOTION SOCIALE
de Loudéac (22) (Rennes)
1991-1995
Au sein d'une équipe de 20 personnes assurant la formation de stagiaires venant du secteur agricole, artisanal et industriel, j'ai :
• Enseigné l'agronomie à des jeunes en formation de technicien agricole (BTA), la chimie et la biologie à des adultes préparant un certificat de capacité technique agricole et rurale.
• Créé de toutes pièces un service de documentation. J'assurais l'enrichissement du fond documentaire, le classement et l'aide à la recherche de documentation. Abonnements à 50 revues et journaux. Plusieurs milliers de références classées.
• Participé à la conception et à la réalisation de supports publicitaires ou informatifs (autocollants, montages audiovisuels, panneaux...) à l'occasion de manifestation : foire de Locminé, salon de la formation de Pontivy.
• Remplacé le directeur dans la gestion de l'hébergement des stagiaires. 17 groupes, 150 personnes à loger en cours d'année.
J'ai conçu différents documents dans ce but : planning d'occupation des locaux, prévision et bilan annuel, etc.
• Organisé plusieurs chantiers de maintenance des locaux et espaces verts. Pris des contacts avec des artisans pour des devis ; suivi le déroulement des travaux.

INSTITUT BAYER
1987-1991
En tant qu'animalier, j'assurai le fonctionnement d'une unité de production de cobayes ; alimentation, soins, enregistrement techniques, préparations des commandes pour différents laboratoires français et étrangers.
Pendant les permanences de week-end, j'assurai le fonctionnement d'un poulailler IOPS (Indemne d'Organisme Pathogène Spécifique)

UDCA (56)
Station de sélection porcine
1985-1987
Comme porcher, je conduisais une bande de 42 truies et un bâtiment de production de verrats (800 places).
Je participais à la sélection des reproducteurs mâles.
J'ai obtenu 21 porcelets sevrés par truie productive/an et un indice de consommation de 3,3 en engraissement.

PREMIERS EMPLOIS :
1985-1986
• Stage en production laitière, porcine, ovine et petits élevages.
• Contrôle laitier, groupement vétérinaire.

FORMATION

ETUDES
• BTS TAGE juin 1994
• CCTAR juin 1990
• BEPA juin 1985

CONNAISSANCES INFORMATIQUES
• Tableur : Multiplan
• Traitement de texte : Wordstar

DIVERS

29 ans, marié, 2 enfants
Sports et loisirs : Courses cyclistes, volley-ball, basket-ball, chasse.

OBJECTIF

CONCEVOIR DES STAGES DE FORMATION DANS LE DOMAINE AGRICOLE

Dominique Dupont
48, avenue Joseph-Gasquet
83100 Toulon

Toulon, le 7 septembre 1995

V/Réf. : Chef d'atelier garage
pour l'Outre-Mer

Messieurs,

J'ai relevé avec intérêt votre offre d'emploi parue dans la sélection de la SOFIOM. La connaissance de certains matériels semble requise.
J'ai dix ans d'expérience Outre-Mer dont quatre comme chef d'un atelier garage que j'ai créé en Côte-d'Ivoire et où j'ai eu à me familiariser avec les engins cités dans votre annonce (voir CV joint).
Dans l'attente de vous rencontrer, je vous prie de croire, Messieurs, à l'assurance de mes sentiments distingués.

Dominique Dupont *Crolles, le 7 septembre 1995*
8, allée des Charmanches
38190 Crolles

V/Réf. : Offre d'emploi parue dans
(nom du journal) du 4/9/95

Messieurs,

Pourquoi l'annonce citée en référence a-t-elle retenu toute mon attention ? Sans doute parce que les termes qui la composent correspondent à la nature du poste que je recherche.
J'ai relevé avec intérêt la possibilité d'exercer dans une entreprise de premier plan et de mettre en pratique ma connaissance des négociations commerciales avec les pays de l'Est.
Pour ma part, j'ai remporté l'an dernier un contrat avec la Russie qui a représenté 36 % du C.A. de l'année (voir CV joint).
Dans l'attente de vous rencontrer pour vous donner de vive voix toutes les indications souhaitées, je vous prie de croire, Messieurs, à l'assurance de ma considération distinguée.

Dominique Dupont
3, rue Maréchal-Foch
80380 Villers-Bretonneux

Villers-Bretonneux,
le 7 septembre 1995

V/Offre d'emploi parue dans
(nom du journal) du 4/9/95

Messieurs,

Votre offre d'emploi, citée en référence, a retenu toute mon attention. En effet, le poste à pourvoir correspond tout à fait (ou en partie) à celui que j'exerce actuellement.
J'ai retenu dans les termes de votre annonce la perspective de travailler dans une entreprise leader de son marché et la possibilité de créer un service axé sur les relations avec les consommateurs.
Au Canada, j'ai lancé et animé un service analogue dans une entreprise de produits de grande diffusion (voir CV joint).
Dans l'attente de vous rencontrer afin que vous étudiiez le bien-fondé de ma candidature, je vous prie de croire, Messieurs, à l'assurance de ma considération distinguée.

Dominique Dupont
27, rue des Vergers
67110 Niederbronn-les-Bains

Niederbronn-les-Bains,
le 7 septembre 1995,

V/Réf. : L'annonce parue dans
(nom du journal) du 4/9/95

Messieurs,

J'ai relevé avec intérêt l'annonce citée ci-dessus. J'ai plus particulièrement retenu dans la définition du poste à pourvoir la possibilité d'appartenir à une entreprise de pointe dans la recherche et également de mettre en pratique une formation de technicien dans ce domaine. Lors de mon année de fin d'études, j'ai monté avec quelques élèves des mini-ordinateurs en kit pour les proposer à de petites entreprises locales en adaptant des programmes en fonction de leurs besoins (voir CV joint).
Je serais heureux de vous en parler et dans cette attente, je vous prie de croire, Messieurs, en l'assurance de ma considération distinguée.

Dominique Dupont
19, rue Fanchambault
62700 Bruay-en-Artois

Bruay-en-Artois, le 7 septembre 1995,

LE CENTRE
D'ACTION SOCIALE
de Dunkerque

recrute

pour l'un de ses foyers-logements

un ou une
directeur (trice)
infirmier (ère) D.E.

Statut de la Fonction publique territoriale, grille indiciaire brute 350-533 + reprise ancienneté le cas échéant, gratuité du logement de fonction type F3 + eau + électricité

Expérience d'animation auprès des personnes âgées souhaitée.

Adresser candidature et CV à M. le Président du Centre d'Action Sociale

V/Réf. : L'annonce parue dans
(nom du journal) du 4/9/95

Monsieur le Président,

J'ai eu des échos très favorables du Centre d'Action Sociale que vous présidez.
Par ailleurs, comme infirmière diplômée d'État, j'ai eu en 10 ans des fonctions diverses (voir CV joint) et notamment la responsabilité dans une commune voisine d'organiser le repas de fin d'année et les excursions des personnes âgées.
D'autre part, je supervise les jeunes qui rendent visite aux personnes âgées isolées.
Dans l'attente de vous rencontrer, veuillez croire, Monsieur le Président, à l'assurance de ma haute considération.

Dominique Dupont
6, rue du Calvaire
44000 Nantes

Nantes, le 7 septembre 1995,

> ABCD
>
> Société en pleine expansion sur le marché français du pneumatique
> recherche pour son Département Poids Lourds
>
> **2 MONTEURS DE PNEUMATIQUES POIDS LOURDS**
>
> **pour activité dans entreprise de transport.**
>
> Conditions du poste :
> - être libéré des obligations militaires,
> - avoir de bonnes connaissances en mécanique V.L. – P.L. ou agraire,
> - posséder un véhicule personnel pour effectuer de courts déplacements (frais remboursés).
>
> Lieu de résidence souhaité : pour l'un NANTES.
> Pour le second : RENNES.
>
> Formation assurée et rémunérée.
> Adresser lettre manuscrite, CV, photo et rémunération souhaitée à ABCD.

V/Réf. : L'annonce parue dans (nom du journal) du 4/9/95 pour 2 monteurs pneumatiques P. L.

Monsieur le Chef du Personnel,

J'ai en effet appris par la presse professionnelle que votre filiale française avait enregistré en 1994 une sérieuse expansion dans un secteur frappé par la crise. Je connais bien ce produit car lors de mon service national, j'étais responsable du dépôt de pneumatiques d'une unité stratégique (voir CV joint).
Si vous voulez que l'on aborde mes compétences en pneumatiques, je serais heureux de vous en parler lors d'un prochain entretien.
Dans l'attente de vous lire à ce sujet, je vous prie de croire, Monsieur le Chef du Personnel, à l'assurance de ma considération distinguée.

Dominique Dupont
12, rue de Montreuil
78000 Versailles

Versailles, le 7 septembre 1995

> Dans le cadre
> de son expansion (+ 52 % en 1994)
> cabinet recherche
>
> **INGÉNIEUR**
> **SPÉCIALISTE**
> **BREVETS**
> **INVENTION**
>
> Anglais indispensable.
> Evolution importante possible
> pour candidat autonome
> attiré par la profession
> de CONSEIL

V/Offre d'emploi parue dans
(nom du journal) du 4/9/95

Messieurs,

J'ai noté dans votre annonce une progression de 52 % en 1994 de votre cabinet conseil. Si ce chiffre est exact et je n'ai aucune raison d'en douter, il s'agit d'une performance dans notre profession. Une telle expansion me conduit à vous proposer mes services.
En effet, comme spécialiste en brevets, j'ai permis à un client d'étendre le champ d'application de son brevet qui lui a permis de tripler son C. A. en France par rapport à ses prévisions (voir CV joint).
Si vous voulez que nous abordions ma façon de travailler, je serais heureux de vous en parler de vive voix.
Dans l'attente de vous rencontrer à vos bureaux, je vous prie d'agréer, Messieurs, l'expression de mes salutations distinguées.

Dominique Dupont *Aix-en-Provence, le 7 septembre 1995*
3, avenue des Libérateurs
13000 Aix-en-Provence

DIRECTEUR GÉNÉRAL
S.A. de transport de voyageurs
(Sud de la France)
recherche

« LE PATRON »
DE L'ENTREPRISE

De préférence ISA-HEC
ESSEC – ESC, ou expérience.
Etudions toute candidature.
Adr. lettre, CV avec photo et prét.
Ecrire en précisant bien sur l'enveloppe
la réf. n° 9127

V/Offre d'emploi parue dans
(nom du journal) du 3/9/95

Monsieur le Directeur Général,

Vous cherchez réellement un « PATRON » pour votre entreprise de transport de voyageurs ? La perspective d'avoir la responsabilité d'une PME m'attire.
Après mon diplôme de l'ESC de Grenoble, je suis entré depuis un an dans une société multinationale prestigieuse certes, mais où les prises de décision sont lentes comme dans tous ces « mastodontes ». Ma fonction : responsable d'un centre de profit mais sans véritable autonomie. C'est en effet un non-sens.
Toutefois, les « profits » que j'ai dégagés si je les compare au 1er semestre 1995 par rapport à la même époque de l'an passé font apparaître une progression de 28 % du chiffre d'affaires avec une marge brute de 11,20 % contre 9,7 % (voir CV joint).
Bien que je ne connaisse pas votre secteur d'activité, je suis prêt à étudier avec vous l'intérêt de ce poste.

Dans l'attente d'en discuter à vos bureaux, je vous prie d'agréer, Monsieur le Directeur Général, l'assurance de ma considération distinguée.

Dominique Dupont
17, rue de la Gonalière
41000 Blois

Blois, le 7 septembre 1995

AFRIQUE NOIRE FRANCOPHONE
GROUPE AGRO-INDUSTRIEL
RECHERCHE
POUR COMPLEXE SUCRIER
RESPONSABLE
PARC MATÉRIEL
Les candidats doivent justifier d'une expérience de plusieurs années dans un poste similaire. En plus de très bonnes connaissances en DIESEL et HYDRAULIQUE, ils devront être rompus aux méthodes de gestion d'un important parc matériel.
CONTRAT EXPATRIE CRE.
Adresser CV + photo sous
réf. XXX

V/Offre d'emploi parue dans (nom du journal) du 3/9/95

Messieurs,

Je crois savoir qui vous êtes ! Si je ne me trompe pas j'ai en effet envie de vous proposer mes services.
L'Afrique ? Huit années d'expériences professionnelles (Côte-d'Ivoire, Cameroun, Gabon). Responsable d'un parc matériel ? Depuis 2 ans on m'a chargé de reprendre en main la gestion d'un important parc de T. P. et d'engins de levage (voir liste détaillée ci-jointe).
Résultats : importantes économies réalisées, rentabilité doublée (voir CV joint).
Voulez-vous que je vous parle de la « passion » que j'éprouve pour ces gros matériels, pour mon métier, pour l'Afrique ? C'est très simple, la balle est dans votre camp...
A très bientôt, sans doute.
Très sincèrement.

Dominique Dupont
3, allée des Roses
94120 Fontenay/Bois

Fontenay/Bois, le 7 septembre 1995

AUTOMATISME PROCESS
Société d'ingénierie
en informatique et automatique
(400 personnes)
RECHERCHE
CADRE COMPTABLE
DECS + 5 ans d'expérience
de comptabilité générale et analytique
en entreprise.
Nous lui confierons
dans un premier temps,
la responsabilité
de la comptabilité générale.
Connaissance du nouveau
plan comptable indispensable.
Pratique de systèmes
de traitement comptable appréciée.
Poste évolutif
pour candidat de valeur.
Adresser CV détaillé
et prétention sous réf. 402

V/Réf. : 402 concernant un cadre comptable parue dans (nom du journal) du 3/9/95

Messieurs,

Je passe tous les jours pour me rendre en RER à mon travail à Paris devant votre immeuble... Quel rapport avec votre annonce ? Certes aucun ! Toutefois il y a quelques mois, intriguée, j'ai appris que vous aviez le « vent en poupe » avec notamment d'importants contrats à l'export.

Bref, en ce qui me concerne j'ai un DECS mais je n'exerce que depuis 3 ans. J'occupe depuis 18 mois la fonction d'adjoint du Directeur Financier d'une PME de 320 personnes dans une entreprise de matériel hydraulique.

A ce poste, j'ai contribué, sous l'impulsion du Directeur Financier qui m'avait laissé carte blanche, à la restructuration du service comptable. Ce « mini-bouleversement » s'est fait sans grogne car il s'est opéré en totale concertation avec l'ensemble des employés de ce service (voir CV joint).

Si mon expérience et mon voisinage vous intéressent dans ma candidature, je serais heureuse de vous rencontrer un soir, après mon travail, pour une première prise de contact.
Veuillez croire, Messieurs, à l'assurance de mes salutations distinguées.

Dominique Dupont
4, rue des Sources
77850 Héricy

Héricy, le 7 septembre 1995

CONSEILLER D'ENTREPRISE

Ce poste s'adresse
à un jeune débutant
de formation supérieure
ESC ou équivalent.

Animateur et conseil auprès
des adhérents du groupement.
Intégration immédiate
à l'équipe de direction.
- Goût du contact.
- Qualités pédagogiques.
- Personnalité affirmée.

Déplacements fréquents
en province.
Siège à Paris.

Env. lettre manuscrite,
CV, photo et prét.
à Mme G.

V/Offre d'emploi pour un Conseiller d'Entreprise parue dans (nom du journal) du 3/9/95

Madame,

Votre offre d'emploi a été pour moi une surprise ! Pourquoi ? Tout simplement parce que je m'apprêtais à faire paraître une annonce presque similaire dans la rubrique « Demandes d'emploi ». Dans cette annonce j'allais proposer mes services pour une mission analogue à celle du poste que vous devez pourvoir...
Ainsi dans le cadre de la Junior Entreprise de mon école de commerce, j'ai eu comme client une jeune société de franchise. Celle-ci dépassée par son succès a dû repenser son organisation. Mon rôle a consisté en une période de 3 mois à revoir une organisation « brouillonne » en proposant un plan cohérent. En prenant contact avec les franchisés, j'ai réussi à instaurer un réel climat de confiance grâce à une politique d'échanges d'informations de gestion de toute nature.
Bilan : de franchisés désabusés et déroutés, j'ai fait des franchisés heureux et enthousiastes.

L'histoire détaillée de cette mission vous intéresse ?
Alors, Madame, rencontrons-nous vite !
A très bientôt, sans doute.
Respectueux hommages.

PJ : 1 CV + photo.

Dominique Dupont
138, rue Montmartre
75002 Paris

Paris, le 7 septembre 1995

> Jeune société dynamique
> QUARTIER DÉFENSE
> offre un poste stable
> et évolutif dans son
>
> **SERVICE**
> **ACTUARIAT**
>
> NIVEAU MAITRISE DE MATH
> ou ÉQUIVALENT (ÉCOLES
> d'INGÉNIEURS...)
>
> – Nombreux avantages sociaux.
> – Restaurant d'entreprise.
>
> Envoyer lettre manuscrite,
> CV + photo, n° 80.441.

V/Offre d'emploi pour votre service actuariat parue dans (nom du journal) du 3/9/95

Messieurs,

Pourquoi mettre tant l'accent sur les avantages sociaux de votre entreprise ? Pour ma part, je retiens que votre société est jeune et dynamique.
Ce sont à mes yeux les seuls critères qui me donnent envie de la connaître et par voie de conséquence de participer à son expansion...
J'occupe actuellement un poste où je suis en rapport quotidien avec le service actuariat de mon entreprise. Je connais si bien ce service que l'on m'a confié pour une courte durée (15 jours) la responsabilité de pallier l'absence du chef de service (voir CV joint).
Persuadé que pour vous, le dynamisme importe plus que « l'assistanat social », je serais heureux de faire la connaissance de votre jeune société.
Au plaisir de vous rencontrer prochainement, je vous prie de croire, Messieurs, à l'assurance de ma considération distinguée.

RELANCE À UNE RÉPONSE NÉGATIVE

Dominique Dupont
106, rue de Rennes
75006 Paris

Paris, le 7 septembre 1995

Réf. - Votre lettre du 4/09/1995

À l'attention de M...

Monsieur,

Je vous remercie de m'avoir répondu bien que ma candidature ne soit pas retenue et je le regrette sincèrement.
Je note, car c'est assez rare pour le signaler, que vous avez eu la délicatesse de :
– m'adresser un courrier,
– me retourner CV et photo.
Vos homologues d'autres enseignes n'ont pas toujours ces égards pour un candidat à un poste d'exécution comme celui auquel je postulais. Ceci conforte l'image flatteuse de votre chaîne auprès de la jeunesse.
Votre décision est-elle sans appel ou pensez-vous que

d'autres franchisés Q... sur Paris pourraient avoir recours à mes services ? Si oui, sachez que je postule toujours pour travailler sous votre enseigne car j'en apprécie l'esprit et que par ailleurs je crois que mon expérience polyvalente dans la restauration en France et en G.-B. devrait trouver une application dans l'un de vos restaurants ; je rappelle pour mémoire, que je n'ai aucune contrainte d'horaires et que je suis libéré du Service National après 10 mois passés au Mess des officiers à Brest.

J'ai la naïveté de croire que vous ne serez pas insensible à ma motivation et dans l'attente de votre recommandation auprès de vos confrères Q..., je vous prie de croire, Monsieur, à l'assurance de ma considération distinguée.

RELANCE À UN PREMIER ENTRETIEN

Dominique Dupont *Paris, le 7 septembre 1995*
10, rue Jean-Calvin
75005 Paris

Réf. - Votre offre d'emploi pour un poste de Directeur adjoint du Marketing

À l'attention de Monsieur Jean DURANT

Monsieur le Directeur du Marketing,

Je tenais à vous remercier de la manière dont se sont déroulés nos entretiens à vos bureaux. J'ai apprécié le réel échange que nous avons eu :
– vous, en me décrivant en détail la mission qui m'incomberait, sans faire abstraction des difficultés conjoncturelles ; sur ce point j'ai apprécié votre franchise ;
– moi, en vous faisant état de mon expérience avec ses succès et ses échecs.
Par ailleurs, je tiens à rendre hommage à vos trois collaborateurs qui ont su me poser de manière directe des questions pertinentes liées étroitement à mon

savoir-faire et répondre sans détour aux miennes que tout candidat à ce poste est en droit de se poser.
Malgré les difficultés provisoires qui sont inhérentes à la fonction, je crois pouvoir vous conforter en affirmant être en mesure d'en assurer le challenge. Pourquoi ? Parce qu'une expérience similaire précédente a été résolue par mes soins grâce à l'enthousiasme que j'ai su faire partager à la fois à mon équipe et aux services dont je dépendais et à un état d'esprit maison comme je le retrouve apparemment dans votre entreprise.
Persuadée que nous serons appelés à nous revoir pour étudier plus avant le sérieux de ma candidature, je vous prie de croire, Monsieur le Directeur du Marketing, à l'assurance de ma considération distinguée.

TROISIEME PARTIE

VOS ENTRETIENS

Votre curriculum vitae et votre lettre d'accompagnement ont accroché ! ! !

– Le curriculum vitae, d'une part, grâce à sa présentation claire, logique, laissant deviner en vous un auteur méthodique, rationnel et organisé, et permettant un examen et un dépouillement rapides. D'autre part, par le choix judicieux de la terminologie, la suppression des éléments qui n'apportent rien et au contraire la mention d'autres indications opportunes auxquelles on n'a pas coutume de penser, laissant deviner un(e) candidat(e) tourné(e) vers le concret.

– La lettre d'accompagnement manuscrite dont le style original, enthousiaste laisse pressentir une personne ouverte et dont le ton quelque peu mystérieux excite la curiosité et provoque irrésistiblement le souhait d'une première rencontre.

Nous nous situons donc au deuxième stade de la sélection : celui du premier entretien au cours duquel il faudra confirmer l'excellente impression du premier stade et « vendre » réellement sa candidature.

En effet, à cette étape les responsables du recrutement se trouvent généralement en présence de plusieurs candidatures de valeur (entre 5 et 12) et surtout qui se tiennent très près les unes des autres. Le choix final leur est souvent très douloureux et procède d'un véritable cas de conscience. Il serait à peine exagéré de dire qu'ils sont parfois tentés de tirer au sort les « finalistes ». Ne leur laissons pas cette tentation ridicule ! Créons ces petits faits qui feront la différence, qui feront qu'à travers ces candidats on se souviendra plus volontiers de M. ..., celui (ou celle) qui... que..., par lequel..., etc.

CHAPITRE I

LA PRÉPARATION AUX ENTRETIENS

Tout comme le sport, la meilleure préparation aux entretiens c'est l'entraînement. Il faut tout de suite vous faire à l'idée que les premiers entretiens seront des échecs.

Pourquoi ? Parce qu'en effet, vous manquez d'entraînement ! Une autre image : si l'on vous compare à un acteur, vous ne maîtrisez pas encore votre texte pour vous soumettre au verdict des critiques le soir de la générale... Maîtriser son texte c'est éviter de bredouiller sa réplique lorsque votre partenaire (le recruteur) vous adresse la parole. Vous n'aurez pas de souffleur comme au théâtre.

Ainsi pour réussir les entretiens à des postes qui vous attirent il faut donc acquérir de la pratique. Pour cela « faites-vous les dents » sur des offres sans intérêt car plus vous aurez d'entretiens, plus vous aurez d'aisance dans leur déroulement. A la limite, l'échec est une bonne préparation.

J'imagine que vous ne m'écouterez pas. « Quelle inconscience de laisser passer des offres pour lesquelles on se sent attiré et tout à fait apte à postuler ! » Voilà le raisonnement que vous tiendrez. Risquez-vous, mais en cas d'échec (ce qui est plus que probable) plus dure sera la chute ! Vous allez ressasser en vous disant que ce n'est pas juste, que ce poste devait vous revenir si vous n'aviez pas au cours de l'entretien... Eh oui, si vous aviez eu de l'entraînement, cette mauvaise passe pendant l'entretien n'aurait pas eu lieu. Bref, libre à vous de faire comme vous l'entendez. Toutefois, pour chacun de nous échouer à un enjeu modeste cela ne porte pas à conséquence, par contre, pour un enjeu capital cela peut engendrer un sérieux traumatisme. Pour éviter cela, découvrez les heureuses surprises des postes sans intérêt.

LES HEUREUSES SURPRISES DES POSTES SANS INTÉRÊT

Cette démarche qui peut vous paraître incongrue présente de nombreux avantages. Cet entraînement vous prouvera que cette technique réserve d'heureuses surprises.

Le principe : vous répondez à des offres qui ne vous attirent pas a *priori* et donc vous n'avez rien à perdre.

Le résultat : c'est que vous abordez ces entretiens très décontracté. La règle : être convaincant et paraître motivé pour le poste ou plus généralement pour la firme. Vous n'êtes plus dans la peau d'un demandeur mais dans celle d'un prestataire qui vient proposer sa collaboration. Cela change tout, car le rapport de forces est différent : on parle d'égal à égal. Cette attitude va impressionner votre ou vos interlocuteurs. Beaucoup d'entre eux, fins psychologues, constateront que vous n'êtes pas tout à fait désigné pour le poste mais que vous valez mieux. C'est ici qu'intervient l'aspect positif de cette technique. Vous ignorez en rencontrant votre interlocuteur qu'il a un poste à pourvoir dans l'immédiat ou plus souvent à court terme en rapport avec vos compétences et surtout vos objectifs. Vous lui avez fait une excellente impression et il s'interroge pour savoir si vous ne feriez pas l'affaire pour d'autres postes. Vous ne soupçonnez pas le nombre de candidats qui ont appliqué cette méthode et qui ont trouvé un emploi dont ils n'ont qu'à se louer. D'ailleurs, dans ce type de recrutement « hors norme » tous les partenaires y trouvent leur compte. La société (le recruteur) qui économise les frais d'une campagne de recrutement. Vous, parce que l'on vous propose un poste sans avoir à vous frotter à une compétition avec une dizaine d'autres candidats et que sollicité par la société, vous avez les coudées plus franches pour imposer vos vues dans la limite du raisonnable (salaire notamment).

Si une telle hypothèse ne se présente pas de cette façon vous devez toutefois « jouer le jeu » jusqu'au bout : c'est-à-dire vous faire engager. Vous avez pris le parti de jouer ? La finalité du jeu c'est de gagner ? Votre gain c'est une lettre d'engagement en bonne et due forme. Cette lettre (ou plutôt ces lettres) c'est pour vous la preuve matérielle que vous gagnez.

Que faire ensuite ? C'est très simple. Vous écrivez au signataire de la lettre pour le remercier de la confiance qu'il place en vous (sans trop d'emphase), de l'intérêt que présente le poste mais que vous avez reçu une autre proposition qui offre un avantage financier plus attractif. Consternation de l'auteur de la lettre d'engagement. Il a misé sur vous. Il a investi en argent et en temps pour pourvoir ce poste. Brusquement tout s'effondre, il faut tout recommencer.

Passé sa première réaction de colère, il se calme, il se raisonne, il en discute avec ses supérieurs ou ses collaborateurs. Conclusion : il ne faut pas vous laisser « filer ». Il fait donc contre mauvaise fortune bon cœur : il prend son téléphone pour vous « ramener à la raison ». Il regrette votre décision et veut connaître les propositions de la « concurrence ». « Combien vous propose-t-on ? » Formidable, la balle est dans votre camp ! Vous pouvez donc monter la barre assez haut en disant : « On me propose 30 % de plus, vous comprenez Monsieur X, qu'il m'est difficile de rester insensible pour un poste de surcroît dont les responsabilités sont sensiblement les mêmes que celui que vous me proposez. » Votre interlocuteur juge certainement que vous exagérez mais il sait très bien que vous ne bougerez pas de cette position au risque de vous dévaloriser. Si pour lui vos exigences sont excessives il en restera là et ne vous suivra pas. Par contre, s'il juge vos prétentions justifiées, il vous demandera un délai de réflexion, même si sa décision est prise, ne serait-ce que pour sauver la face.

Mais alors, me direz-vous, s'il honore mes prétentions et que le poste ou la société ne m'intéresse toujours pas ? Poursuivez ce jeu diabolique (à l'exception d'un recrutement conduit par un grand cabinet de recrutement) : demandez une nouvelle lettre d'engagement précisant cette modification. Cette lettre reçue, le jeu doit quand même s'arrêter. Certes, vous ne vous êtes pas fait un ami mais vous aurez laissé l'impression d'un redoutable négociateur. C'est une vertu professionnelle capitale que vous vous êtes ainsi découverte.

Toutes ces expériences vont forger en vous une assurance qui vous sera bien précieuse lorsque vous aborderez les offres d'emploi qui vous tiennent à cœur... Cette démonstration est parfaitement illustrée par ces deux maximes : « Rien ne sert de courir... » et « Ne pas confondre vitesse et précipitation ».

Évitez donc de vous précipiter, même si c'est la tentation de chacun, sur les offres liées à l'objectif que vous vous êtes fixé !

Il faut connaître les firmes qui vous convoquent. C'est certainement une règle essentielle de réussite à un entretien. Les recruteurs sont consternés de voir que la majorité des candidats qu'ils reçoivent sont totalement « incultes » sur leur société. Vous n'avez aucune excuse lorsqu'il s'agit d'une convocation à la suite d'une candidature spontanée ; l'entreprise juge, en effet, que si vous vous êtes tourné vers elle c'est avec un minimum d'information. Les entreprises tiennent le même raisonnement lorsque vous répondez à une offre d'emploi où elles ont indiqué leur raison sociale. Là où l'on ne peut vous faire grief, et pour cause, c'est dans le cas d'une offre d'emploi anonyme dont le recrutement est confié à un cabinet.

Pourquoi sont-elles anonymes ? Très souvent c'est parce que l'on veut se séparer d'un collaborateur en place sans l'informer.

Une autre raison : ne pas dévoiler à la concurrence ses projets surtout lorsqu'il s'agit d'une nouvelle activité vers laquelle une firme souhaite se lancer. Également, certaines firmes arrivent ainsi à échapper à toutes sortes de pressions de la part d'hommes politiques (maires ou députés qui veulent placer un de leurs concitoyens) ou d'entreprises clientes qui veulent caser le rejeton, un parent ou un ami. Voilà les 3 raisons qui justifient la publication d'offres d'emploi anonymes.

Sans rejeter ce type d'annonces il faut savoir qu'il présente à mes yeux trois inconvénients majeurs :

– vous ne disposez d'aucune information sur la firme ;

– vous pouvez peut-être répondre à une annonce dans une entreprise où vous travaillez (ou avez travaillé) ou l'une de ses filiales ;

– votre insertion dans cette société risque d'être mal perçue par l'entourage car vous serez celui ou celle qui a pris la place de la « victime » licenciée ou déplacée sur une voie de garage.

Excluons donc les annonces anonymes. Vous recevez une lettre d'une société qui annonce sa raison sociale ou du cabinet qui a indiqué dans son annonce le nom de son client. Dans cette lettre on vous demande de prendre contact avec le signataire ou son secrétariat pour fixer un rendez-vous. Afin d'avoir le temps de réunir les informations sur la société qui recrute, fixez-vous une marge de 8 jours minimum.

Lors de cette première prise de contact vous devez vous faire préciser l'adresse exacte du rendez-vous car ce n'est pas forcément l'adresse figurant sur le papier à en-tête de la lettre que vous avez reçue. Vous aurez intérêt, dans la mesure du possible, à fixer un rendez-vous à des heures creuses (avant 9 h, à l'heure du repas ou après 18 h) pour éviter que votre entretien soit perturbé par d'incessants coups de téléphone ou par des sorties de bureau de votre interlocuteur. Enfin, demandez à votre interlocuteur ou à sa secrétaire de vous préciser la durée de l'entretien et les fonctions de celui qui vous recevra et si vous rencontrerez le même jour d'autres personnes et si oui lesquelles.

Toutes ces indications vous permettront peut-être de procéder à une mini-enquête sur celui, celle ou ceux qui vous recevront. C'est déjà un début à votre campagne d'information. Avant de vous indiquer les sources d'informations dont vous pouvez disposer j'aimerais vous mettre en garde sur les entretiens par téléphone : je ne parle pas de la prise de rendez-vous, je fais allusion aux firmes qui procèdent lors de cette prise de contact à un véritable interrogatoire ou le plus souvent qui veulent savoir le montant de vos prétentions. L'aspect salaire est abordé plus loin dans ce dossier, mais vous devez savoir qu'il ne doit intervenir qu'à un stade avancé de l'entretien.

FUYEZ LES ENTRETIENS PAR TÉLÉPHONE

Vous serez confronté quelquefois à cette forme d'entretien. Vous serez placé devant la situation suivante :

– d'une part, lorsque vous avez reçu une lettre vous invitant à prendre contact avec telle personne ;

– ou d'autre part, lorsque le recruteur, à la réception de votre curriculum vitae où figure votre numéro de téléphone, vous appelle pour apparemment vous fixer un rendez-vous.

Dans ces deux cas de figure, il arrive que vous soyez soumis à une sélection par téléphone. L'intérêt pour le recruteur : éviter, certes, de vous faire déplacer (c'est du moins l'argument qu'il peut invoquer) mais surtout organiser son emploi du temps, en ne convoquant à son bureau que ceux qui auront répondu au téléphone à ses critères du poste à pourvoir.

Vous conviendrez que la « règle du jeu » est faussée. Vous êtes « pris à froid ». Vous n'avez pas eu le temps de réunir les informations sur la firme ou sur la fonction du recruteur (règles essentielles développées plus loin). En fait, le « débat » est à sens unique : les bonnes questions sont soulevées par le recruteur et non par vous... Le face-à-face primordial n'a pas lieu ! Alors que faire pour ne pas se fourvoyer dans cette chausse-trape ? Fuir systématiquement ces interrogatoires par téléphone ! Comment ? En prenant vous-même l'initiative de proposer à votre interlocuteur une date pour étudier à son bureau l'intérêt de votre candidature. Vous appliquerez pour cela la technique éprouvée des prises de rendez-vous par téléphone qu'utilise tout bon vendeur.

Cette technique est dite de « l'alternative », tout simplement parce que vous proposez un choix entre deux dates, ce qui a l'avantage de vous épargner un « non » catégorique.

Pour exemple : « Madame préférez-vous la viande ou le poisson ? »

A une telle question, on peut vous répondre l'un ou l'autre mais en aucun cas un « non » glacial. Dans cette prise de rendez-vous, le même principe : « Madame, préférez-vous que nous nous rencontrions en fin de semaine ou au milieu de la semaine prochaine » ou « Madame, je pourrai me rendre disponible pour vous rencontrer lundi 22 en début d'après-midi ou mercredi 24 en fin de matinée, qu'est-ce qui vous arrange ? ».

Autre objection de votre part : mais si elle insiste pour me sonder par téléphone. Imaginons donc le dialogue le plus vraisemblable :

Mme X *(recruteuse)* – Votre candidature nous intéresse mais auparavant j'aurais voulu savoir si... (laissez-la finir sa phrase et adopter l'art de la pirouette propre aux hommes politiques).

Vous – (souriez, oui souriez au téléphone car cela s'entend et désarçonne votre interlocutrice) – Je suis heureux que ma candidature ait retenu votre intérêt. J'aurais aimé pouvoir vous répondre mais je dois partir immédiatement car l'on m'attend (ou je ne peux pas parler librement), je vous propose donc de venir à votre bureau en fin de semaine prochaine ou au milieu de la semaine prochaine. Qu'est-ce qui vous arrange le mieux ?

Mme X – Avant de vous faire déplacer j'aurais voulu connaître votre... (laissez la finir)

Vous – Mme X, n'ayez pas de scrupule, je suis sensible à votre délicatesse mais si je vous ai écrit c'est que j'avais une sérieuse motivation pour répondre à votre annonce (ou vous proposer ma candidature). Bien. Alors qu'est-ce qui vous arrange ? En fin de semaine ou au milieu de la semaine prochaine ?

Mme X – Qu'est-ce que vous entendez par milieu de la semaine prochaine ?

Vous – Disons mercredi 24 dans l'après-midi au jeudi 25 dans la matinée.

Mme X – Non, je réfléchis, cela ne va pas être possible je vais avoir un emploi du temps très serré. Si cela ne vous ennuie pas, je vous propose de vous rappeler en fin de semaine (attention ne tombez pas dans ce piège : obtenez tout de suite ce rendez-vous pour la semaine suivante éventuellement ou à défaut proposez-lui de la rappeler).

Vous – Mme X, je comprends. Pour ma part, je vais être très souvent absent et il vous sera difficile de me joindre. Pour vous éviter de m'appeler plusieurs fois, je vous propose de vous contacter en fin de semaine pour que nous fixions ce prochain rendez-vous. Que diriez-vous du jeudi 18 ?

Mme X – Non, le 18 ce ne sera pas possible, je serai en déplacement à notre usine de...

Vous – Bien. Et le vendredi 19 ?

Mme X – Je risque de participer à une réunion à moins que vous m'appeliez de bonne heure, disons vers 8 h 30 ?

Vous – Écoutez, convenons que je vous appelle le vendredi 19 à 8 h 30. On marche comme ça ?

Mme X – C'est d'accord.

Vous – C'est noté. L'orthographe de votre nom c'est bien B...

Mme X – C'est cela.

Vous – Au fait, je ne vous ai pas demandé et je m'en excuse votre fonction au sein de la société XYZ.

Mme X – Je suis directrice du département « Recherche » au siège. Voilà, vous savez tout. Donc j'attends votre appel vendredi 19 vers 8 h 30. A très bientôt au fil M.Y.

Vous – Entendu Mme X, à très bientôt !

Ce dialogue est volontiers excessif : très souvent vous obtiendrez tout de suite un rendez-vous. Dans ce cas :

Mme X – Le mercredi 24 à 19 h ? Ce n'est pas trop tard ?

Vous – Non, je n'ai rien de prévu à cette heure-là, mercredi 24. Je peux vous demander, toutefois, combien de temps durera environ notre entretien ?

Mme X – Comptez une bonne heure !

Vous – Bien. Je rencontrerai également d'autres collaborateurs de votre société ?

Mme X – Oui

Vous – Ah bien ! Et lesquels ?

Mme X – Monsieur W, responsable de l'usine sans doute et d'une façon certaine son adjoint Monsieur D.

Vous – Alors je note que nous nous rencontrerons à votre bureau, c'est-à-dire au siège.

Mme X – Non, vous faites bien de m'en parler, le rendez-vous se tiendra dans l'une de nos filiales, la société DEF à l'adresse suivante... Vous venez comment ?

Vous – En voiture.

Mme X – Alors pour vous rendre en voiture, c'est très simple. Vous prenez...

Vous – C'est clair. Donc je note Mme X que nous nous verrons le mercredi 24 à 19 h. Votre nom s'écrit bien A...

Mme X – C'est cela.

Vous – Je crois que je n'ai pas noté votre fonction à la société...

Mme X – Je suis directrice du département « Recherche ».

Vous – Ah ! très bien. Donc à mercredi Mme X.

Mme X – Entendu à mercredi Monsieur Y.

Bilan : vous n'avez pas été un mouton. En cela vous avez intrigué votre future interlocutrice. Elle aura pu apprécier votre pugnacité ainsi que votre courtoisie au cours de cet entretien téléphonique. Votre interlocutrice n'a rien appris sur vous, par contre, vous avez su tirer un certain nombre d'informations et vous pourrez en « soutirer » d'autres. Ainsi vous aborderez le premier entretien avec la conviction que vos interlocuteurs auront un *a priori* très favorable à votre égard. C'est un atout considérable. A vous ensuite de ne pas décevoir !

UN CANDIDAT AVERTI EN VAUT DEUX

Pour accroître vos chances de réussite il est indispensable que vous puissiez réunir un maximum d'informations sur les firmes qui vous convoquent. Celles-ci ne manquent pas.

La première source : toute documentation ou catalogue de présentation réalisé par les sociétés. La plus petite entreprise même à titre individuel réalise un dépliant pour présenter à ses clients (ou futurs clients) ses produits ou services. Votre première démarche consiste à vous procurer leur catalogue général en usant de divers stratagèmes. Dans les grandes firmes vous trouverez dans le hall d'accueil un de ces catalogues placés en évidence sur une table basse. Vous découvrirez également les revues professionnelles liées à l'activité de celles-ci. Feuilletezles et notez surtout le nom de ces revues et leur adresse. En les parcourant vous trouverez peut-être un article sur celle qui vous a convoqué ainsi que d'autres sur les firmes concurrentes. Dans ce type d'approche, lorsque la convocation a lieu à la même adresse, il est préférable d'envoyer en « reconnaissance » un(e) ami(e). Cette personne justifiera sa présence en précisant à l'accueil qu'elle attend quelqu'un qui lui a fixé rendez-vous dans le hall.

Elle doit repartir avec la documentation « maison » mais ne pas « faire main basse » sur les revues ! Les revues professionnelles relevées peuvent être contactées directement pour pouvoir se procurer les articles qu'elles ont consacrés à « votre » firme. Il est inutile de prendre rendez-vous. Pour vous éviter de vous déranger inutilement vous pouvez interroger ces revues par téléphone. Dans ces revues à petit tirage très souvent l'équipe de journalistes se limite à une seule personne et celle-ci sera flattée que vous vous soyez déplacé et elle se fera un plaisir de vous montrer sa prose. Tous les prétextes sont bons et je laisse à votre imagination le soin d'en trouver. Toutefois, les journalistes qui vous accueilleront seront ouverts si vous indiquez que votre démarche s'inscrit dans le cadre d'une campagne de recherche d'emploi. Comme chacun de nous, ils ne sont pas insensibles à la flatterie. Ainsi, il serait judicieux de leur faire sentir que si vous vous êtes adressé à eux c'est qu'ils vous semblent connaître assez bien ce secteur. Ils vous répondront que cela fait X années qu'ils écrivent sur cette branche d'activité et qu'en effet, toutes les évolutions de ces dernières années ne leur ont pas échappé. Vous pouvez peut-être leur indiquer que vous souhaitez vous mettre à votre compte, en lançant une idée toute nouvelle, dont vous ne pouvez pas encore parler, mais que vous ne manquerez pas de les informer une fois celle-ci mise sur pieds. Vous leur direz que votre idée ou votre produit pourrait trouver une application auprès de certaines firmes dont leur articles font état et notamment la société X et ses concurrents.

Peuvent-ils vous parler d'elle et des autres ? Quelle est l'évolution du marché ? S'achemine-t-on vers de nouveaux produits ou prestations de service ? Quelle est la société leader ? Quels sont les projets de la société X qui n'ont pas échappé à leur « sagacité » ?, etc. Je vous invite à prendre des notes car souvent les journalistes professionnels sont intarissables...

Contacter ensuite le service de documentation de quelques grandes revues professionnelles (*Usine nouvelle*, *Industries et Techniques*, *Moniteur des travaux publics*) et les journaux économiques (*L'Expansion*, *Le Nouvel Économiste*, *La Vie française*, *Les Échos*, *L'AGEFI*, *Capital*, *Challenges*, *Entreprendre*, *Défi*, *Le Revenu français*, *Mieux vivre votre argent*, etc.) et les pages économiques des grands quotidiens et des news magazines.

Si la société est cotée en bourse, les documentalistes de la Société des Bourses françaises (39, rue Cambon, Paris) tiennent à la disposition du public des dossiers très complets (rapport annuel, bilan, certains articles). Vous n'oublierez pas deux annuaires de renom le *Kompass* et le *Desfossés*, les catalogues de salons professionnels, les annuaires ou guides professionnels.

Enfin consulter le « 5 000 » du *Nouvel Économiste*, numéro spécial de ce journal qui dresse tous les ans un classement des 5 000 premières entreprises françaises : il est bon de savoir si celle qui vous convoque figure ou non dans la dernière édition ; si oui, relevez dans le classement ses concurrents qu'elle devance ou qui la devancent...

D'autre part, vous devez également recueillir des informations sur la firme par un réseau d'informations : c'est l'association de l'école, le client ou fournisseur entretenant de solides relations auprès des collaborateurs de cette firme, l'ami qui connaît un ami dont le frère travaille dans la même branche, etc. Ces jugements ne sont que des jugements, donc empreints souvent de partialité mais ils peuvent vous fournir de précieuses indications.

Toujours plus loin dans ces informations du « petit bout de la lorgnette », faites un tour aux abords de la société qui va vous recevoir dans quelques jours. Quel endroit plus privilégié pour glaner toutes sortes de « ragots » (il n'y a pas de fumée sans feu) que le café le plus proche ! Devant le zinc vous pourrez entretenir la conversation avec le patron ou des livreurs qui vous feront certainement des révélations sur « votre » société dont je doute que vous trouviez trace dans votre documentation publique. Par ailleurs, analysez les thèmes récents des messages publicitaires qui vous indiqueront le nouveau « cheval de bataille » ou l'image que l'entreprise veut donner d'elle. Vous pourrez ainsi, au cours de l'entretien, parler sur la même longueur d'onde...

Pour clore ce chapitre il y a un autre aspect que vous devez éclaircir. Qui vous recevra ? Si vous arrivez à connaître son nom et sa fonction il est bon que vous disposiez d'un portrait psychologique de lui (ou d'elle). Comment ? Toujours en faisant appel à votre réseau d'informateurs.

Vous disposez des deux cartes maîtresses : tableau sur la firme et psychologie de votre prochain interlocuteur. Avec ces atouts maîtres vous devriez marquer des points...

CHAPITRE II

TECHNIQUES
ET
ENVIRONNEMENT

Les techniques et l'environnement sont si variés lors d'entretiens d'embauche qu'il était indispensable de dresser l'inventaire le plus complet, afin que vous ne soyez pas dérouté. Il faut, en effet, distinguer d'une part les techniques employées par les recruteurs et, d'autre part, les différents environnements.

Cinq types de comportements sont adoptés par les recruteurs :

- l'entretien monologue ;
- l'entretien libre ;
- l'entretien semi-libre ;
- l'entretien dirigiste ;
- l'entretien « examen technique ».

1. L'entretien monologue

Son déroulement : un véritable monologue, une sorte de *one-man show* dont vous êtes la vedette. La seule intervention du recruteur consiste à vous accueillir en vous disant : « Eh bien, parlez-moi de vous ! » Il s'agit de développer votre curriculum vitae et d'indiquer vos motivations pour le poste. Cette « plaidoirie » va durer environ une demi-heure. Certes, c'est particulièrement éprouvant de se trouver face à un « zombie » qui ne dit rien. Il ne vous interrompra pas une seule fois et ne vous fournira aucune information sur le poste. Pourquoi certains adoptent-ils une telle attitude ? On peut envisager diverses hypothèses : éprouver votre assurance, procéder à une première sélection hâtive pour ne retenir dans une seconde phase que ceux qui ont eu grâce aux yeux de « l'examinateur », pour éviter d'avoir à déflorer la vraie nature du poste sans s'entourer au préalable d'un minimum de « garanties ». Pour savoir si vous subissez ce type d'entretien, réagissez au bout d'une dizaine de minutes.

Marquez un silence pour indiquer à votre interlocuteur que vous êtes arrivé au terme de votre exposé. Si ce dernier vous demande de poursuivre, vos doutes s'évanouissent. Dans ce cas, improvisez un dialogue où vous ferez à la fois les questions et les réponses, du style : « Vous vous demandez pourquoi... », une pause et vous enchaînez « Eh bien, je vais vous répondre ». Cette situation cocasse a l'avantage de vous laisser toute latitude pour développer votre argumentaire. Toutefois, je vous rassure, cette pratique est rare.

2. L'entretien libre

Une situation qui s'apparente à la précédente puisque l'entrée en matière se limite à la même phrase et que votre interlocuteur laisse libre cours à vos talents oratoires. La grande différence c'est que votre discours fait l'objet de brèves interventions sous forme de reformulations. Il est important pour vous de noter mentalement les éléments qui ont fait « tilt » pour déclencher ces questions.

En effet, cela vous permettra d'y revenir ultérieurement et de développer les points qui ont semblé intriguer l'auditeur de manière à le conforter. Les questions qui vous seront posées sont autant de clignotants pour vous permettre de structurer à votre avantage la fin de l'entretien.

3. L'entretien semi-libre

De loin, la technique la plus pratiquée. Ici chacun pose des questions et y répond. Lorsque l'on vous pose une question, vous y répondez. Mais inversement, on attend de répondre à vos questions. Toute l'information que vous avez réunie les jours précédents va trouver ici une juste application. Cette technique permet aux deux parties de conduire alternativement le déroulement de l'entretien. Cette conversation de salon est très agréable mais gardez l'esprit en éveil pour ne pas vous laisser endormir par cette ambiance décontractée.

4. L'entretien dirigiste

Vous êtes placé dans un carcan. Ce n'est plus vous qui menez le jeu en partie ou partiellement. On vous demande de répondre à un feu roulant de questions types. Ne cherchez pas à faire de digression car on vous ramènera très vite sur les rails. En préambule, on vous indique qu'à la fin de l'entretien on répondra à vos éventuelles questions. Votre personnalité sera véritablement mise à nue : votre formation, vos origines sociales, votre situation de famille, vos expériences, vos distractions, vos objectifs, etc. N'appréhendez pas cette épreuve si par avance vous connaissez les questions pièges que l'on risque de vous poser (voir à ce sujet un prochain chapitre qui dresse une liste de celles-ci).

5. L'entretien « examen technique »

On vous place en face d'une situation à laquelle vous serez confronté dans l'exercice du poste. Ainsi on demandera à un vendeur de vendre un produit qu'il ne connaît pas forcément, de manière à juger ses qualités de conviction ; à un candidat de marketing, de définir un plan de campagne avec supports appropriés ; à un chef d'atelier de réagir face à une panne technique donnée, etc. Je n'ai pas de conseils particuliers à vous donner sinon de prouver votre professionnalisme ou votre esprit d'initiative. Des touches d'humour placées à bon escient (pas pour masquer votre embarras) détendront l'atmosphère...

Le cadre de vos entretiens sera lui aussi très divers.

On peut répertorier 10 situations différentes :

1) Par téléphone (à fuir) ;
2) Seul(e) face à un interviewer ;
3) Seul(e) face à plusieurs interviewers ;
4) Seul(e), dans un bureau, confronté(e) à un défilé d'interviewers ;
5) Seul(e), reçu(e) dans chacun des bureaux des divers interviewers ;
6) Seul(e), reçu(e) par votre interviewer entouré(e) de collaborateurs passifs ;
7) Seul(e), avec le directeur en présence du démissionnaire ;
8) Avec d'autres candidats face à un seul interlocuteur ;
9) Avec d'autres candidats face à un « jury de recruteurs » ;
10) Au restaurant.

Certaines situations nécessitent quelques mises en garde.

– La situation (3) : reculez votre siège afin de vous adresser avec aisance à chacune des personnes face à vous. Attachez autant d'égard à chacun de vos interlocuteurs quel que soit son rang.

Connaissez-vous la technique des duettistes ? Non. Alors sachez qu'il peut arriver que vous soyez en face de deux duettistes qui polémiquent sur un sujet et, à brûle-pourpoint, vous demandent votre avis. Diable, vous voilà placé dans une situation embarrassante ! Pour qui allez-vous prendre parti ? Ne vous laissez pas abuser par leur querelle de façade. En fait, on cherche à tester vos capacités d'analyse. Au pied du mur, l'alternative se résume ainsi : vous savez qui a raison ou au contraire vous n'avez pas d'opinion tranchée. Dans le premier cas de figure jetez-vous à l'eau en soutenant la thèse de l'un avec arguments à l'appui ; l'autre ne vous en tiendra pas rigueur puisqu'il se prête à un jeu avec son compère. Dans le second cas, n'hésitez pas à avouer qu'il vous est difficile de trancher puisque chacun a à la fois raison sur tels plans et tort sur d'autres. Mis en présence d'un tel traquenard, il faut surtout ne pas rester coi. Par contre, votre argumentation, si saugrenue soit-elle, permet à vos interlocuteurs de juger votre esprit d'analyse. D'autres fois, nos duettistes se répartissent les rôles : l'un joue le « bon » et l'autre le « méchant ». Le bon abondera toujours dans votre sens, cherchant à vous aider alors que l'autre, le méchant, cherchera à vous contester systématiquement. Ne tombez pas dans le piège qui vous est tendu. Vous devez saisir que le bon est machiavélique : se présentant comme votre « défenseur » il cherche à vous faire commettre une « gaffe » qui pourrait être rédhibitoire. A qui se fier ?

– La situation (4) : tenez le même langage à chacun de vos interlocuteurs !

– La situation (5) : sachez observer discrètement chacun des bureaux où vous serez accueilli ou les couloirs que vous traverserez ; l'agencement est souvent révélateur de « l'âme » d'une entreprise.

– La situation (6) : n'oubliez pas de saluer à votre arrivée et à votre départ ces personnes qui ne participent pas à l'entretien, apparemment accaparées par leur tâche. Évitez si possible de tourner le dos à l'une d'elles. Tout en vous adressant à votre interlocuteur faites-leur sentir que vous leur parlez également même si elles ne lèvent pas le nez de leur machine à écrire ou de leurs écritures. Ayez en mémoire, qu'après votre départ la personne qui vous aura reçu prendra l'avis de ces « spectateurs ».

– La situation (7) : manifestez une attention particulière au « démissionnaire ». Si le directeur a souhaité sa présence c'est qu'il a en lui toute confiance...

– La situation (8 et 9) : faites parler vos « concurrents » dans la salle d'attente afin de déceler les points forts ou les défaillances de chacun d'eux. Une fois « lâché dans l'arène » face à votre interlocuteur ou votre jury parlez avec justesse ni trop ni trop peu.

– La situation (10) : un cadre propice aux confidences et aux comportements suicidaires ! Le simple choix du menu peut éclairer votre interlocuteur. Je vous conseille de le calquer le plus étroitement sur celui de votre hôte.

CHAPITRE III

LES 70
QUESTIONS PIÈGES

Ces questions peuvent être posées oralement lors de vos entretiens ou sous forme d'un questionnaire à remplir sur place ou à retourner par voie postale. Lorsque vous avez la faculté de le remplir chez vous, je vous invite à faire deux ou trois photocopies du questionnaire vierge. Prenez votre temps pour répondre à toutes les questions sur les questionnaires photocopiés. Une fois que vous pensez avoir répondu convenablement sur votre questionnaire brouillon, remplissez avec soin l'original. Prévoyez une ou deux ratures pour faire plus spontané. Ensuite faites une photocopie du questionnaire original que vous aurez complété et retourné par la poste. Vous gardez ce double de l'original et vous vous imprégnez des réponses que vous avez données car si vous êtes convoqué, il serait regrettable de vous contredire. Ces 70 questions ont été réunies selon les 5 types de classification généralement pratiqués...

CONNAISSEZ-VOUS LA FIRME ?

1 – Pourquoi vous êtes-vous tourné vers notre entreprise en nous adressant une candidature spontanée ?

2 – Qu'est-ce qui a retenu votre attention dans l'annonce à laquelle vous avez répondu ?

3 – Connaissiez-vous notre société (ou marque) avant ce premier contact ?

4 – Avant de vous présenter notre firme et le poste à pourvoir, dites-moi ce que vous pensez du questionnaire que nous vous avons fait remplir. Avez-vous des suggestions ou des critiques à formuler ?

5 – A la lecture de l'annonce, quel est l'intérêt à vos yeux du poste à pourvoir ?

6 – Parlez-moi un peu de notre entreprise. Savez-vous quelle place nous occupons dans notre secteur ? Quels produits ou services pensez-vous que nous fabriquons ou commercialisons ? Connaissez-vous les produits ou services que nous lançons actuellement ? Qu'avez-vous retenu de notre dernière campagne de publicité ?

7 – Quel attrait présente pour vous une P.M.E. comme la nôtre, vous qui avez travaillé dans une grande société ?

8 – Êtes-vous attiré par les grandes entreprises ? Si oui, pourquoi ?

9 – Êtes-vous sensible aux avantages sociaux dont bénéficient nos salariés ?

10 – Avez-vous un parent ou une personne de votre entourage qui travaille ou a travaillé dans notre entreprise ou dans une autre relevant de la même activité ?

ENFANCE - SCOLARITÉ - FORMATION

11 – Enfant ou adolescent que faisiez-vous à la maison ? En vacances ?

12 – Êtes-vous chez vos parents ?

13 – Quel parent (père, mère, oncle, tante, grand-père, grand-mère) a eu le plus d'influence sur vous ? Pourquoi ?

14 – Admirez-vous votre père ? Votre mère ?

15 – Aviez-vous de bons rapports avec vos camarades de classe ?

16 – Quelle formation avez-vous ? Quels diplômes sanctionnent vos études ? Pourquoi avoir choisi cette formation ?

17 – Dans quelle discipline avez-vous brillé durant votre scolarité ?

18 – Auriez-vous aimé suivre une autre filière scolaire ? Si oui, laquelle et pourquoi ?

19 – Avez-vous eu des activités extra-scolaires ? Si oui, lesquelles ?

20 – Avez-vous exercé des jobs rémunérés durant vos études ? Si oui, lesquels ?

21 – Quelles langues étrangères parlez-vous ? Comment situez-vous votre niveau ? Avez-vous vécu dans les pays dont vous parlez la langue ? Parcourez-vous la presse étrangère ? Si oui, quels journaux ?

22 – Avez-vous été amené à suivre une formation permanente ? Si oui, quel type de stages ?

VOTRE EXPÉRIENCE

23 – Faites-moi une description générale et rapide de votre expérience professionnelle (stages pour les débutants).

24 – Décrivez-moi sommairement vos anciennes fonctions dans les postes précédents (ou stages pour les débutants).

25 – Quel employeur vous a le plus marqué ? Pourquoi ?

26 – Pourquoi avez-vous quitté votre dernier employeur ?

27 – Qu'est-ce qui vous amène à envisager de quitter votre actuel employeur ?

28 – Indiquez-moi pour chacun des employeurs précédents les raisons qui vous ont poussé à les quitter ?

29 – Au travers de votre expérience, indiquez-moi une initiative réussie ou un résultat dont vous êtes fier ?

30 – S'il fallait faire le point sur le travail (ou la mission) qui vous a le plus enthousiasmé, lequel mettriez-vous en avant ? Pourquoi ?

31 – Combien avez-vous dirigé de personnes et quelles qualifications avaient-elles ?

QUI ÊTES-VOUS DANS LE TRAVAIL ?

32 – Comment vous jugez-vous ?

33 – Citez-moi trois points forts ? Trois points faibles ?

34 – Êtes-vous optimiste, réfléchi ou pessimiste ?

35 – Êtes-vous assez perspicace pour mener à terme une mission difficile ? Si oui, donnez-moi un exemple.

36 – Aimez-vous travaillez seul ou en équipe ?

37 – Vos fonctions vous ont-elles amené à diriger une équipe ?

38 – Quelles sont, à votre avis, les qualités humaines requises pour animer ou diriger un service, un atelier, un département, une usine ?

39 – Si votre supérieur vous reproche une erreur de votre service, imputable à l'initiative de l'un de vos collaborateurs comment réagissez-vous ?

40 – Aimez-vous les responsabilités ? Savez-vous en prendre ? Avez-vous un exemple ?

41 – Quelle est votre attitude vis-à-vis de la hiérarchie ?

42 – Avec quel type de supérieur hiérarchique aimez-vous travailler ?

43 – Accepteriez-vous d'être dirigé par une femme ?

44 – Comme femme, avez-vous dirigé des hommes ? Si oui, quel comportement adoptez-vous face aux hommes qui acceptent mal de dépendre de l'autorité d'une femme ?

45 – Comment vos subordonnés vous jugent-ils ?

46 – Comment réagissez-vous par rapport aux personnes qui n'ont ni la même formation ni les mêmes pôles d'intérêt que vous ?

47 – Aimez-vous déléguer vos fonctions ?

48 – Comment organisez-vous votre travail dans une journée type ?

49 – Êtes-vous un fervent des réunions ? Avez-vous été l'instigateur de réunion de travail ? A votre avis quels sont les critères d'une « bonne réunion » ?

50 – Dans de nouvelles fonctions, quelle est votre attitude vis-à-vis des subordonnés ?

51 – Êtes-vous très attaché aux avantages sociaux ?

52 – Quel service et quel type d'emploi vous attire le plus ? Que recherchez-vous exactement ?

ET LE POSTE

53 – Quelles sont vos impressions après la visite ou la présentation de notre société ?

54 – Vous jugez-vous apte à remplir le poste ? Pourquoi ?

55 – Pensez-vous trouver un épanouissement dans ce poste ?

56 – Seriez-vous prêt à déménager ? En France ? A l'étranger ? A faire des déplacements fréquents ? En France ? A l'étranger ?

57 – Êtes-vous titulaire d'un permis de conduire ? Quelle est votre voiture ?

58 – Quand serez-vous disponible ?

59 – Au fait, quelle est votre rémunération actuelle ? Combien envisagez-vous de gagner en entrant dans notre société ?

60 – Depuis combien de temps cherchez-vous du travail ? Depuis votre licenciement, que faites-vous ?

61 – Actuellement, avez-vous rencontré d'autres entreprises ? Si oui, certaines vous ont-elles déjà fait une proposition d'engagement ?

DIVERS

62 – Êtes-vous dégagé des obligations militaires ?

63 – Êtes-vous propriétaire ou locataire de votre logement ?

64 – Quelle est la profession de vos parents ?

65 – Quelle est votre situation de famille ? Marié, célibataire... ?

66 – Quels sont vos loisirs ? Vos hobbies ? Pratiquez-vous un sport ? Avez-vous beaucoup d'amis ?

67 – Quel âge ont vos enfants et vous intéressez-vous à leurs études ? Avez-vous des projets pour eux ? Lesquels ?

68 – Votre conjoint travaille-t-il dans la même branche que vous ? Est-il au courant de notre entretien ? Pourrait-il vous suivre dans vos déplacements à l'étranger ? A-t-il l'expérience de la vie outre-mer ? Envisagez-vous que vos enfants vous suivent ? Et leurs études ?

69 – En dehors de vos loisirs et de vos hobbies, parlez-moi de vos activités extra-professionnelles, si vous en avez ?

70 – Avez-vous été sollicité par un journal professionnel (ou autre) pour faire l'objet d'une interview ou pour rédiger un article ? Si oui, pouvez-vous en apporter la preuve ?

CHAPITRE IV

LES BONNES QUESTIONS À POSER

Les employeurs ont leurs questions pièges pourquoi pas vous ? Préparez votre pense-bête mentalement ou avec un bloc-notes. Si vos questions sont posées avec tact, ils ne s'en offusqueront pas, bien au contraire. Cela donnera à vos interlocuteurs l'occasion de vanter les mérites de leur firme. En apparaissant séduit par leurs réponses, vous les confirmez dans leur force de conviction. En position d'écoute vous récolterez car qui parle sème mais qui écoute récolte.

1. Le CV de la firme qui vous reçoit

– Dans quelle branche exerce-t-elle ?

– Quand a-t-elle été créée ? Quand a démarré la filiale française ?

– Quel produit ou service est à l'origine de sa création ?

– Le P-DG est-il le fondateur de l'entreprise ?

– Quelle a été l'évolution de la société ces dernières années en chiffre d'affaires, en personnel, en nouveaux produits ou services ?

– Quelle place la société occupe dans sa branche d'activité ? Qui sont ses concurrents ? Quels sont les points forts mais aussi les points faibles par rapport à eux ?

– Quels sont les principaux marchés de la société ? En un mot qui sont ses clients directs ? A-t-elle une politique commerciale tournée vers l'exportation ? Quels sont les pays qui sont ses principaux clients ? Quelle est la part de l'exportation dans le chiffre d'affaires ? A l'étranger a-t-elle créé des filiales ou fait-elle appel aux services d'agents locaux.

– Quels sont, sans dévoiler vos secrets de fabrication ou de commercialisation, vos projets de développement à court et moyen terme ?

2. Photographie du poste

– Est-ce un nouveau poste que vous créez ? Si oui, qu'est-ce qui le justifie ?

– Qu'est devenue la personne qui occupait ce poste ? A-t-elle fait l'objet d'une promotion, d'une nouvelle affectation au sein de la société, d'un licenciement ou a-t-elle simplement donné sa démission et si oui pourquoi ?

– De qui vais-je dépendre ?

– Est-ce un poste où j'aurai les coudées relativement franches avec la direction ou mon supérieur ou au contraire faudra-t-il m'en tenir aux directives fixées ?

– Avec qui serai-je appelé à travailler tous les jours au sein du service ? Pourrai-je rencontrer mes futurs collègues du service ou collaborateurs, à la fin de notre entretien ?

– Quels seront mes principaux interlocuteurs des autres services ?

– Qui seront mes principaux contacts à l'extérieur ?

– Quelle va être ma mission prioritaire pour commencer ?

– Quelles sont les difficultés du poste mais aussi ses satisfactions professionnelles ?

– Pour commencer, quels sont les moyens dont je disposerai au point de vue du budget, assistance d'autres services, fichiers, informatisation, etc. ?

3. Politique interne de l'entreprise

– Vos collaborateurs restent-ils longtemps au même poste ou service, ou au contraire la politique de votre entreprise est-elle de favoriser la mobilité interne ou d'y inciter ?

– Est-on partisan de la formation permanente du personnel ?

CHAPITRE V

LES SUJETS TABOUS

Pour mieux cerner la personnalité du candidat à un emploi, l'employeur a la possibilité de lui faire remplir un questionnaire d'embauche. Les questions les plus diverses peuvent lui être posées, sous réserve de sauvegarder la vie privée du candidat, de tenir compte de l'interdiction de certaines discriminations, et de respecter certaines libertés individuelles fondamentales.

1. Tout d'abord s'agissant d'une candidate à un emploi, aucune question concernant un éventuel état de grossesse ne doit être posée. Le Code du travail interdit en effet de rechercher ou de faire rechercher toutes informations concernant l'état de grossesse (C. trav. art. L. 122-25), ceci sous peine d'une amende de 1 200 à 3 000 F (6 000 F s'il y a récidive).

De toute manière, si une telle question lui était posée, la candidate ne serait pas tenue de répondre ou pourrait même faire une réponse fausse sans que l'employeur puisse ultérieurement le lui reprocher. Une telle omission, ou un tel « mensonge » est autorisé expressément par le Code du travail.

2. Situation de famille. – L'employeur ne peut refuser d'embaucher en raison de la situation de famille (C. trav. art. L. 123-1) ; un emprisonnement de deux mois à un an et/ou une amende de 2 000 F à 20 000 F sanctionnerait l'employeur qui, pour arrêter sa décision, prendrait en considération la situation de famille du salarié ; cela interdit-il pour autant toute question portant sur la situation maritale ou le nombre d'enfants ? Une

candidate, mère de famille nombreuse qui, à la demande de l'employeur, aurait indiqué le nombre de ses enfants pourrait, si elle n'a pas été engagée, faire valoir que sa situation de famille a contribué à l'éliminer...

D'une manière générale, toute question n'ayant pas un lien direct et nécessaire avec l'emploi à tenir doit être exclue. Par exemple, l'employeur n'a pas à savoir si la candidate est fiancée et va se marier, ces circonstances étant sans rapport avec l'exécution du travail. Une rupture de la période d'essai pour ce motif serait abusive (Cass. soc. 17 mars 1971, Bull. cass. 1971-V-181).

Toutefois, dans la mesure où le (ou la) candidat(e) à l'emploi aurait à connaître des secrets de fabrication ou à recevoir des informations confidentielles, une question sur la profession du conjoint et l'entreprise pour laquelle il travaille ne serait pas sans lien avec l'emploi à tenir et serait donc licite.

OBLIGATIONS MILITAIRES

L'employeur a seulement à savoir si le candidat à l'emploi est ou non dégagé des obligations militaires. En revanche, il n'a pas à demander si le candidat a ou non effectué le service national, ni quelle a été sa conduite pendant le service (Cass. soc. 23 avril 1960, Bull. cass. 1960-IV-182). Le salarié n'a pas non plus à indiquer s'il est officier de réserve.

CONVICTIONS RELIGIEUSES

L'employeur ne peut refuser d'embaucher en raison d'une religion déterminée (art. L. 416 du C. pénal). Poser une question relative aux convictions religieuses dans le questionnaire d'embauche pourrait donc entraîner une condamnation pénale si le candidat prouve que le refus d'embauche a été dicté par une attitude discriminatoire.

ACTIVITÉ ET APPARTENANCE SYNDICALE

Il est interdit de prendre en considération l'appartenance à un syndicat ou l'exercice d'une activité syndicale pour décider d'embaucher ou non un candidat (C. trav art. L 412-2).

Sont donc rigoureusement interdites les questions du type : avez-vous une affiliation syndicale ? Exercez-vous une responsabilité syndicale ? Étiez-vous représentant du personnel dans votre précédente entreprise ?

Le fait même de poser une telle question implique la prise en considération de l'activité syndicale ou de l'appartenance syndicale et peut entraîner la condamnation de l'employeur à des dommages-intérêts au profit d'un syndicat qui s'estimerait atteint dans ses intérêts (Cass. soc. 13 mai 1969, Bull. cass. 1969-IV-263).

En outre, le refus d'embaucher en raison de l'appartenance à un syndicat ou de l'exercice d'une activité syndicale est sanctionné par une amende de 2 000 à 8 000 F. En cas de récidive, emprisonnement de deux mois à un an et/ou amende de 4 000 à 16 000 F (C. trav. art. L. 481-3).

ET LES OPINIONS POLITIQUES ?

Un questionnaire d'embauche invitant le salarié à se situer politiquement, comportant des demandes de renseignements sur l'appartenance à un parti politique, sur les journaux habituellement lus, ne tombe pas à ce titre sous le coup de la loi pénale.

Toutefois, nul ne pouvant être lésé dans son emploi ou dans son travail en raison de ses opinions politiques (préambule de la Constitution), le salarié qui prouverait avoir été évincé d'un emploi au vu justement de renseignements fournis en ce domaine pourrait réclamer à l'employeur des dommages-intérêts.

A TOUTE AUTRE QUESTION AYANT UN LIEN DIRECT ET NÉCESSAIRE AVEC L'EMPLOI A TENIR...

... le candidat à l'emploi doit répondre loyalement.

S'il se révélait que le salarié a fourni des informations erronées lors du recrutement, cela constituerait une cause réelle et sérieuse de licenciement, voire une faute grave.

Une faute grave fut ainsi retenue à l'encontre d'un salarié qui avait sciemment dissimulé, lors de son embauche, être lié à une clause de non-concurrence à son précédent employeur. Un tel manquement à l'obligation de loyauté lors du recrutement ne permettait pas le maintien des relations contractuelles basées sur la confiance mutuelle (Cass. soc. 14 décembre 1983, Hawette c/SATAlC Centrale intérim).

CHAPITRE VI

VOS GESTES VOUS TRAHISSENT

Savez-vous qu'en dehors des questions pièges il existe aujourd'hui quelque chose de beaucoup plus insidieux : l'analyse de tous vos gestes, mouvements ou postures que vous pouvez avoir lors de cet entretien d'embauche.

Vous vous grattez l'oreille ? Vous croisez les bras ? Vous grignotez le bout de votre stylo ? Vous battez la mesure avec le pied droit ? Attention ! Ces gestes ne sont pas insignifiants : ils révèlent vos états d'âme à tel ou tel moment de l'entretien... Les gestes sont de véritables « détecteurs de mensonges » déclare l'auteur de cette méthode de « décodage du comportement ». Une méthode qui permet par exemple de vérifier si la charpente psychologique ou intellectuelle du candidat n'est pas trop vermoulue, de déceler ses faiblesses ou ses mensonges.

Ainsi un candidat est en face du recruteur en position d'écoute active : il a le tronc penché en avant, les mains et bras ouverts vers le recruteur comme s'il voulait attraper ses paroles, etc. Bref, il est ouvert au dialogue. Puis soudain le recruteur lui pose une question, et là, brusquement le candidat se met en position d'écoute passive : il se rejette en arrière, se croise les bras (geste de protection très fort) et la crispation des mains est telle que l'on voit ses doigts blanchir sous l'effort. En clair, le recruteur vient de lui poser une question majeure, une question embarrassante qui lui est extrêmement désagréable... Ces comportements parasites peuvent être les plus divers : certains individus torturent leur stylo, leur porte-documents, etc. En réalité, c'est le recruteur qu'ils ont envie de torturer. Certes les entretiens d'embauche sont très stressants puisqu'il s'agit de décrocher un emploi. Or, ces stress ou ces anxiétés laissent toujours le champ libre à toute une série de comportements et de micro-mouvements. L'auteur de cette méthode du « décodage du comportement » en a répertorié trois séries :

1. Les micro-mouvements de « régulation agressive »

Ce sont les plus fréquents car tout entretien d'embauche est porteur de tension. Le candidat sent qu'il a peut-être « gaffé ». Seulement il ne peut laisser éclater cette tension extérieure. Force est de trouver une soupape. Alors il va mordiller son crayon ou griffonner un papier. Si l'on pouvait fixer un manomètre au bout du crayon à mine on y verrait parfois un degré de pression étonnante : une tension qui peut aller jusqu'au bris de la mine. En réalité, faute de pouvoir casser la tête du recruteur, le candidat se contente de casser la mine.

Autre exemple : le recruteur donne sa carte de visite au candidat. Le recruteur s'attend à ce que le candidat l'honore, or les recruteurs sont consternés par ce qu'ils voient : certains la plient en deux, d'autres se curent les dents avec ; tout juste si les candidats ne mangent pas cette belle carte qui porte le nom d'un recruteur. Voilà qui correspond, de la part des candidats, à une tentative très nette « d'anthropophagie » à l'égard des recruteurs !...

2. Les micro-mouvements de « régulation affective »

Le candidat les déclenche en général pour compenser un moment pénible de l'entretien. Ainsi un candidat interrogé sur le résultat de ses études répond qu'il a tout raté en se passant les mains sur le visage et en se caressant les cheveux. Ce geste de douceur compense bien sûr une question embarrassante. A défaut de sa mère derrière lui pour lui caresser les cheveux, il l'a fait lui-même. Fumer fait aussi partie de ses mouvements de régulation affective car le contact avec la cigarette est très doux. Le fumeur est en pleine tétée ; c'est superbe. Fumer la pipe en revanche correspond à un mouvement de régulation agressive forte. Cela peut paraître curieux, car les fumeurs de pipe sont en général placides. En réalité, les fumeurs de pipe ont une capacité intérieure de révolte et d'éclat mais ils utilisent toute une série de mouvements civilisés pour que l'on ne s'en aperçoive pas. Ils ne sont donc pas, selon l'auteur de cette surprenante méthode de décodage du comportement, des êtres paisibles et doux. Ce sont au contraire des révoltés fort bien dominés ou subjugués par eux-mêmes.

3. Les micro-mouvements de « régulation attentive »

Ils permettent d'écouter plus longuement un interlocuteur au prix d'une moindre fatigue nerveuse. Par exemple : les petits dessins ou graffitis que l'on fait sur un papier tout en écoutant quelqu'un ou le stylo que l'on n'en finit pas de démonter. En griffonnant ainsi le recruteur ne consacre que 50 à 60 % de son attention à l'écoute du candidat. Il fait une « dérivation », il se met en court-circuit, ce qui permet une écoute plus longue, meilleure, mais moins forte. Pour user de cette astuce de recruteur les candidats pourraient peut-être aussi déconnecter pour être plus à l'écoute des propos des recruteurs et être ainsi moins tendus. Peut-on maîtriser tous ces gestes ou micro-mouvements lors d'un entretien d'embauche ? Apparemment non, tout comme on ne peut changer son écriture très longtemps.

CHAPITRE VII

50 CONSEILS POUR RÉUSSIR VOS ENTRETIENS

FAIRE

1 – Attachez de l'importance à votre présentation (costume, robe ou ensemble, coiffure, cravate, etc.) en rapport avec l'activité de l'entreprise et le poste recherché.

2 – Abordez le premier contact avec votre interlocuteur tout simplement par une poignée de main qui doit être franche et énergique (sans lui écraser les phalanges), vous serez tout de suite classé dans la catégorie des gens directs, spontanés, dynamiques.

3 – Prenez en main dès le début le débat en devançant les réponses aux questions traditionnelles (motif de départ, salaire souhaité).

4 – Souriez de manière naturelle et non forcée.

5 – Apparaissez enthousiaste.

6 – Vos silences ne doivent pas être inexpressifs ; pour cela, ayez un regard franc, parfois admiratif, parfois interrogatif.

7 – Pour mener le débat, jetez-vous à l'eau en posant des questions originales sans indisposer votre interlocuteur.

8 – Informez-vous sur la nature du poste. S'agit-il d'une création ou d'un remplacement ? Auquel cas, cherchez à savoir si c'est une promotion, un licenciement ou un départ spontané.

9 – Répétez le plus souvent dans la conversation le nom de votre interlocuteur car c'est le mot qu'un individu considère comme le plus agréable et le plus important de tout le vocabulaire ; ainsi plus vous répéterez le nom de M. DURAND plus vous vous rendrez sympathique à ses yeux.

10 – Questionnez votre interlocuteur sur les objectifs à long et moyen terme dans la société susceptible de vous employer ; cela afin de marquer l'importance que vous attachez à ce nouvel emploi et surtout dégagez en ce qui vous concerne une impression de stabilité, motivation importante pour un employeur.

11 – Donnez au cours de l'entretien des informations sur la firme qui vous accueille pour lui prouver l'intérêt que vous lui portez.

12 – Employez le jargon professionnel mais sans excès.

13 – Montrez un intérêt tout particulier pour les personnes avec lesquelles vous serez en prise directe ; vous aurez visé juste car vous répondrez ainsi à une motivation première des dirigeants d'entreprise ou des chefs du personnel qui est l'intégration harmonieuse d'un élément nouveau au sein d'une équipe en place.

14 – Si vous jugez utile de prendre des notes ayez la correction de vous enquérir pour savoir si cela ne dérange pas.

15 – Soyez très attentif lors de l'entretien, même si celui-ci est perturbé par des appels téléphoniques, ou l'entrée de collaborateurs, de manière à ne pas être pris au dépourvu si votre interlocuteur vous demande : « Au fait, où en étions-nous ? »

16 – Formulez vos questions à partir d'éléments fournis par votre interviewer.

17 – N'hésitez pas à demander à votre interviewer les responsabilités qu'il occupe au sein de la firme.

18 – Sachez mettre en valeur sans ostentation les initiatives que vous avez été amené à prendre.

19 – Montrez de l'intérêt pour le poste proposé sans donner pour autant l'impression que vous êtes aux abois.

20 – Démontrez à votre interviewer que les initiatives que vous avez déjà prises peuvent trouver une application au sein du poste proposé.

21 – Demandez en fin d'entretien comment se situe votre candidature à ce stade de la sélection ; cette question à un triple intérêt : d'abord de vous éclairer sur les chances réelles de votre candidature, ensuite de laisser deviner en vous un personnage motivé par l'esprit de compétition, de confirmer l'impression d'un candidat à l'aise qui ose poser une question à laquelle les autres ne pensent même pas ; bref, de faire de vous quelqu'un dont on se souviendra…

NE PAS FAIRE

22 – Évitez, pour les femmes, une tenue provocante et cherchez à réduire au minimum le maquillage, les ongles colorés et le rouge à lèvres.

23 – N'arrivez pas en retard ni trop en avance.

24 – Ne vous asseyez pas si on ne vous a pas invité à le faire.

25 – Ne vous « vautrez » pas confortablement dans le fauteuil que l'on vous présentera mais inversement ne vous raidissez pas au bord du siège.

26 – Ne triturez pas nerveusement les objets (stylo, etc.).

27 – Ne posez pas votre serviette sur vos genoux, mais à côté de vous, en la laissant ouverte pour accéder rapidement aux documents que vous voudrez montrer.

28 – Ne fumez pas si possible pendant l'entretien.

29 – Évitez de regarder votre montre sans cesse.

30 – Ne laissez pas entrevoir que c'est votre premier entretien.

31 – Ne critiquez pas votre employeur ou vos employeurs.

32 – Ne coupez pas la parole à votre interlocuteur.

33 – Ne vous dévoilez pas trop car certains éléments de votre vie peuvent être rédhibitoires.

34 – Bannissez toute discussion politique.

35 – N'insistez pas avec ostentation sur vos performances car l'autosatisfaction risque d'indisposer la personne qui vous reçoit.

36 – Inversement ne sous-estimez pas vos capacités.

37 – Ne prenez pas pour autant une tête de condamné.

38 – Ne laissez pas entendre que vous avez des revenus annexes qui peuvent vous dispenser de travailler.

39 – Ne vous bradez pas en acceptant n'importe quoi.

40 – Ne vous laissez pas piéger par des questions indiscrètes relatives à vos anciens employeurs.

41 – Évitez d'aborder trop souvent des aspects de votre vie privée.

42 – N'essayez pas d'apitoyer un employeur en lui faisant part des « calamités » personnelles (divorce, deuil, accident,

maladie, etc.) qui risquent de l'indisposer car il ne cherche pas un collaborateur « à problèmes ».

43 – Ne répondez pas uniquement par « oui » ou « non ».

44 – N'affabulez pas.

45 – N'interrogez pas sur les primes annuelles, les congés, les problèmes de transport : rien de tel que ce genre de questions pour faire perdre à votre éventuel employeur toute envie d'en savoir plus sur vous ; une fois persuadé que vous faites l'affaire, il vous énumérera largement les avantages sociaux qu'offre sa compagnie.

46 – Ne demandez pas si dans un proche délai vous pourrez prendre la place du chef de service…

47 – N'abordez l'aspect salaire qu'à un stade très avancé de l'entretien.

48 – Ne vous laissez pas désarçonner par des silences volontaires provoqués par votre interviewer ; profitez-en pour poser des questions pertinentes.

49 – Ne minimisez pas le succès de vos démarches ; faites comprendre que vous êtes en pourparlers avec d'autres sociétés.

50 – Évitez d'indiquer, si c'est le cas, que vous connaissez des personnes dans l'entreprise car vous ignorez le jugement que votre recruteur porte sur elles.

CHAPITRE VIII
LE SALAIRE

Cette question épineuse pour chacun justifie un chapitre distinct. La question que l'on me pose souvent : « Combien puis-je demander ? » La première réponse que je leur fais, c'est de se reporter aux nombreuses revues qui publient chaque années des grilles de salaires qui tiennent compte de la formation (diplômes notamment), de la durée de l'expérience, de l'âge. Le premier journal à établir un tel tableau a été *L'Expansion*. Ensuite il a été imité par *L'Usine nouvelle*, *Le Point*, *L'Express*, *Biba* et j'en oublie certainement. Deuxième source : les *chambres syndicales* et les *syndicats*. Troisième source : vos relations exerçant une activité similaire.

Cette première approche n'est qu'un indicateur. Vos qualités de négociateur peuvent sensiblement faire évoluer vers le haut le salaire moyen en vigueur.

Pour vous permettre de tendre vers un objectif vous trouverez dans le vade-mecum ci-dessous des indications précieuses.

1. La règle essentielle : la négociation de salaire ne doit être abordée qu'à la fin de l'entretien. Pourquoi ? Parce que pour juger de la valeur d'un produit il faut le connaître. Pour apprécier la valeur du poste, vous devez disposer de tous les éléments d'information. Ainsi si le degré des responsabilités que l'on vous confie est plus important que votre poste précédent, il est normal d'aspirer à un traitement supérieur. Il peut arriver qu'au

début de l'entretien on vous demande d'abattre vos cartes. Il est très facile d'éluder ce piège en rétorquant à votre interlocuteur : « Certes, le salaire pour moi comme pour chacun est important, il faut bien vivre, mais plus que le salaire j'envisage d'accepter un emploi non pas parce qu'il est bien payé mais avant tout parce qu'il correspond à mes aptitudes ; aussi si vous le voulez bien, faisons plus amplement connaissance et nous pourrons aborder ensuite cet aspect. »

2. Lorsque la question vous est posée en fin d'entretien ne répondez pas d'une manière abrupte : « Je veux tant... » Modulez vos propos en reprenant les diverses responsabilités que l'on vous a énumérées. « Si je compare à une autre offre où l'on me propose X francs, je constate que vous me confiez la responsabilité d'un budget plus important, un encadrement plus élargi, une nouvelle mission certes passionnante mais avec un réel engagement personnel, etc. Je pense qu'un salaire de 25 % supérieur à cette autre offre serait raisonnable. »

3. Il faut annoncer une fourchette de salaire et non un seul chiffre car cela va vous permettre d'exploiter cette technique à votre avantage. Pour pouvoir annoncer votre fourchette, il faut que vous connaissiez celle de votre interlocuteur. N'hésitez pas à lui demander quelle est la fourchette de salaire qui a été affectée au budget du poste. S'il refuse de vous répondre, n'insistez pas car il risquerait de perdre patience. Par contre, si vous obtenez une réponse (cela sera souvent le cas) vous allez pouvoir manœuvrer. Ainsi si votre interlocuteur vous annonce 80 000 à 100 000 F, répondez-lui que vous pensez que le poste implique un sérieux engagement pour mener à bien cette mission et que cela justifie une rémunération de l'ordre de 90 000 F minimum et que 110 000 F serait plus en rapport avec la nature

du poste. Votre interlocuteur vous répliquera que vous êtes bien gourmand. Pour ne pas rompre la discussion, faites preuve d'une certaine souplesse en lui suggérant de couper la poire en deux à savoir d'accepter le montant de 100 000 F. Il acceptera et vous aurez déjà réussi une belle opération puisque vous aurez décroché le haut de sa fourchette. Mais pour vous la négociation n'est pas finie. Dites-lui : « D'accord pour 100 000 F mais je souhaiterais qu'au terme de trois mois, après m'avoir jugé, mon salaire soit porté à 110 000 F. » Ainsi, vous apparaissez comme faisant une concession qui laisse une porte de sortie honorable à votre futur employeur et limite quelque peu ses risques.

4. Si le salaire que l'on vous propose est en régression par rapport au précédent et que, malgré tout, le poste vous attire au point de consentir un sacrifice financier, je vous invite à taire à votre interlocuteur que le poste précédent était mieux rémunéré. Pourquoi ? Tout simplement parce qu'un éventuel employeur pensera qu'en entrant dans son entreprise vous vous sentirez frustré et que vous n'aurez qu'un seul but : la quitter pour retrouver ailleurs, très rapidement, votre ancienne rémunération. En conséquence, on ne sera nullement tenté de retenir votre candidature.

5. Un employeur peut-il vous consentir une rémunération supérieure à la moyenne ? Oui, certainement, si vous êtes le candidat idéal. Si au contraire, il s'entête sans vouloir déroger aux barèmes en vigueur, c'est qu'il a quelques doutes à votre sujet.

6. Entre deux candidats, un employeur choisit-il systématiquement le moins cher ? Ce n'est pas sûr car ce n'est pas sur ce critère qu'il va fonder sa décision. Il raisonnera en terme

d'efficacité et il choisira celui qui lui paraîtra le plus apte à occuper le poste à pourvoir.

7. Si l'on vous demande quel est votre salaire actuel, évitez de dire : « Mon salaire est de 10 000 F » ; mais précisez : « Mon salaire équivaut à environ 10 000 F par mois. » En effet, il ne faut indiquer que l'équivalence approximative mensuelle et non le salaire brut nominal figurant sur votre fiche de paye. Il n'est pas malhonnête de ramener à un mois, en le divisant par douze, l'ensemble de votre salaire annuel (avec 13e ou 14e mois éventuels) ainsi que les autres avantages assimilables à un salaire tels que voiture de fonction, remboursement de frais au forfait ou au réel, semaine(s) de congé annuel supplémentaire(s), abattement fiscal exceptionnel et d'une manière générale tout avantage social particulier. Ainsi, bien que votre salaire nominal mensuel soit de 8 000 F, la moyenne de l'ensemble de vos gains et avantages peut après ce calcul se situer à 10 000 F.

8. Il peut arriver que l'on vous demande quel est le salaire minimal au-dessous duquel il n'est plus intéressant pour vous de postuler à cet emploi. A cette question, et si le poste vous intéresse vraiment, on est tenté de répondre par un salaire superminimal, en descendant le plus bas possible. Ce réflexe est dangereux car très souvent on considère votre réponse comme « argent comptant » et on ne tiendra compte, en définitive, que de ce chiffre. Il est alors très délicat de revenir en arrière pour rappeler qu'il ne s'agissait que d'un minimum. A cette question il faudra donc répondre par un chiffre optimum souhaité.

9. Une autre question piège. Il arrive fréquemment qu'on vous demande le salaire souhaité après cinq années de

collaboration. Il faut vous garder de répondre hâtivement et préciser plutôt : « Disons 3 % par an de progression de pouvoir d'achat soit un peu plus de 15 % en francs constants. » Vous faites ainsi preuve de lucidité en raisonnant en pouvoir d'achat et non en francs d'aujourd'hui, dévalués dans les cinq ans...

10. Il faut enfin que je vous mette en garde sur les « fausses » augmentations. Par exemple, prenons le cas d'une entreprise qui, en juin, vous propose un emploi pour janvier de l'année prochaine. Elle vous assure une augmentation de 4 % par rapport au salaire que vous percevez actuellement. Un calcul tout simple vous conduit au même résultat dans l'entreprise qui vous emploie. En effet, en juillet et en décembre vous percevez à chaque fois l'augmentation légale de 2 % soit 4 %. Par ailleurs, si vos supérieurs sont satisfaits de vous, il n'est pas exclu qu'ils vous fassent bénéficier, en outre, d'une augmentation individuelle. Bref, où est l'augmentation que l'on vous a fait miroiter ? De la même manière, si vous entrez en cours d'année dans une entreprise et que celle-ci s'engage à revoir en hausse de 4 % votre salaire du mois de janvier, il y a de fortes chances pour que cette augmentation soit tout simplement celle applicable à l'ensemble des salariés. Où se trouve donc la « petite fleur » qu'on a semblé vous faire ?

CHAPITRE IX
ENCORE PLUS...

Dans ce chapitre vous trouverez, en vrac, divers conseils pour vous démarquer à votre avantage…

– Que faire si un employeur donne de mauvais renseignements sur vous ?

Vous n'ignorez pas que la législation sociale interdit à tout employeur de fournir de mauvais renseignements sur un actuel ou un ancien collaborateur. C'est un beau principe, mais dans la réalité il est très facile de contourner cet « interdit ». Il y a une manière de « démolir » en douceur quelqu'un sans tomber sous le coup de la loi. Ainsi cette pratique couramment employée qui consiste à vous encenser avec outrance : « Oh ! Monsieur Y ? Ah ! c'était un excellent collaborateur, sans aucun doute le meilleur en France dans sa spécialité, sa collaboration n'a pas de prix ! » Trop c'est trop ! ! ! Les employeurs pratiquent souvent ce langage codé. S'ils veulent en savoir plus, ils ne manqueront pas de demander : « Comment se fait-il que vous n'ayez pas cherché à le retenir ? » On leur répondra : « Malgré ses énormes qualités, il n'acceptait pas les orientations fixées par la direction » (en un mot, un insoumis). Bref, le « coup de grâce ».

Comment pouvez-vous savoir qu'un employeur vous « casse la baraque » ? Vous ne pouvez pas avoir de doute lorsqu'un entretien s'est parfaitement déroulé, que vous êtes persuadé d'être engagé et que l'on ne vous donne plus signe de vie. La meilleure attitude c'est de passer à l'offensive en retournant voir l'entreprise et demander les raisons qui justifient leur volte-face alors qu'apparemment vous sembliez les intéresser. En règle générale on vous dévoilera les raisons et par déduction vous apprendrez d'où provient le fiel qu'on déverse sur vous. Si vous avez l'impression d'avoir un détracteur, je vous invite à prendre les devants en indiquant lors de vos entretiens la firme ou la personne susceptible de fournir des informations en votre défaveur. Cette franchise, peu commune, sera appréciée de vos interlocuteurs qui très souvent ne chercheront pas à en savoir plus sur les réelles raisons conflictuelles.

– Comment conclure un entretien ?

Une fois que les deux parties ont largement débattu des différents points, vous devez savoir prendre congé avant que l'on vous y invite. Vous apparaîtrez comme quelqu'un dont le temps est compté (donc précieux). Vous ne manquerez pas de remercier l'interviewer sans ostentation et de lui faire préciser qui aura l'initiative du prochain contact.

Après l'échange de poignées de main, surtout ne relancez pas la discussion ! On a vu s'évanouir le bénéfice d'excellents entretiens à cause de candidats jouant les prolongations au seuil de la porte.

– Après un entretien, que faire ?

En dehors du bilan que vous dressez à la fin de chaque entretien, il y a un contact à entretenir avec l'entreprise qui vous a reçu. A votre retour remerciez par écrit, toujours avec nuance (pas de formules excessives) mais surtout montrez brièvement que vous avez compris les besoins de la firme où votre expérience pourrait trouver une application.

Si vous recevez une réponse négative, surprenez l'auteur de cette lettre type en le remerciant de son courrier !

Indiquez-lui que si une nouvelle opportunité se présentait vous seriez heureux de reprendre contact avec lui pour qu'il étudie à nouveau votre candidature car vous avez pu apprécier son accueil et les perspectives de développement de son entreprise.

Si vous êtes convoqué pour un deuxième entretien, profitez des jours qui vous séparent de la prochaine entrevue pour parfaire votre documentation sur la firme et le poste.

TABLE

Dépôt légal : août 1995

Achevé d'imprimer le 16 août 1995
dans les ateliers de Normandie Roto Impression s.a.
61250 Lonrai
N° d'imprimeur : I5-1513